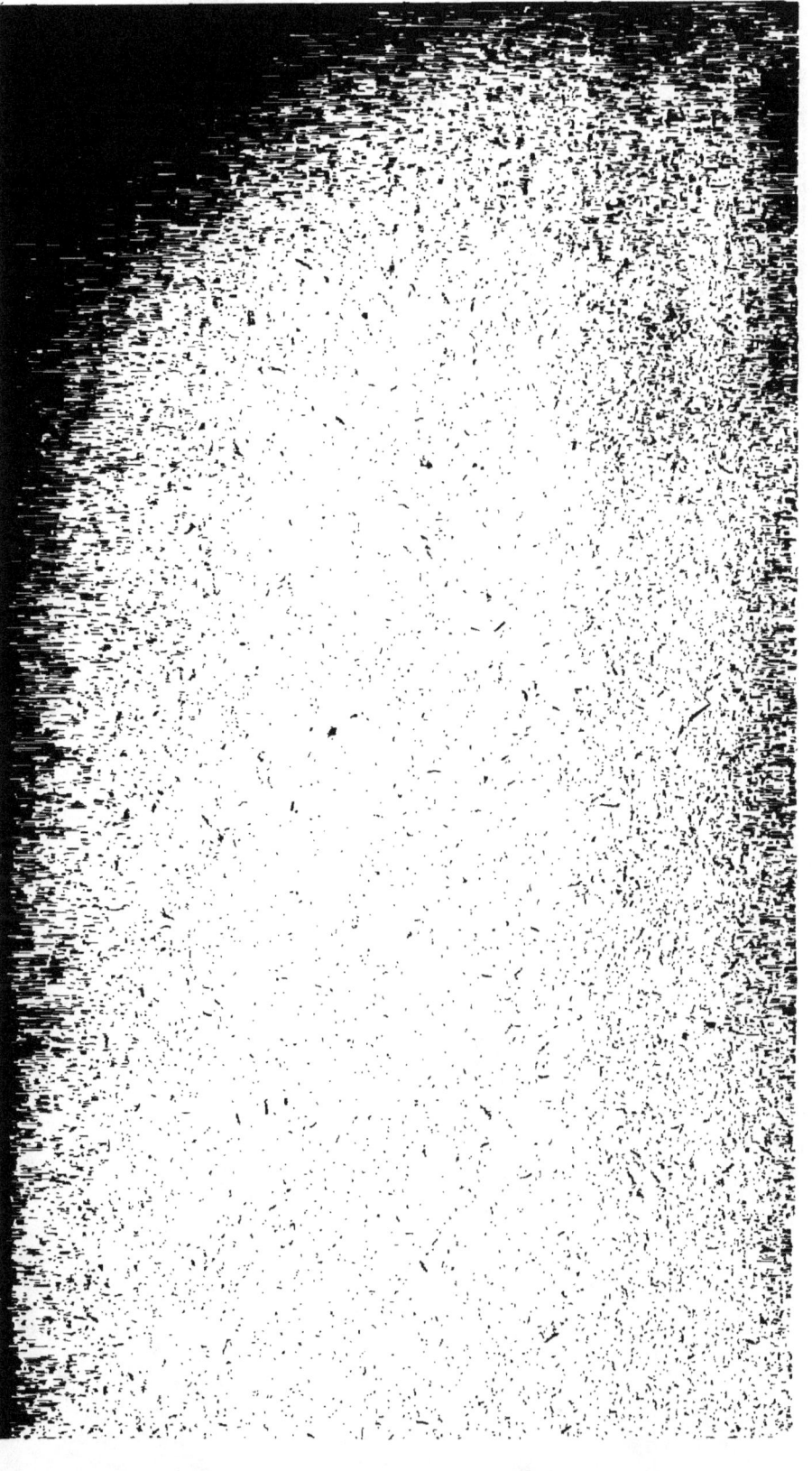

ENCYCLOPÉDIE-RORET.

GARDES CHAMPÊTRES

GARDES FORESTIERS

GARDES-CHASSE ET GARDES-PÊCHE

EN VENTE A LA MÊME LIBRAIRIE :

Manuel du Chasseur, ou Traité général de toutes les chasses à courre et à tir, par MM. Boyard et de Mersan. 1 vol. suivi de la musique des principales fanfares. 3 fr.

Manuel de l'Oiseleur, ou Secrets anciens et modernes de la Chasse aux Oiseaux, par MM. J. G. et Conrard. 1 vol. orné de planches. . . . . 3 fr.

Manuel du Pêcheur, ou Traité général de toutes les pêches *d'eau douce et de mer*, contenant l'histoire et la pêche des animaux fluviatiles et marins, les diverses pêches à la ligne et aux filets en rivière et en mer, la fabrication des instruments de pêche et des filets, l'empoissonnement des étangs et des viviers, la législation relative à la pêche fluviale et maritime, par MM. Pesson-Maisonneuve, Moriceau et G. Paulin. 1 vol. avec vignettes et planches. . . . . 3 fr. 50

Manuel du Pêcheur-Praticien, ou les Secrets et les Mystères de la Pêche à la ligne dévoilés, par M. Lambert. 1 vol. orné de vignettes et de planches. . 1 fr. 50

Manuel du Cultivateur Forestier, contenant l'Art de cultiver en forêts tous les Arbres indigènes et exotiques, par M. Boitard. 2 vol. . . . . . . 5 fr.

Manuel du Forestier praticien et Guide des Gardes Champêtres, traitant de la Conservation des Semis, de l'Aménagement, de l'Exploitation des Forêts, etc., par MM. Crinon et Vasserot. 1 vol. . . . . . . 1 fr. 25

Manuel de l'Arpentage, ou Instruction élémentaire sur cet art et sur celui de lever les plans, par M. Lacroix, de l'Institut, MM. Hogard, géomètre, et Vasserot, avocat à la Cour. 1 vol. avec figures. (*Autorisé par l'Université.*). . . . . 2 fr. 50

On vend séparément les Modèles de Topographie, par Chartier. 1 planche coloriée. . . . . 1 fr.

Manuel des Maires, Adjoints, Conseillers et Officiers municipaux, rédigé *par ordre alphabétique*, par M. Ch. Vasserot, ancien adjoint de la Ville de Poissy. 1 gros vol. . . . . 3 fr. 50

MANUELS-RORET

NOUVEAU MANUEL COMPLET

DES

GARDES CHAMPÊTRES

COMMUNAUX OU PARTICULIERS

GARDES FORESTIERS, GARDES-CHASSE

ET GARDES-PÊCHE

CONTENANT

LES LOIS, ORDONNANCES, DÉCRETS ET ARRÊTS

QUI RÈGLENT LES ATTIBUTIONS DES GARDES

SUIVI D'UN DICTIONNAIRE

où se trouvent toutes les Notions qu'ils doivent avoir sur les
Contraventions et les Délits de toute nature,
notamment en ce qui concerne les Biens ruraux, les Bois, la Chasse
et la Pêche, ainsi que des Formules de Procès-Verbaux.

Par M. BOYARD
Ancien Président de la Cour d'appel d'Orléans.

ET M. CH. VASSEROT
Ancien Adjoint de Poissy, Sous-Préfet de Pontoise.

Nouvelle Edition, Revue, Corrigée
ET MISE AU COURANT DE LA LÉGISLATION ACTUELLE.

Par M. V. EMION
Avocat à la Cour d'appel de Paris.

PARIS

LIBRAIRIE ENCYCLOPÉDIQUE DE RORET
RUE HAUTEFEUILLE, 12.
1877
Tous droits réservés.

AVIS

Le mérite des ouvrages de l'**Encyclopédie-Roret** leur a valu les honneurs de la traduction, de l'imitation et de la contrefaçon. Pour distinguer ce volume, il porte la signature de l'Éditeur, qui se réserve le droit de le faire traduire dans toutes les langues, et de poursuivre, en vertu des lois, décrets et traités internationaux, toutes contrefaçons et toutes traductions faites au mépris de ses droits.

Le dépôt légal de ce Manuel a été fait dans le cours du mois de Janvier 1877, et toutes les formalités prescrites par les traités ont été remplies dans les divers États avec lesquels la France a conclu des conventions littéraires.

ERRATUM.

Page 57, *au lieu de* : Section XII, *lisez* : Section XI.

BAR-SUR-SEINE. — IMP. SAILLARD.

PRÉFACE

On écrit beaucoup pour éclairer les fonctionnaires de toutes les classes, et presque toujours ils savent mieux que leurs professeurs ce qu'on prend la peine de leur enseigner, parce qu'ils ont pour eux la pratique, et que les écrivains ne s'occupent ordinairement que des théories plus ou moins satisfaisantes, mais rarement applicables.

Nous suivons un autre système.

Notre objet étant, avant tout, de populariser la science administrative selon la sphère et les facultés des administrateurs et de leurs auxiliaires, nous avons dû diviser notre travail de manière à faire bien comprendre aux gardes champêtres, communaux et particuliers, aux gardes forestiers, aux gardes-chasse et aux gardes-pêche, ce qui est de l'essence de leurs fonctions, et leur donner ensuite les moyens de les bien remplir.

Ainsi, notre livre se compose de deux parties : l'une contenant un petit traité substantiel sur les attributions, les droits, les devoirs de chaque garde ; l'autre un dictionnaire de poche contenant tout ce qui tient à la pratique.

La première partie se divise en quatre sections : la première a trait aux attributions communes à tous les gardes communaux ou particuliers, et à leurs devoirs réciproques entre eux, comme auxiliaires les uns des autres.

La seconde section est consacrée aux *Gardes champêtres* considérés comme auxiliaires de l'autorité administrative et judiciaire.

La troisième section règle les attributions spéciales des *Gardes forestiers*, selon le Code de 1827 et l'ordonnance forestière.

La quatrième section contient tout ce qui est relatif aux *Gardes-chasse*, ainsi que les lois et la jurisprudence sur la chasse.

La cinquième section, relative aux *Gardes-pêche*, contient les lois sur la pêche fluviale et l'analyse de la jurisprudence et des instructions administratives.

Quant au *Dictionnaire des Gardes*, qui forme la seconde partie, il a l'avantage d'éviter les détails qui empêchent les gardes de trouver les choses essentielles, et celui de leur indiquer à l'instant ce qu'ils cherchent. Il renferme tout ce qui ne se trouve pas dans la première partie, le *Manuel des Gardes*, et renvoie à tout ce qui s'y trouve. Il peut donc servir d'une véritable table analytique de l'ouvrage.

Les procès-verbaux de gardes sont souvent annulés par les tribunaux, parce que les gardes, en général, n'ont pas une connaissance assez complète de leurs devoirs ; les modèles de ces actes sont excellents pour les cas ordinaires, mais fort insuffisants pour les cas graves, qui sont précisément ceux qui demandent le plus de soins, puisque la gravité des actions entraîne la profondeur des discussions, et stimule les efforts des contrevenants et de leurs défenseurs.

Il faut donc que tout procès-verbal se suffise à lui-même, et que, de plus, il puisse résister aux attaques des délinquants. Ainsi, il ne saurait contenir des détails trop précis sur l'objet du délit, quant à son espèce, sa qualité, afin que l'identité soit parfaitement constatée ; et rien n'est plus propre à éclairer promptement les rédacteurs de ces actes que le dictionnaire qui contient des notions sur tout ce qui se rapporte à leurs fonctions.

N'est-il pas vrai que si un vol a été fait, et si l'on a constaté la saisie de diverses pièces, sans en donner les noms ou la description, le juge n'aura que des renseignements vagues, peu capables de l'éclairer? Eh bien, le dictionnaire donne les moyens de les distinguer et de les décrire.

D'un autre côté, si l'on dit à un garde champêtre qu'il est chargé de signaler les anticipations sur les chemins communaux, la première question qu'il se fera est celle-ci : Quelle est la largeur de ces chemins? La loi ne le dit pas ; mais s'il cherche au mot *Chemin,* il le trouvera.

Tous les gardes doivent arrêter les malfaiteurs qu'ils trouvent en flagrant délit : beaucoup se demanderont ce que c'est qu'un *flagrant délit ;* qu'ils cherchent le mot et ils feront connaissance avec la chose.

Il en est de même pour toutes les questions qui sont du ressort des Gardes champêtres, sur lesquelles ils sont appelés à dresser des procès-verbaux.

Quant aux questions de Chasse, de Pêche et de Forêts, il eût été trop long d'adjoindre à l'ouvrage qui nous occupe de véritables traités de Chasse, de Pêche et d'Administration forestière. Ces sujets, susceptibles d'un grand développement, nous eussent entraîné au-delà des limites d'un Manuel, dont le prix doit être modique et rester à la portée de tous. Nous renverrons donc nos lecteurs, pour de plus amples notions, aux Manuels du *Chasseur*, de l'*Oiseleur*, du *Pêcheur*, du *Cultivateur forestier* et du *Forestier-praticien*, qui font partie de l'*Encyclopédie-Roret*.

Peut-être nous sommes-nous exagéré les avantages de ce petit livre ; c'est cependant l'idée de son utilité qui nous a soutenu dans le travail fastidieux auquel il a fallu nous livrer. Mais en supposant que nous nous soyons fait illusion, il est du moins un point sur lequel nous n'avons pu nous tromper : c'est que celui qui le lira attentivement économisera, à peu de frais, tout le temps que nous avons consacré à réunir, dans un cadre étroit, ce qui se trouve répandu dans plusieurs ouvrages d'une grande étendue et d'un prix considérable.

NOUVEAU MANUEL COMPLET

DES

GARDES CHAMPÊTRES

GARDES FORESTIERS, GARDES-CHASSE ET GARDES-PÊCHE.

PREMIÈRE PARTIE.

MANUEL DES GARDES.

CHAPITRE PREMIER.

Des Gardes en général.

SECTION PREMIÈRE.

FONCTIONS COMMUNES A TOUS LES GARDES.

1. La mission confiée aux gardes champêtres communaux ou particuliers, gardes forestiers, gardes-chasse et gardes-pêche consiste à veiller à la conservation des bois, propriétés rurales, récoltes pendantes ou coupées, chasses et pêches; à constater toutes les infractions aux lois et ordonnances commises dans l'arrondissement à la garde duquel ils ont été commis; à dresser des procès-verbaux contre toute personne prise en délit, quels que soient d'ailleurs son rang, son âge, sa profession.

Son rang, parce que tous les citoyens sont égaux devant la loi.

Son âge, parce que les parents répondent des actes des mineurs. (*Art.* 206. *Code forestier.*)

Sa profession, parce qu'il n'en est pas qui dispense de l'exécution des lois, et qu'il en est, telle que celle de domestique, d'ouvrier, de pâtre, qui ouvrent action contre leurs maîtres. (*Même article.*)

2. Les agents de l'Etat, des communes ou des particuliers doivent concilier leurs devoirs, quelquefois rigoureux, avec le respect dû à la liberté individuelle et à la propriété; ils doivent agir avec fermeté, mais avec circonspection, et ne jamais oublier qu'ils sont personnellement responsables des délits qu'ils auraient volontairement omis de constater. (V. *Dictionnaire des Gardes*, au mot *Procès-verbal.*)

La Cour de cassation a décidé, le 2 mai 1839, que les gardes champêtres, comme auxiliaires des officiers locaux de police, peuvent être chargés de faire exécuter les arrêtés légalement pris par l'autorité municipale; et que, lorsqu'ils agissent à cet effet, toute voie de fait commise à leur égard doit être punie comme exercée envers un agent chargé d'un ministère de service public, dans le sens de l'article 230 du Code pénal.

Elle a décidé aussi, le 21 mai 1835, que les gardes champêtres et forestiers des particuliers qui commettent des délits dans l'exercice de leurs fonctions, doivent, à raison de leur qualité d'officiers de police judiciaire, être traduits directement devant la cour d'appel.

3. Le mode commun à tous, est d'agir par voie de procès-verbaux, et la règle commune à tous ces actes est :

1º Qu'ils soient signés par le garde verbalisant;

2º Qu'ils soient affirmés le lendemain de leur clôture. (Voy. id. *Affirmation;*)

3º Que dans le cas où l'agent n'aurait pas écrit lui-même le procès-verbal, l'officier qui reçoit l'affirmation constate qu'il en a donné lecture à l'agent;

4º Que le procès-verbal soit enregistré dans le délai fixé. (V. id. *Enregistrement.*)

4. D'après la loi et la jurisprudence de la Cour de cassation, il y a nullité chaque fois que l'une de ces formalités n'a pas été remplie ; et cette nullité peut être opposée en tout état de cause, c'est-à-dire en police correctionnelle, en appel et même en cassation.

5. Les procès-verbaux pour délits forestiers ou délits de pêche doivent être enregistrés dans les quatre jours qui suivent celui du délit, ainsi que le prescrivent les articles 170 du Code forestier et 47 de la loi sur la pêche fluviale. Il n'en serait pas de même d'un procès-verbal pour délit de chasse ou de port d'armes, parce que la loi n'a pas prescrit l'enregistrement à peine de nullité. (Voy. *Procès-verbaux*.)

6. L'administration de l'enregistrement a le droit de poursuivre les gardes dont les procès-verbaux ont été annulés pour défaut d'accomplissement des formalités prescrites, c'est assez dire à ces agents qu'il est de leur intérêt de n'y rien négliger, et que s'ils s'abstenaient par faveur ou pour tout autre motif de remplir ces formalités, ils encourraient à la fois des mercuriales, des condamnations à l'amende, et même la destitution.

Quant aux conditions d'admission et aux prérogatives de chaque place, elles se trouveront exprimées dans les différentes sections où l'on traitera des devoirs et des droits de ces gardes. (Voyez, pour les gardes champêtres chapitre II ; pour les gardes forestiers chapitre III ; pour les gardes-pêche chapitre V ; pour les gardes-chasse chapitre IV, et, pour tous, les mots du *Dictionnaire des Gardes* qui se réfèrent à leurs fonctions.)

SECTION II.

DEVOIRS RÉCIPROQUES DES GARDES ENTRE EUX.

1. Les gardes champêtres étant agents de la force publique, comme les gardes forestiers, les gardes-pêche et les gardes-chasse, il s'ensuit qu'ils se doivent mutuellement aide et protection dans les cas de résistance à la loi par les délinquants. Les gardes particuliers sont dans la même position que les autres ; il y a seulement entre eux cette différence : 1° que les gardes nommés par l'autorité publique qui refuseraient leur concours seraient dans le cas de la destitution, tandis que les gardes des particuliers ne devraient encourir que le blâme de leurs maîtres et de leurs concitoyens ; 2° que ces derniers ne peuvent pas être réunis et momentanément embrigadés sans leur consentement, tandis que l'art. 312 du décret du 11 juin 1806 autorise les sous-officiers de gendarmerie à mettre en réquisition les gardes d'un canton, et les officiers ceux de tout un arrondissement, soit pour les seconder dans l'exécution des ordres qu'ils ont reçus, soit pour le maintien de la police et de la tranquillité publique.

2. Cet article paraît ne s'appliquer qu'aux gardes champêtres, mais les réglements généraux sur la gendarmerie et les lois antérieures au décret de 1806 étendent la disposition à tous les gardes, à quelque administration qu'ils appartiennent.

Il en est ainsi pour les douanes et les impôts indirects ; tous doivent prêter main-forte. Aussi faut-il dire que, dans le cas de concours de la part des gardes, ils ont droit à une portion de la gratification accordée par l'Etat, si le fait y donne lieu, comme en matière de douanes, d'arrestation de déserteurs, de réfractaires, de prisonniers ou de forçats évadés, et autres cas qu'on ne peut énumérer. Non-seulement dans tous ces cas ils doivent se joindre à la force publique qui les requiert, mais il est encore dans leur intérêt de prévenir la réquisition ; car c'est par leur empressement à maintenir l'ordre et la tranquillité, qu'ils se rendent dignes de l'avancement et des récompenses qui sont réservées aux hommes courageux et amis des lois.

3. Ils peuvent même agir isolément si l'occasion s'en présente ; mais alors c'est sous leur responsabilité personnelle ; et, pour se mettre à l'abri de tout reproche, ils doivent, en cas de saisie ou d'arrestation, en référer sur-le-champ à l'autorité supérieure, qui statue provisoirement.

4. Il leur est interdit d'arrêter qui que ce soit sans conduire le délinquant, soit à la brigade de gendarmerie, s'il s'agit de crime ou délit, soit au bureau de la douane, s'il s'agit de denrées prohibées, soit au bureau des contributions indirectes, s'il s'agit de fraude sur les tabacs ou les boissons. Ils peuvent alors requérir les simples citoyens de leur prêter main-forte; ils peuvent opérer des saisies, mettre provisoirement en fourrière les chevaux et attelages servant au délit, et ils doivent du tout dresser des procès-verbaux détaillés.

5. S'il s'agit de délit sur les canaux ou les grandes routes, ils peuvent également se faire assister des cantonniers, des éclusiers et gardes-ports. Les gardes champêtres peuvent enfin constater les délits de chasse et ceux de pêche : l'art. 36 de la loi du 15 avril 1829 leur en fait un devoir en ce qui touche la pêche.

6. Mais plus le législateur leur a confié d'attributions, plus il a dû se montrer sévère lorsque les gardes ne les remplissent pas, et surtout lorsqu'ils s'abstiennent, par faveur ou par corruption, de faire les actes qui leur sont imposés par leur serment.

La loi du 28 avril 1816, art. 223 et 245, donne à tous les gardes et généralement à tout employé assermenté, le droit de constater les ventes des colporteurs de tabacs, de cartes, de sel, de poudre à feu, des boissons, vins, cidres, poirés, eau-de-vie, esprits et liqueurs; elle veut que le transport et la vente de ces objets soient garantis par des laisser-passer, des congés, des timbres, des vignettes de la régie, et l'on doit dresser des procès-verbaux contre toutes les infractions à ce qu'elle prescrit.

7. Après avoir analysé ce qui a rapport aux fonctions des gardes de toutes les administrations ou des communes, il faut, pour les prémunir contre les dangers de la séduction, les avertir qu'indépendamment de la suspension, de la révocation, de la destitution, le Code pénal contient les dispositions suivantes :

Tout agent ou préposé d'une administration publique, qui aura agréé des offres ou promesses, ou reçu des dons ou présents pour faire un acte de sa fonction ou de son emploi, même juste, mais non sujet à salaire, sera puni de la dégradation civique, et condamné à une amende double de la valeur des promesses agréées ou des choses reçues, sans que ladite amende puisse être inférieure à 200 fr. (*Art.* 277.)

La présente disposition est applicable à tout fonctionnaire, agent ou préposé de la qualité ci-dessus exprimée, qui par offres ou promesses agréées, dons ou présents reçus, se sera abstenu de faire un acte qui entrait dans l'ordre de ses devoirs. (*Idem.*)

Dans le cas où la corruption aurait pour objet un fait criminel emportant une peine plus forte que celle de la dégradation civique, cette peine plus forte sera appliquée aux coupables.

Quiconque aura contraint ou tenté de contraindre par voies de fait ou menaces, corrompu ou tenté de corrompre par promesses, offres, dons ou présents, un fonctionnaire, agent ou préposé de la qualité exprimée en l'article 177, pour obtenir, soit une opinion favorable, soit des procès-verbaux, états, certificats ou estimations contraires à la vérité, soit des places, emplois, adjudications, entreprises ou autres bénéfices quelconques, soit enfin tout autre acte du ministère du fonctionnaire, agent ou préposé, sera puni des mêmes peines que le fonctionnaire, agent ou préposé corrompu.

Toutefois, si les tentatives de contrainte ou corruption n'ont eu aucun effet, les auteurs de ces tentatives seront simplement punis d'un emprisonnement de trois mois au moins, et de six mois au plus, et d'une amende de 100 à 300 fr. (*Art.* 179.)

Il ne sera jamais fait au corrupteur restitution des

choses par lui livrées, ni de leur valeur : elles seront confisquées au profit des hospices des lieux où la corruption aura été commise. (*Art.* 180.)

CHAPITRE II.

Des Gardes champêtres.

SECTION I.

ATTRIBUTIONS DES GARDES CHAMPÊTRES.

1. C'est au préfet qu'appartient le droit de nommer et de révoquer les gardes champêtres.

2. Le préfet peut inscrire d'office au budget municipal le crédit nécessaire pour pourvoir au traitement du garde champêtre et ensuite mandater d'office, s'il y a lieu, ce traitement (*C. d'État*, 12 *juin* 1874).

3. Les gardes champêtres sont des auxiliaires de l'autorité administrative et judiciaire, préposés à la surveillance des propriétés et à la conservation des fruits, des moissons et récoltes de toute nature.

4. Ils prêtent serment devant le juge de paix du canton de leur résidence.

5. Ils sont chargés de seconder les maires, les brigades de gendarmerie dans la recherche des crimes, délits et contraventions prévus par le Code pénal, le Code forestier, le Code rural, celui des contributions indirectes, celui de la pêche fluviale ; par les lois sur le recrutement, sur les tabacs, sur les chemins, le roulage et les cours d'eau.

6. Comme auxiliaires de la police judiciaire, leurs devoirs se trouvent tracés dans le Code d'instruction criminelle, art. 16 à 22.

Les gardes champêtres, considérés comme officiers de

police judiciaire, sont chargés de rechercher, chacun dans le territoire pour lequel ils ont prêté serment, les délits et les contraventions de police qui auront porté atteinte aux propriétés rurales.

Ils dressent des procès-verbaux à l'effet de constater la nature, les circonstances, le temps, le lieu des délits et des contraventions, ainsi que les preuves et les indices qu'ils auront pu recueillir (1).

Ils suivent les choses enlevées dans les lieux où elles auront été transportées, et les mettront en séquestre. Ils ne peuvent néanmoins s'introduire dans les maisons, ateliers, bâtiments, cours adjacentes et enclos, si ce n'est en présence, soit du juge de paix, soit de son suppléant, soit du commissaire de police, soit du maire du lieu, soit de son adjoint, et le procès-verbal qui doit en être dressé, est signé par celui en présence duquel il a été fait.

Ils arrêtent et conduisent devant le juge de paix ou devant le maire tout individu qu'ils ont surpris en flagrant délit, ou qui est dénoncé par la clameur publique, lorsque ce délit emporte la peine d'emprisonnement ou une peine plus grave.

Ils se font donner, pour cet effet, main-forte par le maire ou par l'adjoint au maire du lieu, qui ne peut s'y refuser.

Comme auxiliaires de l'administration, ils sont sous les ordres du maire de la commune, pour exécuter tout ce qu'il prescrit pour l'application et l'exécution des lois et ordonnances, ou réglements.

---

(1) Les procès-verbaux des gardes champêtres, dressés et affirmés dans la forme prescrite, lorsqu'ils ne donnent lieu qu'à des réclamations pécuniaires, font pleine foi en justice, sauf néanmoins la preuve contraire; et, pour administrer cette preuve, il n'est pas nécessaire de prendre la voie de l'inscription de faux. (*Loi du 28 septembre 1791, sur la police rurale, titre 1, section 7, article 6.*) Il n'en est pas ainsi des procès-verbaux rédigés par les gardes forestiers; ils font foi jusqu'à inscription de faux.

7. Comme auxiliaires de la gendarmerie, leurs devoirs sont consignés dans l'ordonnance du 29 octobre 1820, art. 310 à 314, dont voici les termes :

Les gardes champêtres des communes sont placés sous la surveillance des commandants des brigades de gendarmerie qui tiennent un registre particulier sur lequel ils inscrivent les noms, l'âge et le domicile de ces gardes champêtres. (*Art.* 310.)

Les officiers et sous-officiers de gendarmerie s'assurent dans leurs tournées si les gardes champêtres remplissent bien les fonctions dont ils sont chargés; ils donnent connaissance aux sous-préfets de ce qu'ils ont appris sur la conduite et le zèle de chacun d'eux. (*Art.* 311.)

Dans des cas urgents, ou pour des objets importants, les sous-officiers de gendarmerie peuvent mettre en réquisition les gardes champêtres d'un canton, et les officiers ceux d'un arrondissement, soit pour les seconder dans l'exécution des ordres qu'ils ont reçus, soit pour le maintien de la police et de la tranquillité publique; mais ils sont tenus de donner avis de cette réquisition aux maires et aux sous-préfets, et de leur en faire connaître les motifs généraux. (*Art.* 312.)

Les officiers et sous-officiers de gendarmerie adressent, au besoin, aux maires, pour être remis aux gardes champêtres, le signalement des individus qu'ils ont l'ordre d'arrêter. (*Art.* 313.)

Les gardes champêtres sont tenus d'informer les maires, et ceux-ci les officiers et les sous-officiers de la gendarmerie, de tout ce qu'ils découvrent de contraire au maintien de l'ordre et de la tranquillité publique; ils leur donnent avis des délits qui ont été commis dans leurs territoires respectifs. (*Art.* 314.)

8. Le décret du 11 juin 1806 contient de plus les dispositions suivantes :

Les officiers et sous-officiers de gendarmerie adressent aux maires, pour être transmis aux gardes champêtres, le signalement des malfaiteurs, déserteurs, ou autres individus qu'ils auront reçu ordre de faire arrêter. (*Art. 4.*)

Les gardes champêtres sont tenus d'informer les maires, et ceux-ci les officiers ou sous-officiers de gendarmerie, de tout ce qu'ils découvrent de contraire au maintien de l'ordre et à la tranquillité publique; ils leur donnent avis de tous les délits qui ont été commis dans leurs territoires respectifs, et les préviennent lorsqu'il s'établit dans leurs communes des individus étrangers à la localité. (*Art. 5.*)

Les gardes champêtres qui arrêtent soit des déserteurs, des hommes évadés des galères, ou autres individus, reçoivent la gratification accordée par les lois à la gendarmerie nationale. (*Art. 6.*)

Le décret du 12 janvier 1811 fixe à 25 fr. le montant de la gratification accordée pour chaque arrestation de déserteur. (Art. 1.) L'art. 2 porte que cette gratification leur sera avancée, sur le vu de leurs procès-verbaux, par les préfets.

Les sous-préfets, après avoir pris l'avis des maires et des officiers de gendarmerie, désignent aux préfets, et ceux-ci à l'administration forestière, ceux d'entre les gardes champêtres de leurs arrondissements et de leurs départements respectifs qui, par leur bonne conduite et par leurs services, méritent d'être appelés aux fonctions de gardes forestiers. (*Art. 7 du décret du 11 juin 1806.*)

9. Tout garde champêtre qui manque à ses devoirs, peut être suspendu par le maire et destitué par le préfet. Il est évident que ce magistrat ne statue dans les cas ordinaires, qu'après avoir pris l'avis du maire et du sous-préfet, puisque le décret du 25 mars 1852 lui impose l'obligation de le faire pour la nomination.

10. La loi du 15 septembre 1791 leur défend d'exercer aucun métier, afin qu'ils soient tout entiers à leurs fonctions; ainsi, c'est abusivement que les maires les emploient comme cantonniers ou comme ouvriers, dans

l'intérêt de la commune. (Voyez *Officiers de Police judiciaire et Outrages*.)

11. Enfin, pour compléter l'exposé des droits et des devoirs des gardes champêtres, nous croyons devoir rapporter la circulaire suivante de M. le Ministre de l'Intérieur aux préfets.

Paris, le 30 octobre 1865.

Monsieur le préfet,

La cour de cassation a rendu récemment un arrêt d'où il résulte que les gardes champêtres étant préposés spécialement à la garde des propriétés rurales et forestières, n'ont d'autre pouvoir que de constater les contraventions et délits commis au préjudice de ces propriétés, et qu'ils n'ont pas qualité pour constater d'autres délits ou contraventions, par exemple, sur la fermeture des cabarets et autres lieux publics.

Cet arrêt est en complet accord avec la législation. En effet, il ressort incontestablement des articles 9, 11 et 16 combinés, du Code d'instruction criminelle, que les gardes champêtres ne peuvent intervenir, *à titre d'officiers de police judiciaire*, dans l'exercice de la police municipale et constater par des *procès-verbaux* les contraventions de cette nature. L'article 11, notamment, porte que les gardes champêtres et les gardes forestiers, considérés comme officiers de police judiciaire, sont chargés de rechercher, chacun dans le territoire pour lequel ils auront été assermentés, les délits et les contraventions de police qui auront porté atteinte aux propriétés rurales et forestières, et en cela, l'article 11 est resté fidèle à la pensée de la loi du 28 septembre-6 octobre 1791, sur l'agriculture, qui, en régularisant l'institution de ces agents, n'a entendu placer sous leur surveillance que la police des campagnes.

Toutefois, si les gardes champêtres ne sont pas aptes à rédiger des procès-verbaux autres que ceux de police rurale, ils peuvent et doivent même surveiller dans les communes, les diverses parties du service municipal, donner des avertissements aux citoyens, dénoncer, à fin de droit, par la voie de *simples rapports*, les contraventions dont ils s'aperçoivent, et se rendre ainsi les auxiliaires actifs et vigilants de l'administration.

« En ce qui concerne notamment la police des cabarets et lieux publics, le garde champêtre ne peut constater *officiellement* le fait d'ouverture après l'heure réglementaire ; son procès-verbal ne serait admis en justice qu'à titre de renseignement ; mais il doit signaler l'abus commis au maire, son chef immédiat, qui a en main le pouvoir de constater les contraventions, au commissaire de police, auquel il doit régulièrement signaler la situation de la commune, à la gendarmerie, qui, avertie par lui, surveillera plus spécialement l'établissement qui lui aura été désigné.

« La décision de la cour suprême, dont j'apprends que certains maires se sont émus, ne modifie en rien la situation légale des gardes champêtres ; elle ne fait que définir et préciser leurs droits. Le devoir de surveillance qui incombe aux gardes champêtres, à l'égard des établissements publics, reste intact et leur mission administrative reste la même.

« Vous voudrez bien adresser des instructions en ce sens à MM. les maires de votre département.

« Recevez, etc.

« *Le ministre de l'intérieur*,

« LA VALETTE. »

12. La disposition finale de l'art. 12 de la loi du 3 mai 1844 portant que les peines encourues seront toujours portées au maximum, lorsque ces délits auront été commis par des gardes champêtres, etc., ne s'applique qu'à l'amende ; l'emprisonnement, dans ce cas, continue à rester facultatif. (*Nancy*, 28 *novembre* 1867.)

SECTION II.

DISPOSITIONS COMMUNES AUX GARDES CHAMPÊTRES ET A LA GENDARMERIE.

1. Les gardes champêtres doivent leur concours à la gendarmerie lorsqu'ils en sont légalement requis, en cas d'émeute, d'attroupement ou de danger public ; alors ils sont soumis comme les corps avec lesquels ils agissent, aux dispositions du décret impérial du 1er mars 1854.

Il est inutile de transcrire ici ce décret, puisque dans ce cas les gardes n'ont comme les soldats qu'à se soumettre aux ordres qui leur sont transmis.

2. L'ordonnance du 24 juillet 1816 permet aux gardes champêtres et aux gardes forestiers d'avoir un fusil de guerre lorsqu'ils y seront autorisés par les sous-préfets.

CHAPITRE III.

Des Gardes forestiers.

SECTION Ire.

ATTRIBUTIONS DES GARDES FORESTIERS.

1. Ces agents qui, jusqu'au décret du 25 mars 1852 sur la décentralisation administrative, étaient nommés par l'administration forestière, le sont maintenant par les préfets sur la présentation de cette administration.

2. Les gardes forestiers ont comme les gardes champêtres attributions d'officiers de police judiciaire (Voir chapitre II, première section). Nous ajouterons cependant que les gardes forestiers ayant des attributions qui leur sont propres, ce sont elles que nous essayons de reproduire ici en suivant l'ordre du code et de l'ordonnance d'exécution, parce que ces deux actes devant être l'objet de leur étude de tous les jours, il est bon de se borner à les leur expliquer sans intervertir l'ordre des articles qui se réfèrent aux fonctions des gardes forestiers.

3. Les objets principaux de leur surveillance sont : les entreprises qui peuvent porter atteinte à l'intégralité du sol forestier, les usurpations, les défrichements non autorisés dans les forêts de l'Etat et tous autres bois, même des particuliers, et quels que soient les propriétaires ; les coupes de futaie, sans déclaration, dans les bois des particuliers, et les coupes non autorisées dans les bois communaux et d'établissements publics ; l'introduction des bestiaux dans les forêts par des personnes non usagères, et le pâturage dans les endroits non déclarés défensables ; la dépaissance des chèvres, brebis et moutons, même dans les bois des particuliers ; le ramas du bois sec avec des instruments défendus ; les enlèvements en délits de bois, de plants, de fruits, de terre et sable, d'herbes, de feuilles mortes et autres, et de tous produits forestiers ; les dommages causés aux arbres ; les incendies ; la fabrication du charbon et des cendres ; le feu allumé dans les forêts, landes et bruyères, et à des distances prohibées ; la construction de maisons, usines et ateliers dans les forêts, et à des distances prohibées ; le commerce de bois par des préposés forestiers et autres personnes à qui la loi le défend ; l'établissement, près des forêts, d'ouvriers qui emploient le bois ; enfin tous les délits qui peuvent se commettre dans les bois de l'Etat, des communes, des établissements publics, et dans tous les bois possédés par *indivis* avec le gouvernement, ou dans lesquels il a des droits ; l'exercice de la chasse et le port d'armes dans les forêts sans permission ; la défense de prendre des aires d'oiseaux, de tirer sur les cerfs et biches par personnes non autorisées.

4. Les gardes forestiers, considérés comme officiers de police judiciaire, sont chargés de rechercher, chacun dans le territoire pour lequel ils auront été assermentés, les délits et les contraventions de police qui auront porté atteinte aux propriétés rurales et forestières.

Ils dressent des procès-verbaux, à l'effet de constater la nature, les circonstances, le temps, le lieu des délits et des contraventions, ainsi que les preuves et les indices qu'ils peuvent en recueillir.

Ils suivent les choses enlevées dans les lieux où elles ont été transportées, et les mettent en séquestre : ils ne peuvent néanmoins s'introduire dans les maisons, ateliers, bâtiments, cours adjacentes et enclos, si ce n'est en présence soit du juge du paix, soit de son suppléant, soit du commissaire de police, soit du maire du lieu, soit de son adjoint ; et le procès-verbal qui doit en être dressé est signé par celui en présence de qui il est fait.

Ils arrêtent et conduisent devant le juge de paix, ou devant le maire, tout individu qu'ils ont surpris en flagrant délit, ou qui est dénoncé par la clameur publique, lorsque ce délit emporte la peine d'emprisonnement, ou une peine plus grave.

Ils se font donner, pour cet effet, main-forte par le maire ou par l'adjoint au maire du lieu, qui ne peut pas s'y refuser. (*Art.* 16 *du Code d'Instruction criminelle.*)

5. Les gardes forestiers sont, comme officiers de police judiciaire, sous la surveillance du procureur de la République, sans préjudice de leur subordination à l'égard de leurs supérieurs dans l'administration. (*Ibid.*, *art.* 17.)

6. Les gardes forestiers de l'administration, des communes et des établissements publics remettent leurs procès-verbaux au conservateur, inspecteur ou sous-inspecteur forestiers, dans les trois jours au plus tard, y compris celui où ils ont reconnu le fait sur lequel ils procèdent. (*Ibid.*, *art.* 15 *et* 18.)

L'officier qui a reçu l'affirmation est tenu, dans la huitaine, d'en donner avis au procureur de la République. (*Ibid.*)

Le conservateur, inspecteur ou sous-inspecteur, fait citer les prévenus ou les personnes civilement responsables, devant le tribunal correctionnel. (*Ibid.*, *art.* 19.)

Les officiers de police judiciaire ont, dans l'exercice de

leurs fonctions, le droit de requérir directement la force publique. (*Ibid., art.* 25.)

SECTION II.

RESPONSABILITÉ DES GARDES FORESTIERS.

1. Les gardes forestiers sont responsables de toutes négligences ou contraventions dans l'exercice de leurs fonctions, ainsi que de leurs malversations personnelles.

Par suite de cette responsabilité, les gardes peuvent être tenus des indemnités encourues par les délinquants, lorsqu'ils n'ont pas dûment constaté les délits; et le montant des condamnations qu'ils subissent est retenu sur leur traitement sans préjudice de toute autre poursuite (1).

2. Les gardes forestiers ne peuvent faire le commerce de bois, ni enlever les bois abattus dans les haies et tranchées.

Les gardes particuliers qui achètent des bois des gardes forestiers, sont réputés par cela seul complices. (*Cour cas.*, 9 *février* 1811.)

3. Le vol de bois commis par un garde forestier dans les forêts commises à sa surveillance n'est point un crime, mais un délit de police correctionnelle. (*Cour cas. du 23 juin* 1813.)

4. L'article 3 du Code forestier porte que nul ne pourra exercer un emploi forestier s'il n'est âgé de 25 ans; il n'y a d'exception que pour les élèves de l'école forestière, qui peuvent être gardes-généraux sans passer par les grades inférieurs.

(1) Deux ordonnances, en date du 22 février 1821, rendues en conseil d'État, autorisent le ministère public à poursuivre : 1° un garde forestier prévenu d'avoir, étant dans ses fonctions, tiré un coup de fusil sur un particulier; 2° trois gardes forestiers prévenus de concussion (*Recueil des Arrêts sur le contentieux de l'administration*, par M. Macarel). Voyez, au surplus, les mots *Affouage, Forêt, Outrage, Usage*, etc., etc.

L'article 5 veut que personne ne puisse être attaché à la garde des forêts s'il n'est muni d'une commission de l'administration (1).

5. Les gardes sont responsables des délits, dégâts, abus et abroutissements qui ont lieu dans leurs triages, et passibles des amendes et indemnités encourues par les délinquants, lorsqu'ils n'ont pas dûment constaté les délits (2). (*Art. 6 du Code forestier.*) On remarque la sévérité exceptionnelle de cette disposition qui rend le garde responsable de l'amende qu'aurait encourue le délinquant.

6. Les agents et gardes forestiers sont munis de marteaux à empreintes.

L'empreinte de tous les marteaux dont les agents et les gardes forestiers font usage, tant pour la marque des bois de débit et des chablis que pour les opérations de balivage et de martelage, est déposée aux greffes des tribunaux, savoir :

Celle des marteaux particuliers dont les agents et gardes sont pourvus, aux greffes des tribunaux de première instance dans le ressort desquels ils exercent leurs fonctions ;

Celle du marteau de l'Etat uniforme, aux greffes des tribunaux de première instance et des cours d'appel. (*Art.* 7.)

7. Les gardes ne peuvent jamais disposer des bois con-

---

(1) Ces commissions sont sujettes au timbre de dimension. Celles qui n'ont pas été écrites sur papier timbré doivent contenir en marge l'avis qu'elles ne seront valables qu'après avoir été soumises soit au timbre extraordinaire, soit au visa pour timbre, moyennant le paiement effectif des simples droits. (*Circulaire du 21 mars* 1831.)

Les conservateurs présentent pour chaque place de garde, trois candidats, dont un au moins doit être désigné par l'agent en chef de l'inspection où la place est vacante. (*Instruction du 23 mars* 1821.)

(2) L'administration forestière est autorisée à traduire devant les tribunaux, sans autorisation préalable du gouvernement, les agents et gardes qui se rendent coupables de délits. (*Arrêts des 4 octobre* 1823 *et* 23 *décembre* 1824.)

fiés à leur garde, soit par vente, don, échange ou autrement. La loi a prescrit le mode de vente des bois par adjudication : toute vente faite autrement sera déclarée nulle.

Les fonctionnaires et agents qui auraient ordonné ou effectué la vente, sont condamnés solidairement à une amende de 3,000 francs au moins, et de 6,000 francs au plus, et l'acquéreur est puni d'une amende égale à la valeur des bois vendus. (*Art.* 18.)

Est de même annulée, quoique faite par adjudication publique, toute vente qui n'a pas été précédée des publications et affiches prescrites par l'article 17, ou qui aura été effectuée dans d'autres lieux ou à un autre jour que ceux qui ont été indiqués par les affiches ou les procès-verbaux de remise de vente. (*Art.* 19.)

Les fonctionnaires ou agents qui auraient contrevenu à ces dispositions, sont condamnés solidairement à une amende de 1,000 à 3,000 francs ; et une amende pareille est prononcée contre les adjudicataires, en cas de complicité. (*Art.* 20.)

8. Ne peuvent prendre part aux ventes, ni par eux-mêmes, ni par personnes interposées, directement ou indirectement, soit comme parties principales, soit comme associés ou cautions : (*Art.* 21.)

Les agents et gardes forestiers et les forestiers de la marine, dans toute l'étendue de la République, les fonctionnaires chargés de présider ou de concourir aux ventes, et les receveurs du produit des coupes, dans toute l'étendue du territoire où ils exercent leurs fonctions.

En cas de contravention, ils sont punis d'une amende qui ne peut excéder le quart ni être moindre du dixième du montant de l'adjudication, et ils sont en outre passibles de l'emprisonnement et de l'interdiction qui sont prononcés par l'article 175 du Code pénal.

Les parents et alliés en ligne directe, les frères et beaux-frères, oncles et neveux des agents et gardes forestiers et des agents forestiers de la marine, dans toute l'étendue du territoire pour lequel ces agents ou gardes ont commissionnés.

En cas de contravention, ils sont punis d'une amende égale à celle qui est prononcée par le paragraphe précédent.

9. Les agents forestiers indiquent par écrit, aux adjudicataires, les lieux où il peut être établi des fosses ou fourneaux pour charbon, des loges ou des ateliers; il n'en peut être placé ailleurs, sous peine, contre l'adjudicataire, d'une amende de 50 francs pour chaque fosse ou fourneau, loge ou atelier établi en contravention à cette disposition (1). (*Art.* 38.)

10. La traite des bois se fait par les chemins désignés au cahier des charges, sous peine, contre ceux qui en pratiqueraient de nouveaux, d'une amende dont le minimum est de 50 francs, et le maximum de 200 francs, outre les dommages-intérêts (2). (*Art.* 39.)

11. La coupe des bois et la vidange des ventes sont faites dans les délais fixés par le cahier des charges, à moins que les adjudicataires n'aient obtenu de l'administration forestière une prorogation de délai, à peine d'une amende de 50 à 500 francs, et, en outre, des dommages-intérêts dont le montant ne peut être inférieur à la valeur estimative des bois restés sur pied, ou gisants sur les coupes (3).

Il y a lieu à la saisie de ces bois, à titre de garantie pour les dommages-intérêts. (*Art.* 40.)

(1) En général, ils doivent faire la recherche des anciennes places à fourneaux. Cela est intéressant parce que le *fesi* s'y conserve, et que les charbonniers qui le retrouvent, en l'employant, sont dispensés d'enlever de nouvelle terre pour le convertir en *fesi*, opération toujours nuisible au sol de la forêt.

(2) C'est le cahier des charges qui sous ce rapport est la règle des gardes et des parties.

(3) La prorogation de délai doit surtout être accordée quand les pluies ou les neiges ont dégradé les chemins, ou quand la rigueur de la saison a empêché de lever les écorces.

12. A défaut par les adjudicataires d'exécuter, dans les délais fixés par le cahier des charges, les travaux que ce cahier leur impose, tant pour relever et faire façonner les ramiers, et pour nettoyer les coupes des épines, ronces et arbustes nuisibles, suivant le mode prescrit à cet effet, que pour les réparations des chemins de vidange, fossés (1), repiquement de places (2) à charbon et autres ouvrages à leur charge, ces travaux sont exécutés à leurs frais, à la diligence des agents forestiers, et sur l'autorisation du préfet, qui arrête ensuite le mémoire des frais, et le rend exécutoire contre les adjudicataires pour le paiement. (*Art.* 41.)

13. Il est défendu à tous adjudicataires, leurs facteurs et ouvriers, d'allumer du feu ailleurs que dans leurs loges ou ateliers, à peine d'une amende de 10 à 100 francs, sans préjudice de la réparation du dommage qui pourrait résulter de cette contravention. (*Art.* 42.)

14. Les adjudicataires ne peuvent déposer dans leurs ventes d'autres bois que ceux qui en proviennent, sous peine d'une amende de 100 à 1,000 francs. (*Art.* 43.)

15. Si, dans le cours de l'exploitation ou de la vidange, il était dressé des procès-verbaux de délits ou vices d'exploitation, il pourrait y être donné suite sans attendre l'époque du récolement (3).

Néanmoins, en cas d'insuffisance d'un premier procès-verbal, sur lequel il ne serait pas intervenu de jugement, les agents forestiers pourraient, lors du récolement, con-

---

(1) Fossés. Voyez ce mot au *Dictionnaire des Gardes.*

(2) Repiquement de place à charbon. Cette opération a pour objet de faire repousser le bois. S'il revient, les gardes doivent plus tard chercher une autre place où il s'en trouve moins ou d'une moins bonne qualité. S'il ne revient pas, voyez la note sur l'article 38.

(3) Le récolement se fait à l'époque fixée par le cahier des charges ; il doit avoir lieu en présence de l'adjudicataire, ou lui dûment appelé ; il est fait par deux agents forestiers et le garde particulier du triage du canton.

tater par un nouveau procès-verbal les délits et contraventions. (*Art.* 44.)

16. Les chemins par lesquels les bestiaux devront passer pour aller au pâturage ou au panage et en revenir, sont désignés par les agents forestiers (1).

Si ces chemins traversent des taillis ou des recrus de futaies non défensables, il peut être fait à frais communs, entre les usagers et l'administration, et d'après l'indication des agents forestiers, des fossés suffisamment larges et profonds, ou toute autre clôture, pour empêcher les bestiaux de s'introduire dans les bois. (*Art.* 71.)

17. Si les bois de chauffage se délivrent par coupe, l'exploitation en est faite, aux frais des usagers, par entrepreneur spécial nommé par eux et agréé par l'administration forestière.

Aucun bois n'est partagé sur pied ni abattu par les usagers individuellement, et les lots ne peuvent être faits qu'après l'entière exploitation de la coupe, à peine de confiscation de la portion de bois abattu afférente à chacun des contrevenants.

Les fonctionnaires ou agents qui auraient permis ou toléré la contravention, seraient passibles d'une amende de 50 fr., et demeureraient en outre personnellement responsables, et sans aucun recours, de la mauvaise exploitation et de tous les délits qui pourraient avoir été commis. (*Art.* 81.)

18. Il est interdit aux usagers de vendre ou d'échanger les bois qui leur sont délivrés, et de les employer à aucune destination que celle pour laquelle le droit d'usage a été accordé.

S'il s'agit de bois de chauffage, la contravention donne lieu à une amende de 10 à 100 fr.

---

(1) En présence des usagers ou de leur représentant. Les gardes qui ont été chargés de ce soin doivent, les premières fois, diriger les conducteurs des troupeaux, s'il n'y a ni fossés, ni barrières, ni clôtures qui puissent les empêcher de se tromper.

S'il s'agit de bois à bâtir ou de tout autre bois non destiné au chauffage, il y a lieu à une amende double de la valeur des bois, sans que cette amende puisse être au-dessous de 50 fr. (*Art.* 83.)

19. L'emploi des bois de construction doit être fait dans un délai de deux ans, lequel néanmoins peut être prorogé par l'administration forestière. Ce délai expiré, elle peut disposer des arbres non employés. (*Art.* 84.)

20. Les défenses prononcées par l'art. 57 sont applicables à tous usagers quelconques, et sous les mêmes peines (1). (*Art.* 85.)

SECTION III.
DES BOIS DES COMMUNES ET ÉTABLISSEMENTS PUBLICS.

1. Les communes et établissements publics entretiennent, pour la conservation de leurs bois, le nombre de gardes particuliers qui est déterminé par le maire et les administrateurs des établissements, sauf l'approbation du préfet, sur l'avis de l'administration forestière. (*Art.* 94.)

2. Le choix de ces gardes est fait, pour les communes, par le maire, sauf l'approbation du conseil municipal ; et pour les établissements publics, par les administrateurs de ces établissements.

Ces choix doivent être agréés par l'administration forestière, qui délivre aux gardes leurs commissions (2).

En cas de dissentiment, le préfet prononce. (*Art.* 95.)

3. A défaut, par les communes ou établissements publics, de faire choix d'un garde dans le mois de la va-

---

(1) Il est bien entendu, malgré les termes absolus de la loi, que ces articles ne peuvent être invoqués, contre les usagers, dans les pays où ils jouissent d'affouages qui excèdent leurs besoins. Les concessions font alors la loi des parties, et le Code n'a pu avoir à cet égard d'effet rétroactif.

(2) Voyez la note sur l'article 5, page 17, n° 4.

ance de l'emploi, le préfet y pourvoit, sur la demande de l'administration forestière (1). (*Art.* 96.)

4. Si l'administration forestière et les communes ou établissements publics jugent convenable de confier à un même individu la garde d'un canton de bois appartenant à des communes ou établissements publics, et d'un canton de bois de l'Etat, la nomination du garde appartient à cette administration seule. Son salaire est payé proportionnellement par chacune des parties intéressées. (*Art.* 97.)

5. L'administration forestière peut suspendre de leurs fonctions les gardes des bois des communes et des établissements publics; s'il y a lieu à destitution, le préfet le prononce, après avoir pris l'avis du conseil municipal ou des administrateurs des établissements propriétaires, ainsi que de l'administration forestière. (*Art.* 98.)

6. Le salaire de ces gardes est réglé par le préfet, sur la proposition du conseil municipal ou des établissements propriétaires.

7. Les gardes des bois des communes et des établissements publics sont, en tout, assimilés aux gardes des bois de l'Etat, et soumis à l'autorité des mêmes agents; ils prêtent serment dans les mêmes formes, et leurs procès-verbaux font également foi en justice pour constater les délits et contraventions commis même dans les bois soumis au régime forestier autres que ceux dont la garde leur est confiée (2). (*Art.* 99.)

8. Les ventes des coupes, tant ordinaires qu'extraordinaires, sont faites à la diligence des agents forestiers, dans les mêmes formes que pour les bois de l'Etat, et en présence du maire ou d'un adjoint, pour les bois des

---

(1) Cependant, lorsque les bois d'une commune sont d'une petite contenance ou de peu de produit, leur surveillance peut être confiée à garde champêtre, qui reçoit à cet effet une commission de l'administration forestière. (*Circulaire du 7 prairial an XI.*)

(2) Leurs procès-verbaux sont conçus, affirmés dans les mêmes formes. (Voyez *Affirmation, Enregistrement* et *Procès-verbaux.*)

communes, et d'un des administrateurs pour ceux des établissements publics; sans toutefois que l'absence des maires ou administrateurs, dûment appelés, entraîne la nullité des opérations.

Toute vente ou coupe effectuée par l'ordre des maires des communes ou des administrateurs des établissements publics, en contravention au présent article, donne lieu contre eux à une amende qui ne pourra être au-dessous de 300 francs, ni excéder 6,000 francs, sans préjudice des dommages-intérêts qui pourraient être dus aux communes ou établissements propriétaires.

Les ventes ainsi effectuées sont déclarées nulles. (*Art.* 100.)

9. Le salaire des gardes particuliers reste à la charge des communes et des établissements publics. (V. GARDE DES BOIS COMMUNAUX.) (*Art.* 108.)

10. Les coupes ordinaires et extraordinaires sont principalement affectées au paiement des frais de garde, de la contribution foncière et des sommes qui reviennent au trésor, en exécution de l'article 106.

Si les coupes sont délivrées en nature pour l'affouage, et que les communes n'aient pas d'autres ressources, il est distrait une portion suffisante des coupes, pour être vendue aux enchères avant toute distribution, et le prix en être employé au paiement desdites charges. (*Art.* 109.) (V. AFFOUAGE.) On lit à ce mot une décision du 29 octobre 1834.

SECTION IV.

DES BOIS DES PARTICULIERS.

1. Les propriétaires qui voudraient avoir, pour la conservation de leurs bois, des gardes particuliers, devraient les faire agréer par le sous-préfet de l'arrondissement, sauf le recours au préfet, en cas de refus (1). (*Art.* 117.)

---

(1) Les sous-préfets exigent ordinairement que le propriétaire ait pris l'agrément du maire de la commune. Cela n'est dans aucune loi;

2. Ces gardes ne peuvent exercer leurs fonctions qu'après avoir prêté serment devant le tribunal de première instance. (*Idem.*)

3. Les particuliers jouissent, de la même manière que le gouvernement et sous les conditions déterminées par l'article 65, de la faculté d'affranchir leurs forêts de tous droits d'usage en bois. (*Art.* 118.)

4. Les droits de pâturage, parcours, panage et glandée dans les bois des particuliers, ne peuvent être exercés que dans les parties de bois déclarées défensables par l'administration forestière, et suivant l'état et la possibilité des forêts, reconnus et constatés par la même administration (1). (*Art.* 119.)

5. Les chemins par lesquels les bestiaux devront passer pour aller au pâturage et pour en revenir, sont désignés par le propriétaire. (*Idem.*)

6. Les délits et contraventions concernant le service de la marine sont constatés, dans tous les bois, par procès-verbaux, soit des agents et gardes forestiers, soit des maîtres, contre-maîtres, aides contre-maîtres assermentés de la marine; en conséquence, les procès-verbaux de ces maîtres, contre-maîtres et aides contre-maîtres, font foi en justice comme ceux des gardes (2). (*Art.* 134.)

7. Les contraventions en cette matière sont consta-

---

mais on conçoit qu'il peut être utile d'imposer cette condition, puisque le garde particulier doit avoir des rapports avec le maire. Il n'est d'ailleurs aucun moyen de se soustraire à cette obligation, car si l'on s'y refusait, le sous-préfet refuserait la commission.

(1) L'article 78 défend le pacage des moutons et des chèvres d'une manière absolue, à moins qu'il ne soit permis par un décret.

L'article 110 contient une disposition analogue pour les bois des établissements publics. Pour la peine encourue, voyez article 199.

(2) Ils doivent être faits dans les mêmes formes que ceux des gardes forestiers. (Voyez *Affirmation*, *Enregistrement* et *Procès-verbaux*. Voyez aussi chapitre III, section Ire, n° 6, page 15.)

tées par procès-verbaux des agents ou gardes forestiers, ou des conducteurs des ponts-et-chaussées. (*Art.* 143.)

SECTION V.

POLICE ET CONSERVATION DES BOIS ET FORÊTS.

1. Ces dispositions doivent particulièrement fixer l'attention des gardes forestiers.

2. Toute extraction ou enlèvement non autorisé de pierre, sable, minerai, terre ou gazon, bruyère, genêts, herbage, feuilles vertes ou mortes, engrais existant sur le sol des forêts, glands, faînes et autres fruits ou semences des bois ou forêts, donne lieu à des amendes qui seront fixées ainsi qu'il suit :

Par charretée ou tombereau, de 10 à 30 francs, pour chaque bête attelée ;

Par chaque charge de bête de somme, de 5 à 15 francs ;

Par chaque charge d'homme, de 2 à 6 francs. (*Art.* 144.)

3. Il n'est point dérogé aux droits conférés à l'administration des ponts-et-chaussées d'indiquer les lieux où doivent être faites les extractions des matériaux pour les travaux publics ; néanmoins les entrepreneurs sont tenus envers l'Etat, les communes et établissements publics comme envers les particuliers, de payer toutes les indemnités de droit et d'observer toutes les formes prescrites par les lois et réglements en cette matière. (*Art.* 145.)

4. Quiconque est trouvé dans les bois et forêts, hors des routes et chemins ordinaires, avec serpes, cognées, haches, scies et autres instruments de même nature, est condamné à une amende de 10 francs, et à la confiscation desdits instruments. (*Art.* 146.)

5. Ceux dont les voitures, bestiaux, animaux de charge ou de monture, seront trouvés dans les forêts, hors des routes et chemins ordinaires, sont condamnés, savoir :

Pour chaque voiture, à une amende de 10 francs pour

les bois de dix ans et au-dessus, et de 20 francs pour les bois au-dessous de cet âge ;

Par chaque tête ou espèce de bestiaux non attelés, aux amendes fixées pour délit de pâturages par l'article 199.

Le tout sans préjudice des dommages-intérêts. (*Art.* 147.)

6. Il est défendu de porter ou allumer du feu dans l'intérieur et à la distance de 200 mètres des bois et forêts, sous peine d'une amende de 20 à 100 francs, sans préjudice, en cas d'incendie, des peines portées par le Code pénal, et de tous dommages-intérêts, s'il y a lieu (1). (*Art.* 148.)

7. Tous usagers qui, en cas d'incendie, refusent de porter des secours dans les bois soumis à leur droit d'usage, sont traduits en police correctionnelle, privés de ce droit pendant un an au moins, et cinq ans au plus, et condamnés en outre aux peines portées en l'article 475 du Code pénal. (*Art.* 149.)

8. Les propriétaires riverains des bois et forêts ne peuvent se prévaloir de l'article 672 du Code civil pour l'élagage des lisières desdits bois et forêts, si ces arbres de lisière ont plus de trente ans.

Tout élagage qui serait exécuté sans l'autorisation des propriétaires des bois et forêts, donnerait lieu à l'application des peines portées par l'article 196 (2). (*Art.* 150.)

---

(1) La peine portée par le Code pénal en ce cas est une amende de 50 francs au moins et de 500 francs au plus (art. 458). Mais il est important de rapprocher de cet article le n° 462 qui porte que si les délits dont on vient de parler sont commis par des gardes champêtres ou forestiers, la peine d'emprisonnement sera d'un mois au moins et d'un tiers en plus en sus de la peine la plus forte qui serait appliquée à un autre, coupable du même délit.

Cet article 458 ne fixe la distance qu'à 100 mètres, mais cette distance a paru trop faible, et le Code forestier l'a portée au double ; c'est lui qui sert maintenant de règle.

(2) C'est-à-dire qu'ils seront punis comme s'ils les avaient coupés par le pied. C'est un calcul à faire d'après la distinction établie par l'article 192.

9. Aucun four à chaux ou à plâtre, soit temporaire, soit permanent, aucune briqueterie et tuilerie ne peuvent être établis dans l'intérieur, et à moins d'un kilomètre des forêts, sans l'autorisation du gouvernement, à peine d'une amende de 100 à 500 francs, et de la démolition des établissements (1). (*Art.* 151.)

10. Il ne peut être établi sans l'autorisation du gouvernement, sous quelque prétexte que ce soit, aucune maison sur perches, loge, baraque ou hangar, dans l'enceinte et à moins d'un kilomètre des bois et forêts, sous peine de 50 fr. d'amende, et de la démolition dans le mois, à dater du jour du jugement qui l'aura ordonnée. (*Art.* 152.)

11. Aucune construction de maisons ou fermes ne peut être effectuée, sans l'autorisation du gouvernement, à la distance de cinq cents mètres des bois et forêts soumis au régime forestier, sous peine de démolition.

Il est statué dans le délai de six mois sur les demandes en autorisation; passé ce délai, la construction pourra être effectuée.

Il n'y a point lieu à ordonner la démolition des maisons ou fermes actuellement existantes. Ces maisons ou fermes peuvent être réparées, reconstruites et augmentées sans autorisation.

Sont exceptés des dispositions du paragraphe premier du présent article, les bois et forêts appartenant aux communes, et qui sont d'une contenance au-dessous de deux cent cinquante hectares. (*Art.* 153.)

12. Nul individu habitant les maisons ou les fermes actuellement existantes dans le rayon ci-dessus fixé, ou dont la construction y a été autorisée en vertu de l'ar-

---

(1) Cette défense ne faisant aucune distinction, doit toujours être prise en considération quand la distance entre le four et la forêt est au-dessous d'un kilomètre : peu importe que la forêt soit peuplée de taillis ou de futaie, et que le four ne soit que temporaire. (*Arrêt du 1er mai* 1830.)

cle précédent, ne peut établir dans lesdites maisons ou fermes aucun atelier à façonner le bois, aucun chantier ou magasin pour faire le commerce de bois, sans la permission spéciale du gouvernement, sous peine de 50 francs d'amende et de la confiscation des bois.

Lorsque les individus qui ont obtenu cette permission ont subi une condamnation pour délits forestiers, le gouvernement peut leur retirer ladite permission. (*Art.* 154.)

13. Aucune usine à scier le bois ne peut être établie dans l'enceinte et à moins de 2 kilomètres de distance des bois et forêts, qu'avec l'autorisation du gouvernement, sous peine d'une amende de 100 à 500 francs, et de la démolition dans le mois, à dater du jugement qui l'aura ordonnée. (*Art.* 155.)

14. Sont exceptées des dispositions des trois articles précédents, les maisons et usines qui font partie des villes, villages ou hameaux formant une population agglomérée, bien qu'elles se trouvent dans les distances ci-dessus fixées des bois et forêts. (*Art.* 156.)

15. Les usines, hangars et autres établissements autorisés en vertu des articles 151, 152, 154 et 155, sont soumis aux visites des agents et gardes forestiers, qui peuvent y faire toutes perquisitions sans l'assistance d'un officier public, pourvu qu'ils se présentent au nombre de deux au moins, ou que l'agent ou garde forestier soit accompagné de deux témoins domiciliés dans la commune. (*Art.* 157.)

16. Aucun arbre, bille ou tranche, ne peut être reçu dans les scieries dont il est fait mention en l'article 155, sans avoir été préalablement reconnu par le garde forestier du canton et marqué de son marteau, ce qui doit avoir lieu dans les cinq jours de la déclaration qui en est faite, sous peine, contre les exploitants desdites scieries, d'une amende de 50 à 300 francs. En cas de récidive, l'amende est double, et la suppression de l'usine peut être ordonnée par le tribunal. (*Art.* 158.)

17. L'administration forestière est chargée, tant dans l'intérêt de l'État que dans celui des autres propriétaires de bois et forêts soumis au régime forestier, des poursuites en réparation de tous délits et contraventions commis dans ces bois et forêts, sauf l'exception mentionnée en l'article 87.

Elle est également chargée de la poursuite en réparation des délits et contraventions spécifiés aux articles 134, 143 et 219. (*Art.* 159.)

SECTION VI.

POURSUITES DES DÉLITS ET CONTRAVENTIONS EXERCÉES PAR L'ADMINISTRATION FORESTIÈRE.

1. Les actions et poursuites sont exercées par les agents forestiers au nom de l'administration forestière, sans préjudice du droit qui appartient au ministère public.

2. Les agents, arpenteurs et gardes forestiers recherchent et constatent par procès-verbaux les délits et contraventions, savoir : les agents et arpenteurs dans toute l'étendue du territoire pour lequel ils sont commissionnés ; et les gardes, dans l'arrondissement du tribunal près duquel ils sont assermentés. (*Art.* 160.)

3. Les gardes sont autorisés à saisir les bestiaux trouvés en délit, et les instruments, voitures et attelages des délinquants, et à les mettre en séquestre. Ils suivent les objets enlevés par les délinquants jusque dans les lieux où ils ont été transportés, et les mettent également en séquestre.

Ils ne peuvent néanmoins s'introduire dans les maisons, bâtiments, cours adjacentes et enclos, si ce n'est en présence, soit du juge de paix ou de son suppléant, soit du maire du lieu ou de son adjoint, soit du commissaire de police. (*Art.* 161.)

4. Les fonctionnaires dénommés en l'article précédent ne peuvent se refuser à accompagner sur-le-champ les gardes, lorsqu'ils en sont requis par eux pour assister à des perquisitions (1).

Ils sont tenus, en outre, de signer le procès-verbal de séquestre ou de la perquisition faite en leur présence, sauf au garde, en cas de refus de leur part, à en faire mention au procès-verbal. (*Art.* 162.)

5. Les gardes arrêtent et conduisent devant le juge de paix ou devant le maire, tout inconnu qu'ils ont surpris en flagrant délit. (*Art.* 163.)

6. Les agents et les gardes de l'administration des forêts ont le droit de requérir directement la force publique pour la répression des délits et contraventions en matière forestière, ainsi que pour la recherche et la saisie des bois coupés en délit, vendus ou achetés en fraude. (*Art.* 164.)

7. Les gardes écrivent eux-mêmes leurs procès-verbaux; ils les signent et les affirment au plus tard le lendemain de la clôture desdits procès-verbaux, par-devant le juge de paix du canton ou l'un de ses suppléants, ou par-devant le maire ou l'adjoint, soit de la commune de leur résidence, soit de celle où le délit a été commis ou constaté : le tout sous peine de nullité (2).

Toutefois, si par suite d'un empêchement quelconque le procès-verbal est seulement signé par le garde, mais non écrit en entier de sa main, l'officier public qui en reçoit l'affirmation doit lui en donner préalablement lecture, et faire ensuite mention de cette formalité, le tout sous peine de nullité du procès-verbal. (*Art.* 165.)

8. Les procès-verbaux que les agents forestiers, les gardes généraux et les gardes à cheval dressent, soit

---

(1) Si, par suite de la perquisition, des bois de délit sont trouvés, l'inculpé est sommé d'assister au repatronnage, et le procès-verbal mentionne sa présence ou son refus. (Voyez *Dictionnaire des Gardes*, au mot *Perquisition*.)

(2) Voyez *Dictionnaire des Gardes*, au mot *Procès-verbaux*.

isolément, soit avec le concours d'un garde, ne sont point soumis à l'affirmation. (*Art*. 166.)

9. Dans les cas où le procès-verbal porte saisie, il en est fait, aussitôt après l'affirmation, une expédition qui est déposée dans les vingt-quatre heures au greffe de la justice de paix, pour qu'il en puisse être donné communication à ceux qui réclameraient les objets saisis. (*Art*. 167.)

10. Les juges de paix peuvent donner main-levée provisoire des objets saisis, à la charge du paiement des frais de séquestre, et moyennant une bonne et valable caution.

En cas de contestation sur la solvabilité de la caution, il est statué par le juge de paix. (*Art*. 168.)

11. Si les bestiaux saisis ne sont pas réclamés dans les cinq jours qui suivent le séquestre, ou s'il n'est pas fourni bonne et valable caution, le juge de paix en ordonne la vente à l'enchère, au marché le plus voisin. Il y est procédé à la diligence du receveur des domaines, qui la fait publier vingt-quatre heures d'avance.

Les frais de séquestre et de vente sont taxés par le juge de paix, et prélevés sur le produit de la vente; le surplus reste déposé entre les mains du receveur des domaines, jusqu'à ce qu'il ait été statué en dernier ressort sur le procès-verbal.

Si la réclamation n'a lieu qu'après la vente des bestiaux saisis, le propriétaire n'a droit qu'à la restitution du produit net de la vente, tous frais déduits, dans le cas où cette restitution serait ordonnée par le jugement. (*Art*. 169.)

12. Les procès-verbaux sont, sous peine de nullité, enregistrés dans les quatre jours qui suivent celui de l'affirmation ou celui de la clôture du procès-verbal, s'il n'est pas sujet à l'affirmation.

L'enregistrement s'en fait en *debet*, lorsque les délits en contravention intéressent l'État et le domaine de la couronne, ou les communes et les établissements publics. (*Art.* 170.)

13. Toutes les actions et poursuites exercées au nom de l'administration générale des forêts, et à la requête de ses agents, en réparation de délits ou contraventions en matière forestière, sont portées devant les tribunaux correctionnels, lesquels sont seuls compétents pour en connaître. (*Art.* 171.)

14. L'acte de citation doit, à peine de nullité, contenir la copie du procès-verbal et de l'acte d'affirmation. (*Art.* 172.)

15. Les gardes de l'administration forestière peuvent, dans les actions et poursuites exercées en son nom, faire toutes citations et significations d'exploits, sans pouvoir procéder aux saisies-exécutions.

Leurs rétributions pour les actes de ce genre sont taxées comme pour les actes faits par les huissiers des juges de paix. (*Art.* 173.)

16. Les agents forestiers ont le droit d'exposer l'affaire devant le tribunal, et sont entendus à l'appui de leurs conclusions. (*Art.* 174.)

17. Les délits ou contraventions en matière forestière seront prouvés, soit par procès-verbaux, soit par témoins à défaut de procès-verbaux, ou en cas d'insuffisance de ces actes. (*Art.* 175.)

18. Les procès-verbaux revêtus de toutes les formalités prescrites par les art. 165 et 170, et qui sont dressés et signés par les agents ou gardes forestiers, font preuve, jusqu'à inscription de faux, des faits matériels relatifs aux délits et contraventions qu'ils constatent, quelles que soient les condamnations auxquelles ces délits et contraventions peuvent donner lieu (1).

Il n'est, en conséquence, admis aucune preuve pour ou contre le contenu de ces procès-verbaux, à moins

(1) Voyez la différence établie par l'article 177.

qu'il n'existe une cause de récusation contre l'un des signataires. (*Art.* 176.)

19. Les procès-verbaux revêtus de toutes les formalités prescrites, mais qui ne sont dressés et signés que par un seul agent ou garde, font de même preuve suffisante jusqu'à inscription de faux, mais seulement lorsque le délit ou la contravention n'entraîne pas une condamnation de plus de 100 fr., tant pour amende que pour dommages-intérêts.

Lorsqu'un de ces procès-verbaux constate à la fois contre divers individus des délits ou contraventions distincts et séparés, il n'en fait pas moins foi, aux termes du présent article, pour chaque délit ou contravention qui n'entraînerait pas une condamnation de plus de 100 francs, tant pour amende que pour dommages-intérêts, quelle que soit la quotité à laquelle pourraient s'élever toutes les condamnations réunies. (*Art.* 177.)

20. Les procès-verbaux qui, d'après les dispositions qui précèdent, ne font point foi et preuve suffisante jusqu'à inscription de faux, peuvent être corroborés et combattus par toutes les preuves légales conformément à l'art. 154 du Code d'instruction criminelle (*Art.* 178.) (1).

21. Le prévenu qui veut s'inscrire en faux contre le procès-verbal, est tenu d'en faire par écrit et en personne ou par un fondé de pouvoirs spécial, par acte notarié, la déclaration au greffe du tribunal, avant l'audience indiquée par la citation.

Cette déclaration est reçue par le greffier du tribunal : elle est signée par le prévenu ou son fondé de pouvoirs,

---

(1) L'article 154 porte : « Les contraventions seront prouvées soit par des procès verbaux ou rapports, soit par témoins à défaut de rapports et procès-verbaux. » Il ajoute : « Quant aux procès-verbaux faits par des agents auxquels la loi n'a pas accordé le droit d'être crus, jusqu'à inscription contraire de faux, ils pourront être débattus par des preuves contraires, soit écrites, soit testimoniales, si le tribunal juge à propos de les admettre. » L'article 155 règle le mode d'admissibilité de la preuve.

dans le cas où il ne saurait ou ne pourrait signer, il en est fait mention expresse.

Au jour indiqué pour l'audience, le tribunal donne acte de la déclaration, et fixe un délai de trois jours au moins, et de huit au plus, pendant lequel le prévenu est tenu de faire au greffe le dépôt des moyens de faux, et des noms, qualités et demeures des témoins qu'il voudrait faire entendre.

A l'expiration de ce délai, et sans qu'il soit besoin d'une citation nouvelle, le tribunal admet les moyens de faux, s'ils sont de nature à détruire l'effet du procès-verbal, et il est procédé sur le faux, conformément aux lois (1).

Dans le cas contraire, ou faute par le prévenu d'avoir rempli toutes les formalités ci-dessus prescrites, le tribunal déclare qu'il n'y a lieu à admettre les moyens de faux et ordonne qu'il soit passé outre au jugement. (*Art.* 179.)

22. Le prévenu contre lequel a été rendu un jugement par défaut, est encore admissible à faire sa déclaration d'inscription de faux, pendant le délai qui lui est accordé par la loi pour se présenter à l'audience sur l'opposition par lui formée. (*Art.* 180.)

23. Lorsqu'un procès-verbal est rédigé contre plusieurs prévenus, et qu'un ou quelques-uns d'entre eux

---

(1) La procédure en inscription de faux est réglée par les articles 228, 229 et suivants du Code de procédure civile. C'est une procédure longue, difficile, et qui n'est pas sans danger pour le demandeur en faux. L'article 246 du Code porte d'ailleurs que le demandeur en faux qui succombera, sera condamné à une amende qui ne pourra être moindre de 300 francs, et à tels dommages-intérêts qu'il appartiendra.

Mais, d'un autre côté, il ne faut pas que les gardes se croient à l'abri de toute poursuite par la rigueur des principes ci-dessus. L'article 250 autorise le demandeur en faux à se pourvoir par la voie criminelle en faux principal : dans ce cas, il est sursis au jugement de la cause, car le procès-verbal étant la pièce principale du procès, il y a nécessité absolue d'attendre la décision sur le faux pour statuer au correctionnel.

seulement s'inscrivent en faux, le procès-verbal continue de faire foi à l'égard des autres, à moins que le fait sur lequel porte l'inscription de faux ne soit indivisible et commun aux autres prévenus. (*Art.* 181.)

24. Si, dans une instance en réparation de délit ou contravention, le prévenu excipe d'un droit de propriété ou autre droit réel, le tribunal saisi de la plainte statue sur l'incident, en se conformant aux règles suivantes :

L'exception préjudicielle n'est admise qu'autant qu'elle est fondée, soit sur un titre apparent, soit sur des faits de possession équivalents, personnels au prévenu et par lui articulés avec précision, et si le titre produit ou les faits articulés sont de nature, dans le cas où ils seraient reconnus par l'autorité compétente, à ôter au fait qui sert de base aux poursuites, tout caractère de délit ou de contravention.

Dans le cas de renvoi à fins civiles, le jugement fixe un bref délai dans lequel la partie qui a élevé la question préjudicielle doit saisir les juges compétents de la connaissance du litige, et justifier de ses diligences; sinon il est passé outre. Toutefois, en cas de condamnation, il est sursis à l'exécution du jugement, sous le rapport de l'emprisonnement, s'il était prononcé, et le montant des amendes, restitutions et dommages-intérêts, est versé à la caisse des dépôts et consignations, pour être remis à qui il est ordonné par le tribunal qui statue sur le fond du droit. (*Art.* 182.)

25. Les agents de l'administration des forêts peuvent, en son nom, interjeter appel des jugements, et se pourvoir contre les arrêts et jugements en dernier ressort; mais ils ne peuvent se désister de leurs appels sans autorisation spéciale. (*Art.* 183.)

26. Le droit attribué à l'administration des forêts et à ses agents de se pourvoir contre les jugements et arrêts par appel ou par recours en cassation, est indépendant de la même faculté qui est accordée par la loi au ministère public, lequel peut toujours en user, même lorsque l'administration ou ses agents auraient acquiescé aux jugements et arrêts. (*Art.* 184.)

27. Les actions en réparation de délits et contraventions en matière forestière se prescrivent par trois mois, à compter du jour où les délits et contraventions ont été constatés, lorsque les prévenus sont désignés dans les procès-verbaux. Dans le contraire, le délai de prescription est de six mois, à compter du même jour, sans préjudice, à l'égard des adjudicataires et entrepreneurs des coupes, des dispositions contenues aux art. 45, 47, 50, 51 et 82 de la présente loi. (*Art.* 185.)

28. Les dispositions de l'article précédent ne sont point applicables aux contraventions, délits et malversations commis par des agents, préposés ou gardes de l'administration forestière, dans l'exercice de leurs fonctions; les délais de prescription à l'égard de ces préposés et de leurs complices sont les mêmes que ceux qui sont déterminés par le Code d'Instruction criminelle (1). (*Art.* 186.)

29. Les dispositions du Code d'Instruction criminelle sur la poursuite des délits et contraventions, sur les citations et délais, sur les défauts, oppositions, jugements, appels et recours en cassation, sont et demeurent applicables à la poursuite des délits et contraventions spécifiés par la présente loi, sauf les modifications qui résultent du présent titre (2). (*Art.* 187.)

SECTION VII.

POURSUITES DANS L'INTÉRÊT DES PARTICULIERS.

1. Les procès-verbaux dressés par les gardes des bois et forêts des particuliers, font foi jusqu'à preuve contraire. (*Art.* 188.)

---

(1) L'action publique et l'action civile se prescrivent, aux termes de l'article 638, par trois années.

(2) Voyez les articles 179, 182, 184, 185, 190, 194, 197, 202, 211 du Code.

2. Les dispositions contenues aux art. 161, 162, 163, 165, 167, 168, 169, 170, § 1er, 172, 175, 182, 185 et 187 ci-dessus, sont applicables aux poursuites exercées au nom et dans l'intérêt des particuliers, pour délits et contraventions commis dans les bois et forêts qui leur appartiennent.

Toutefois, dans les cas prévus par l'article 169, lorsqu'il y a lieu d'effectuer la vente des bestiaux saisis, le produit net de la vente est versé à la caisse des dépôts et consignations. (*Art.* 189.)

3. Il n'est rien changé aux dispositions du Code d'Instruction criminelle relativement à la compétence des tribunaux, pour statuer sur les délits et contraventions commis dans les bois et forêts qui appartiennent aux particuliers. (*Art.* 190.)

4. Les procès-verbaux dressés par les gardes des bois des particuliers sont, dans le délai d'un mois à dater de l'affirmation, remis au procureur de la République ou au juge de paix, suivant leur compétence respective (1). (*Art.* 191.)

SECTION VIII.

DES PEINES.

1. La coupe ou l'enlèvement d'arbres ayant deux décimètres de tour et au-dessus, donne lieu à des amendes qui sont déterminées dans les proportions suivantes, d'après l'essence et la circonférence de ces arbres.

Les arbres sont divisés en deux classes.

---

(1) Dans le délai d'un mois au lieu du délai de trois jours, par le motif que le propriétaire peut être absent ou empêché, et sans doute aussi pour faciliter les transactions.

Les condamnations en faveur des particuliers pour réparations des délits commis dans leurs bois, sont, à leur diligence, signifiées et exécutées suivant les voies de contrainte employées par l'administration forestière, et le recouvrement des amendes est fait par les receveurs de l'enregistrement. (Voyez toutefois les articles 215 et 216 du Code forestier.)

La première comprend les chênes, hêtres, charmes, ormes, frênes, érables, platanes, pins, sapins, mélèzes, châtaigniers, noyers, aliziers, sorbiers, cormiers, merisiers et autres arbres fruitiers.

La seconde se compose des aulnes, tilleuls, bouleaux, trembles, peupliers, saules et de toutes les espèces non comprises dans la première classe.

Si les arbres de la première classe ont deux décimètres de tour, l'amende est de 1 fr. par chacun de ces deux décimètres, et s'accroît ensuite progressivement de 10 centimes par chacun des autres décimètres.

Si les arbres de la seconde classe ont deux décimètres de tour, l'amende est de 50 centimes par chacun de ces deux décimètres, et s'accroîtra ensuite progressivement de 5 centimes par chacun des autres décimètres.

Le tout conformément au tableau annexé à la présente loi (1).

La circonférence sera mesurée à un mètre du sol. (*Art.* 192.)

Si les arbres auxquels s'applique le tarif établi par l'article précédent ont été enlevés et façonnés, le tour en est mesuré sur la souche ; et si la souche a été également enlevée, le tour est calculé dans la proportion d'un cinquième en sus de la dimension totale des quatre faces de l'arbre équarri.

Lorsque l'arbre et la souche ont disparu, l'amende est calculée suivant la grosseur de l'arbre, arbitrée par

---

(1) Ce tableau est entre les mains de tous les agents forestiers, mais il n'est pas dans celles de tous les gardes, et ils n'en ont pas besoin, puisque ce ne sont pas eux qui prennent les conclusions ; seulement la nécessité de calculer l'amende d'après l'essence et la grosseur de l'arbre, conduit à celle, pour les gardes, de prendre exactement la mesure prescrite et de constater l'essence de l'arbre coupé.

La Cour de cassation a jugé, le 7 mars 1829, que l'enlèvement dans un bois d'un arbre précédemment coupé en délit, constitue la contravention punie par l'article 192, encore bien que l'arbre n'ait pas été abattu par le délinquant.

le tribunal, d'après les documents du procès. (*Art.* 193.)

2. L'amende pour coupe ou enlèvement de bois qui n'ont pas deux décimètres de tour, est, pour chaque charretée, de 10 fr. par bête attelée, de 5 fr. par chaque charge de bête de somme, et de 2 fr. par fagot, fouée ou charge d'homme.

S'il s'agit d'arbres semés ou plantés dans les forêts depuis moins de cinq ans, la peine est d'une amende de 3 fr. par chaque arbre, quelle qu'en soit la grosseur, et en outre d'un emprisonnement de six à quinze jours. (*Art.* 194.)

3. Quiconque arrache des plants dans les bois et forêts est puni d'une amende qui ne peut être moindre de 10 fr., ni excéder 300 fr; et si le délit a été commis dans un semis ou plantation exécutés de main d'homme, il est prononcé en outre un emprisonnement de quinze jours à un mois. (*Art.* 195.)

4. Ceux qui, dans les bois et forêts, ont éhouppé, écorcé ou mutilé des arbres, ou qui en ont coupé les principales branches, sont punis comme s'ils les avaient abattus par le pied. (*Art.* 196.)

5. Quiconque enlève des chablis et bois de délit, est condamné aux mêmes amendes et restitutions que s'ils les avaient abattus sur pied (1). (*Art.* 197.)

6. Dans les cas d'enlèvements frauduleux de bois et d'autres productions du sol des forêts, il y a toujours lieu, outre les amendes, à la restitution des objets enlevés ou de leur valeur, et de plus, selon les circonstances, à des dommages-intérêts.

Les scies, haches, serpes, cognées et autres instruments de même nature dont les délinquants et leurs complices sont trouvés munis, seront confisqués. (*Art.* 198.)

---

(1) La condamnation serait encore la même s'il s'agissait de l'enlèvement d'une partie de chablis, quand le délinquant ne les aurait pas lui-même abattus. (*Arrêt du 24 septembre 1829.*)

Il s'agissait d'un individu qui avait été pris coupant les cimeaux d'un arbre abattu par le vent.

7. Les propriétaires d'animaux trouvés de jour en délit dans les bois de dix ans et au-dessus, sont condamnés à une amende de :

1 fr. pour un cochon,
2 fr. pour une bête à laine,
3 fr. pour un cheval ou autre bête de somme,
4 fr. pour une chèvre,
5 fr. pour un bœuf, une vache ou un veau.

L'amende est double si les bois ont moins de dix ans, sans préjudice, s'il y a lieu, des dommages-intérêts (1). (*Art.* 199.)

8. Dans le cas de récidive, la peine est toujours doublée.

Il y a récidive, lorsque dans les douze mois précédents il a été rendu contre le délinquant ou contrevenant un premier jugement pour délit ou contravention en matière forestière. (*Art.* 200.)

9. Les peines sont également doublées lorsque les délits ou contraventions ont été commis dans la nuit, ou que les délinquants ont fait usage de la scie pour couper les arbres sur pied. (*Art.* 201.)

10. Dans tous les cas où il y a lieu à adjuger des dommages-intérêts, ils ne peuvent être inférieurs à l'amende simple prononcée par le jugement. (*Art.* 202.)

11. Les tribunaux ne peuvent appliquer aux matières

---

(1) La Cour de cassation a aussi décidé, le 26 mars 1830, que l'introduction de bestiaux dans une coupe, même pour enlever le bois, est punissable des peines ci-dessus, si elle n'est pas faite avec les formalités prescrites, et spécialement si elle a eu lieu avant le lever du soleil.

Elle a décidé aussi, le 24 septembre 1829, que lors même qu'il y a autorisation d'introduire des moutons dans un bois, conformément à ce que prescrit l'article 110 du Code forestier, cette introduction ne constitue pas moins un délit, si le bois n'est pas préalablement déclaré *défensable*. (Voyez ce mot au *Dictionnaire des Gardes*.)

Elle a décidé, le 3 avril 1830, que l'introduction dans une forêt non déclarée défensable est interdite même aux usagers de la forêt.

réglées par le présent Code les dispositions de l'art. 463 du Code pénal. (*Art.* 203.)

12. Les restitutions et dommages-intérêts appartiennent au propriétaire ; les amendes et confiscations appartiennent toujours à l'Etat. (*Art.* 204.)

13. Dans tous les cas où les ventes et adjudications sont déclarées nulles pour cause de fraude ou collusion, l'acquéreur ou adjudicataire, indépendamment des amendes et dommages-intérêts prononcés contre lui, est condamné à restituer les bois déjà exploités, ou à en payer la valeur sur le pied du prix d'adjudication ou de vente. (*Art.* 205.)

14. Les maris, pères, mères et tuteurs, et en général tous maîtres et commettants, sont civilement responsables des délits et contraventions commis par leurs femmes, enfants mineurs et pupilles, demeurant avec eux et non mariés, ouvriers, voituriers et autres subordonnés, sauf tout recours de droit.

Cette responsabilité est réglée conformément au paragraphe dernier de l'art. 1384 du Code Nap., et s'étend aux restitutions, dommages-intérêts et frais, sans pouvoir toutefois donner lieu à la contrainte par corps, si ce n'est dans le cas prévu par l'art. 46. (*Art.* 206.)

15. Les peines que la présente loi prononce, dans certains cas spéciaux, contre des fonctionnaires ou contre des agents et préposés de l'administration forestière, sont indépendantes des poursuites et peines dont ces fonctionnaires, agents ou préposés, seraient passibles d'ailleurs pour malversation, concussion ou abus de pouvoir.

Il en est de même quant aux poursuites qui pourraient être dirigées, aux termes des art. 179 et 180 du Code pénal, contre tous délinquants et contrevenants, pour fait de tentative de corruption envers des fonctionnaires publics, et des agents et préposés de l'administration forestière. (*Art.* 207.)

16. Il y a lieu à l'application des dispositions du

même Code dans tous les cas non spécifiés par la présente loi. (*Art.* 208.)

17. Nous croyons utile de reproduire ici le texte d'une ordonnance du 1er août 1837 relative aux gardes forestiers.

18. La 1re section du titre premier est consacrée à l'administration supérieure; la seconde au service forestier dans les départements; elle s'occupe des agents sous les dénominations de conservateur, d'inspecteur, de sous-inspecteur et de gardes-généraux.

19. L'article 12 réserve au gouvernement la nomination des conservateurs, donne au ministre des finances celle des inspecteurs et sous-inspecteurs, au directeur général celle de tous les autres emplois.

20. L'article 13 porte, que nul ne sera promu au grade de garde-général, si préalablement il n'a fait partie de l'école forestière, et s'il n'a exercé pendant deux ans au moins les fonctions de garde à cheval.

21. L'article 15 porte que les agents forestiers correspondront avec le chef de service sous les ordres duquel ils sont placés.

22. L'article 16, que les agents forestiers seront tenus d'avoir des sommiers et registres, dont la direction générale déterminera le nombre et la destination, et sur lesquels ils inscriront régulièrement, par ordre de date, les ordonnances et ordres de service qui leur seront transmis, leurs diverses opérations, leurs procès-verbaux et les déclarations qui leur seront remises.

Ils feront coter et parapher ces registres par le préfet ou le sous-préfet du lieu de leur résidence, et signeront chaque enregistrement, en faisant mention, en marge de chaque pièce ou procès-verbal, de l'inscription à laquelle elle aura donné lieu sur les registres, avec indication du folio.

Les inspecteurs, sous-inspecteurs et gardes généraux tiendront, en outre, un registre spécial sur lequel ils annoteront sommairement, par ordre de réception, les procès-verbaux qui leur seront remis par les gardes, et indiqueront en regard le résultat des poursuites et la date des jugements auxquels ces procès-verbaux auront donné lieu.

23. Les agents forestiers seront responsables des titres, plans et autres actes dont ils se trouveront dépositaires en vertu de leurs fonctions. (*Art.* 17.)

A chaque mutation d'emploi, il en sera dressé, ainsi que des registres et sommiers, un inventaire en double, qui constituera le nouvel agent responsable, en opérant la décharge de son prédécesseur.

24. L'uniforme des agents forestiers est réglé ainsi qu'il suit :

Pour tous les agents, habit et pantalon de drap vert; l'habit boutonné sur la poitrine; le collet droit; le gilet chamois; les boutons de métal blanc, ayant un pourtour de feuilles de chêne et portant au milieu les mots : *Direction générale des Forêts*, le chapeau français avec une ganse en argent et un bouton pareil à ceux de l'habit; une épée.

La broderie est en argent, et le dessin en feuilles de chêne.

Les conservateurs portent la broderie au collet, aux parements et au bas de la taille de l'habit.

Les inspecteurs portent la broderie au collet et aux parements.

L'habit des sous-inspecteurs est brodé au collet, avec une baguette unie aux parements.

Les gardes-généraux ont deux rameaux de chêne, de la longueur de dix centimètres, brodés de chaque côté du collet de l'habit. (*Art.* 18.)

25. L'article 19 et les quatre suivants s'occupent des arpenteurs et de l'arpentage.

(1) Le modèle déterminé par l'arrêté du 15 germinal an VII, a été modifié par le décret de 1852, qui exige plus impérieusement l'exacte exécution des costumes.

26. Les articles 24 à 30 parlent des gardes à pied et des gardes à cheval; ils sont ainsi conçus :

27. Les gardes à cheval et les gardes à pied sont spécialement chargés de faire des visites journalières dans les bois soumis au régime forestier, et de dresser procès-verbal de tous les délits ou contraventions qui auront été commis. (*Art.* 24.)

28. Les gardes forestiers résideront dans le voisinage des forêts ou triages confiés à leur surveillance. Le lieu de leur résidence sera indiqué par le conservateur. (*Art.* 25.)

29. Les gardes forestiers tiendront un registre d'ordre, qu'ils feront coter et parapher par le sous-préfet de l'arrondissement.

Ils y transcriront régulièrement leurs procès-verbaux par ordre de date. Ils signeront cet enregistrement, et inscriront, en marge de chaque procès-verbal, le folio du registre où il se trouvera transcrit.

Ils feront mention, sur le même registre, et dans le même ordre, de toutes les significations et citations dont ils auront été chargés.

Ils y feront également mention des chablis et des bois de délit qu'ils auront reconnus, et en donneront avis, sans délai, à leur supérieur immédiat.

A chaque mutation, les gardes seront tenus de remettre ce registre à celui qui leur succédera. (*Art.* 26.)

30. Les gardes à cheval et les gardes à pied adresseront leur rapport à leur chef immédiat, et lui remettront leurs procès-verbaux revêtus de toutes les formalités prescrites. (*Art.* 27.)

31. Indépendamment des fonctions communes aux gardes à cheval et aux gardes à pied, le directeur général pourra attribuer aux gardes à cheval des fonctions de surveillance immédiate sur les gardes à pied. (*Art.* 28.)

32. L'uniforme des gardes à cheval et des gardes à pied sera l'habit, le pantalon et le gilet de drap vert.

L'habit des gardes à cheval aura, sur le collet, une

broderie semblable à celle qui sera déterminée pour les élèves de l'école forestière.

Les gardes à cheval et les gardes à pied porteront une bandoulière chamois avec des bandes de drap vert, et au milieu une plaque de métal blanc portant ces mots : *Forêts de l'État.*

33. Les gardes sont autorisés à porter un fusil simple lorsqu'ils font leurs tournées et visites dans les forêts. Ce fusil est destiné à leur défense ; ce dont on peut conclure qu'ils ne peuvent avoir un fusil de chasse double, et qu'ils ne peuvent en faire usage pour atteindre le gibier.

34. Les articles 32 à 39 contiennent des dispositions communes aux agents et préposés qu'il est bon de ne pas perdre de vue ; ainsi, il est interdit aux agents et gardes, sous peine de révocation, de faire le commerce de bois, d'exercer aucune industrie où le bois sera employé comme matière principale, de tenir auberge ou de vendre des boissons en détail. L'interdiction de vendre des boissons doit être remarquée, car elle est souvent méconnue par les gardes.

Nul ne pourra exercer un emploi forestier dans l'étendue de la conservation où il fera ses approvisionnements de bois comme propriétaire ou fermier de forges, fourneaux, verreries et autres usines à feu, ou de scieries et autres établissements destinés au travail des bois. (*Art.* 32.)

Les agents forestiers ne pourront avoir sous leurs ordres leurs parents ou alliés en ligne directe, ni leurs frères ou beaux-frères, oncles ou neveux.

35. Les agents et les gardes forestiers, ainsi que les arpenteurs, seront toujours revêtus de leur uniforme ou des marques distinctives de leur grade dans l'exercice de leurs fonctions. (*Art.* 34.)

36. Les agents et gardes ne pourront, sous aucun prétexte, rien exiger ni recevoir des communes, des établissements publics et des particuliers, pour les opérations qu'ils auront faites à raison de leurs fonctions. (*Art.* 35.)

37. Le marteau forestier sera déposé chez l'agent chef de service de chaque inspection, et renfermé dans un étui fermant à deux clefs, dont l'une restera entre les mains de cet agent, et l'autre entre les mains de l'agent immédiatement inférieur.

L'agent dépositaire de ce marteau est chargé d'en entretenir l'étui et la monture en bon état, et demeure responsable de son dépôt dans l'étui, et de la remise de la seconde clé à l'agent à qui elle doit être confiée.

La direction générale déterminera, sous l'approbation du ministre des finances, les mesures propres à prévenir les abus dans l'emploi de ce marteau.

38. Les agents forestiers, les arpenteurs et les gardes seront pourvus chacun d'un marteau particulier, dont la direction générale déterminera, sous l'approbation du ministre des finances, la forme, l'empreinte et l'emploi, et dont chacun d'eux sera chargé de déposer l'empreinte au greffe des cours et tribunaux, conformément à l'article 7 du Code forestier. (*Art.* 37.)

39. Les agents et préposés ne pourront être destitués que par l'autorité même à qui appartient le droit de les nommer.

Toutefois, le directeur général pourra, dans les cas d'urgence, suspendre de leurs fonctions, et remplacer provisoirement les agents qui ne sont pas nommés par lui ; mais il devra en rendre compte immédiatement au ministre des finances.

Les conservateurs pourront, dans le même cas, suspendre provisoirement de leurs fonctions les gardes généraux et les préposés sous leurs ordres, mais à charge d'en rendre compte immédiatement au directeur général. (*Art.* 38.)

40. Le directeur général, après avoir pris l'avis du conseil d'administration, pourra dénoncer aux tribunaux les gardes généraux et les préposés forestiers, ou autoriser leur mise en jugement, pour faits relatifs à leurs fonctions.

Le ministre des finances pourra de même dénoncer aux tribunaux les inspecteurs et sous-inspecteurs des forêts, ou autoriser leur mise en jugement.

Les conservateurs ne pourront être poursuivis devant les tribunaux qu'en vertu d'autorisation accordée par le gouvernement. (*Art.* 39.)

41. L'article 40 et les suivants, jusqu'à l'article 57, sont consacrés aux écoles forestières. La première est établie à Nancy; les écoles secondaires sont encore en projet.

Les articles 57 à 66 posent les règles des délimitations et du bornage ; les articles 67 et 72, celles des aménagements; les articles 73 et 77, celles de l'assiette et de l'arpentage; l'article 78, celles du balivage. (Voyez au dictionnaire le mot *Baliveau.*)

42. L'article 80 porte que, dans les coupes qui s'exploitent en jardinant ou par pieds d'arbres, le marteau sera appliqué aux arbres à abattre tant au corps qu'à la racine. Cet usage est particulier aux forêts d'arbres verts.

43. L'article 81 veut que les procès-verbaux de balivage et de martelage indiquent le nombre et les espèces d'arbres qui auront été marqués en réserve, avec distinction en baliveaux de l'âge, modernes et anciens, pieds corniers et parois.

Ces procès-verbaux, revêtus de la signature de tous les agents qui auront concouru à l'opération, seront adressés, dans le délai de huit jours, au conservateur.

L'estimation des coupes sera faite par un procès-verbal séparé, qui sera adressé au conservateur dans le même délai.

44. D'après l'article 82, les conditions générales des adjudications seront établies par un cahier des charges délibéré chaque année par la direction générale des forêts, et approuvé par le ministre des finances.

Les clauses particulières seront arrêtées par les conservateurs.

Les clauses et conditions, tant générales que particulières, seront toutes de rigueur, et ne pourront jamais
être réputées comminatoires.

45. L'article 83 donne des règles de publicité de l'adjudication, qui sont complétées par les articles 84 et 85
ainsi conçus :

46. Les affiches indiqueront le lieu, le jour et l'heure
où il sera procédé aux ventes ; les fonctionnaires qui
devront les présider ; la situation, la nature et la contenance des coupes ; et le nombre, la classe et l'essence des
arbres marqués en réserve.

Elles seront rédigées par l'agent supérieur de l'arrondissement forestier, approuvées par le conservateur, et
apposées sous l'autorisation du préfet, à la diligence de
l'agent forestier, lequel sera tenu de rapporter les certificats d'apposition que les maires délivreront aux gardes
ou autres qui les auront placardées.

Les préfets et sous-préfets emploieront au surplus les
autres moyens de publication qui seront à leur disposition.

Il sera fait mention, dans les procès-verbaux d'adjudication, des mesures qui auront été prises pour donner
aux ventes toute la publicité possible. (*Art.* 84.)

47. Il sera fait, dans les affiches et dans les actes de
vente des coupes extraordinaires, mention des ordonnances spéciales qui les auront autorisées. (*Art.* 85.)

48. Les articles 86 et suivants concernent les adjudications et les attributions des conservateurs, préfets, directeurs sur cette matière.

49. Les articles 92 à 96 parlent des exploitations, ce
qui doit fixer l'attention des gardes ; ils contiennent les
dispositions suivantes.

SECTION IX.

DES EXPLOITATIONS.

1. Le permis d'exploiter sera délivré par l'agent forestier local, chef de service, aussitôt que l'adjudicataire lui aura présenté les pièces justificatives exigées à cet effet par le cahier des charges. (*Art.* 92.)

2. Dans le mois qui suivra l'adjudication, pour tout délai, et avant que le permis d'exploiter soit délivré, l'adjudicataire pourra exiger qu'il soit procédé contradictoirement avec lui ou son fondé de pouvoirs, au souchetage et à la reconnaissance des délits qui auraient été commis dans la vente ou à l'ouïe de la cognée.

Cette opération sera exécutée dans l'intérêt de l'Etat et sans frais, par un agent forestier accompagné du garde du triage.

Le procès-verbal qui en sera dressé constatera le nombre des souches qui auront été trouvées, leur essence et leur grosseur. Il sera signé par l'adjudicataire ou son fondé de pouvoirs, ainsi que par l'agent et le garde forestier présents.

Les souches seront marquées du marteau de l'agent forestier. (*Art.* 93.)

3. Le facteur ou garde-vente de l'adjudicataire tiendra un registre sur papier timbré, coté et paraphé par l'agent forestier; il y inscrira, jour par jour et sans lacune, la mesure et la quantité des bois qu'il aura débités et vendus, ainsi que les noms des personnes auxquelles il les aura livrés. (*Art.* 94.)

4. Tout adjudicataire de coupes dans lesquelles il y aura des arbres à abattre, sera tenu d'avoir un marteau dont la forme sera déterminée par l'administration, et d'en marquer les arbres et bois de charpente qui sortiront de la vente.

Le dépôt de l'empreinte de ce marteau au greffe du tribunal et chez l'agent forestier local, devra être effectué dans le délai de dix jours, à dater de la délivrance du permis d'exploiter, sous les peines portées par l'article 32 du Code forestier. Il sera donné acte de ce dépôt à l'adjudicataire par l'agent forestier. (*Art.* 95.)

5. Les prorogations de délai de coupe ou de vidange ne pourront être accordées que par la direction générale des forêts.

Il n'en sera accordé qu'autant que les adjudicataires se soumettront d'avance à payer une indemnité calculée d'après le prix de la feuille et le dommage qui résultera du retard de la coupe ou de la vidange. (*Art.* 96.)

SECTION X.

DES RÉARPENTAGES ET RÉCOLEMENTS.

1. Ce qui concerne les réarpentages et récolements est réglé par les articles 97, 98 et 99, dont voici le texte :

2. Le réarpentage des coupes sera exécuté par un arpenteur autre que celui qui aura fait le premier mesurage, mais en présence de celui-ci, ou lui dûment appelé. (*Art.* 97.)

3. L'opération du récolement sera faite par deux agents au moins, et le garde du triage y sera appelé.

Les agents forestiers en dresseront un procès-verbal qui sera signé tant par eux que par l'adjudicataire ou son fondé de pouvoirs. (*Art.* 98.)

4. Les préfets ne délivreront aux adjudicataires les décharges d'exploitation qu'après avoir pris l'avis des conservateurs. (*Art.* 99.)

Des adjudications de glandée, panage et paisson, et des Ventes de chablis, de bois de délit, et autres menus marchés.

1. Ces adjudications sont réglées par les articles 100 à 104.

2. L'article 100 porte : « Le conservateur fera recon-

naître, chaque année, par les agents forestiers locaux, les cantons des bois et forêts où des adjudications de glandée, panage et paisson pourront avoir lieu sans nuire au repeuplement et à la conservation des forêts. Il autorisera en conséquence ces adjudications.

3. L'article 101. « Les gardes constateront le nombre, l'essence et la grosseur des arbres abattus ou rompus par les vents, les orages, ou tous autres accidents. Ils en dresseront des procès-verbaux qu'ils remettront à leur chef immédiat, dans les dix jours de la rédaction.

« La reconnaissance de ces chablis sera faite sans délai par un agent forestier, qui les marquera de son marteau.

L'article 102. « Les conservateurs autoriseront et feront effectuer les adjudications des chablis, ainsi que celle des bois provenant de délits, de recépages, d'élagages ou d'essartements, et qui n'auront pas été vendus sur pied, et généralement tous autres menus marchés.

4. L'article 103. « Les arbres sur pied, quoique endommagés, ébranchés, morts ou dépérissants, ne pourront être abattus et vendus, même comme menus marchés, sans l'autorisation spéciale du ministre des finances.

5. Et l'article 104. « Les adjudications mentionnées dans les articles 100, 102 et 103 ci-dessus seront effectuées avec les mêmes formalités que les adjudications des coupes ordinaires de bois.

6. Les articles 107 et 109 s'occupent des concessions à charge de repeuplement.

7. Les articles 109 à 111, des affectations, à titre particulier, dans les bois de l'État.

8. Les articles 112 à 117, des droits d'usage dans les bois de l'État et spécialement du droit de cantonnement ayant pour objet d'en restreindre l'exercice.

9. L'article 118 prescrit les mesures à prendre pour jouir des droits de pâturage et de pacage.

10. Les articles 119 à 124 contiennent le complément de ces mesures que nous devons consigner ici :

Chaque année, les agents forestiers locaux constateront par des procès-verbaux, d'après la nature, l'âge et la situation des bois, l'état des cantons qui pourront être délivrés pour le pâturage, la glandée et le panage dans les forêts soumises à ces droits ; ils indiqueront le nombre des animaux qui pourront y être admis, et les époques où l'exercice de ces droits d'usage pourra commencer et devra finir.

Les propositions des agents forestiers seront soumises à l'approbation du conservateur avant le 1ᵉʳ février pour le pâturage, et avant le 1ᵉʳ août pour le panage et la glandée. (*Art.* 119.)

11. Les pâtres des communes usagères seront choisis par le maire, et agréés par le conseil municipal. (*Art.* 120.)

12. Le dépôt du fer servant à la marque des animaux, et de l'empreinte de ce fer, devra être effectué par l'usager ainsi que le prescrit l'article 74 du Code forestier, avant l'époque fixée pour l'ouverture du pâturage ou du panage, sous les peines portées par cet article.

L'agent forestier local donnera acte de ce dépôt à l'usager. (*Art.* 121.)

13. Les bois de chauffage qui se délivrent par stères seront mis en charges sur les coupes adjugées, et fournis aux usagers par les adjudicataires, aux époques fixées par le cahier des charges.

Pour les communes usagères, la délivrance des bois de chauffage sera faite au maire, qui en fera effectuer le partage entre les habitants.

Lorsque les bois de chauffage se délivreront par coupes, l'entrepreneur de l'exploitation sera agréé par l'agent forestier local. (*Art.* 122.)

14. Aucune délivrance de bois pour constructions ou réparations, ne sera faite aux usagers que sur la présentation des devis dressés par des gens de l'art et constatant les besoins.

Ces devis seront remis, avant le 1ᵉʳ février de chaque

année, à l'agent forestier local, qui en donnera reçu; et le conservateur, après avoir fait effectuer les vérifications qu'il jugera nécessaires, adressera l'état de toutes les demandes de cette nature au directeur général, en même temps que l'état général des coupes ordinaires, pour être revêtus de son approbation.

La délivrance de ces bois sera mise en charge sur les coupes en adjudication, et sera faite à l'usager par l'adjudicataire à l'époque fixée par le cahier des charges.

Dans le cas d'urgence constatée par le maire de la commune, la délivrance pourra être faite en vertu d'un arrêté du préfet, rendu sur l'avis du conservateur. L'abattage et le façonnage des arbres auront lieu aux frais de l'usager, et les branchages seront vendus comme menus marchés. (*Art.* 123.)

15. L'article 124 décidait que toutes les dispositions de l'ordonnance concernant les forêts de l'Etat seront applicables aux bois et forêts de la couronne, sauf les exceptions qui résultent du titre IV du code forestier.

16. Les articles 125 à 128 traitent des apanages.

17. Les articles 128 à 147, des bois des communes et des établissements publics, et les articles 147 à 150, des bois indivis soumis au régime forestier.

Ce qui a rapport aux bois des particuliers se trouve dans les articles 150 et 151, qui sont ainsi conçus :

18. Les gardes des bois des particuliers ne seront admis à prêter serment qu'après que leurs commissions auront été visées par le sous-préfet de l'arrondissement.

Si le sous-préfet croit devoir refuser son visa, il en rendra compte au préfet, en lui indiquant les motifs de son refus.

Ces commissions seront inscrites dans les sous-préfectures. (*Art.* 150.)

19. Lorsque les propriétaires ou les usagers seront dans le cas de requérir l'intervention d'un agent forestier pour visiter les bois des particuliers, à l'effet d'en constater l'état et la possibilité ou de déclarer s'ils sont défensables, ils en adresseront la demande au conservateur, qui désignera un agent forestier pour procéder à cette visite.

L'agent forestier ainsi désigné dressera procès-verbal de ses opérations, en énonçant toutes les circonstances sur lesquelles sa déclaration sera fondée.

Il déposera ce procès-verbal à la sous-préfecture, où les parties pourront en réclamer des expéditions. (*Art.* 151.)

20. Le titre 8, qui se compose des articles 152 à 161, est relatif aux affectations spéciales de bois à des services publics, et notamment à celui de la marine. Les articles suivants du même titre disposaient des bois destinés au service des ponts-et-chaussées et pour le fascinage du Rhin.

21. Les articles 169 à 180 déterminent les moyens de police et de conservation des bois et forêts par rapport à l'extraction des productions du sol, à l'élagage des arbres de lisière; à l'établissement des fours, briqueteries, tuileries, fermes ou scieries.

22. L'article 181 et les suivants s'occupent des poursuites à exercer contre les délinquants; c'est un point du plus haut intérêt pour les gardes; ces articles sont ainsi conçus :

23. Les agents et les gardes dresseront, jour par jour, des procès-verbaux des délits et contraventions qu'ils auront reconnus.

Ils se conformeront, pour la rédaction et la remise de ces procès-verbaux, aux articles 16 et 18 du Code d'Instruction criminelle. (*Art.* 181.)

24. Dans le cas où les officiers de police judiciaire désignés dans l'article 161 du Code forestier refuseraient, après avoir été légalement requis, d'accompagner les gardes dans leurs visites et perquisitions, les gardes rédigeront procès-verbal du refus, et adresseront sur-le-champ ce procès-verbal à l'agent forestier, qui en rendra compte au procureur de la République près le tribunal de première instance.

Il en sera de même dans le cas où l'un des fonctionnaires dénommés dans l'article 165 du même Code aurait négligé ou refusé de recevoir l'affirmation des procès-verbaux dans le délai prescrit par la loi.

25. Lorsque les procès-verbaux porteront saisie, l'expédition qui, aux termes de l'article 167 du Code forestier, doit en être déposée au greffe de la justice de paix dans les vingt-quatre heures après l'affirmation, sera signée et remise par l'agent ou le garde qui aura dressé le procès-verbal. (*Art.* 183.)

26. Lorsque le juge de paix aura accordé la mainlevée provisoire des objets saisis, il en donnera avis à l'agent forestier. (*Art.* 184.)

27. Aux audiences tenues dans les cours et tribunaux pour le jugement des délits et contraventions poursuivis à la requête de la direction générale des forêts, l'agent chargé de la poursuite aura une place particulière à la suite du parquet des procureurs et de leurs substituts. Il y assistera en uniforme, et se tiendra découvert pendant l'audience. (*Art.* 185.)

28. Les agents forestiers dresseront, pour le ressort de chaque tribunal de police correctionnelle et au commencement de chaque trimestre, un mémoire en triple expédition, des citations et significations faites par les gardes pendant le trimestre précédent : cet état sera rendu exécutoire, visé et ordonnancé conformément au réglement du 18 juin 1811. (*Art.* 186.)

29. A la fin de chaque trimestre, les conservateurs adresseront au directeur général des forêts un état des jugements et arrêts rendus à la requête de l'administration forestière, avec une indication sommaire de la situation des poursuites intentées et sur lesquelles il n'aura pas encore été statué. (*Art.* 187.)

SECTION XII.

EXÉCUTION DES JUGEMENTS RENDUS A LA REQUÊTE DE L'ADMINISTRATION FORESTIÈRE OU DU MINISTÈRE PUBLIC.

1. Les extraits des jugements par défaut seront remis par les greffiers des cours et tribunaux aux agents forestiers dans les trois jours après celui où les jugements auront été prononcés.

L'agent forestier supérieur de l'arrondissement les fera signifier immédiatement aux condamnés, et remettra en même temps au receveur des domaines un état indiquant les noms des condamnés, la date de la signification des jugements, et le montant des condamnations en amendes, dommages-intérêts et frais.

Quinze jours après la signification du jugement, l'agent forestier remettra les originaux des exploits de signification au receveur des domaines, qui procédera alors contre les condamnés conformément aux dispositions de l'article 211 du Code forestier.

Si, durant ce délai, le condamné interjette appel ou forme opposition, l'agent forestier en donnera avis au receveur. (*Art.* 188.)

2. Quant aux jugements contradictoires, lorsqu'il n'aura été fait par les condamnés aucune déclaration d'appel, les greffiers en remettront l'extrait directement aux receveurs des domaines, dix jours après celui où le jugement aura été prononcé, et les receveurs procéderont contre les condamnés conformément aux dispositions de l'article 211 du Code forestier.

L'extrait des arrêts ou jugements rendus sur appel sera remis directement aux receveurs des domaines par les greffiers des cours et tribunaux d'appel, quatre jours après celui où le jugement aura été prononcé, si le condamné ne s'est point pourvu en cassation. (*Art.* 189.)

3. A la fin de chaque trimestre, les directeurs des

domaines remettront au directeur général de l'enregistrement et des domaines, un état indiquant les recouvrements effectués en exécution des jugements correctionnels en matière forestière, et les condamnations pécuniaires tombées en non-valeur par suite de l'insolvabilité des condamnés. (*Art.* 190.)

4. Les condamnés qui, en raison de leur insolvabilité, invoqueront l'application de l'article 213 du Code forestier, présenteront leur requête, accompagnée des pièces justificatives prescrites par l'article 420 du Code d'Instruction criminelle, aux procureurs, qui ordonneront, s'il y a lieu, que les condamnés soient mis en liberté à l'expiration des délais fixés par l'article 213 du Code forestier, et en donneront avis aux receveurs des domaines. (*Art.* 191.)

CHAPITRE IV.

Des Gardes-chasse.

SECTION Ire.

ATTRIBUTIONS DES GARDES-CHASSE.

1. La première chose dont ils doivent s'occuper, aussitôt leur nomination, c'est de se faire expliquer par leurs maîtres les lois et règlements sur la chasse, et de faire préciser les instructions auxquelles ils devront se conformer dans l'exercice de leurs fonctions. Tout propriétaire qui veut utiliser un garde-chasse, ferait même très-bien de lui donner une instruction écrite; ce serait un moyen de ne jamais avoir de procès-verbaux inutiles, et de réussir presque toujours devant les tribunaux. Mais, il faut le dire, il est presque autant de propriétaires insouciants des formes que de gardes ignorants. Nous allons, pour venir au secours des uns et des autres, rechercher en peu de mots les devoirs des gardes-chasse,

2. Ils doivent d'abord prendre la ferme résolution de [ne] faire aucune acception de personnes, de surveiller [to]ut délinquant quel qu'il soit, et de verbaliser chaque [fo]is que les délits de chasse, de pêche, ou des délits [ch]ampêtres seront par eux découverts. Cela est indis[pe]nsable, puisque le garde particulier réunit tous les ca[ra]ctères des autres gardes, quant à la propriété qui lui [es]t confiée; puisque le Code d'Instruction criminelle les [as]simile aux autres gardes quand il s'agit de la constata[tio]n des contraventions qui intéressent le public; et puis[que] enfin la jurisprudence a décidé que les dispositions [de] l'article 16 du Code d'Instruction criminelle, sur les [fo]nctions des gardes champêtres des communes sont ap[pl]icables aux gardes des particuliers, et que les violences [ex]ercées contre ces derniers rentrent dans l'application [de]s articles 230 et 231 du Code pénal. (*Arrêt du 19 juin* [18]48.) *Voyez* OUTRAGE.

3. Il tient un registre sur lequel il note chaque soir [ce] qui a frappé son attention dans la journée. S'il s'est [co]mmis quelque délit dont il ne connaisse pas l'auteur, [il] fait, à des heures différentes, de jour et de nuit, des [to]urnées qui peuvent faire découvrir le délinquant, ou [au] moins le déconcerter, de manière que le délit ne se [re]nouvelle plus.

S'il connaît l'auteur, il doit lui déclarer procès-verbal [et] faire perquisition en présence du maire, afin de saisir [le] bois, le blé, le foin, le gibier, le poisson enlevé clan[de]stinement.

4. S'il saisit, il faut désigner avec soin l'objet par sa [na]ture, sa qualité, sa dimension, sa quantité, etc., etc. [(V]oir le *Dictionnaire des Gardes*, aux mots *Chasse*, *Pro*[cè]*s-verbaux* et autres qui s'y réfèrent.)

Que la chasse ou la pêche ait lieu avec armes permi[se]s ou avec engins permis ou prohibés, peu importe, il [y]a toujours délit; mais le délit est plus grave dans le [de]rnier cas, et il y a nécessité de faire mention des engins prohibés, avec tous les détails qui peuvent les faire apprécier.

5. Il doit constater également les bris de clôture, les délits de bestiaux, les divagations d'animaux. (Voyez *Clôture, Fossé*.)

6. Il doit désigner avec soin les bois, la prairie, les rivières ou les champs où le délit a été commis. (Voir le *Dictionnaire des Gardes*, aux mots *Forêt, Souche, Taillis*, etc.)

S'il s'agit d'arbres, il faut, autant que possible, déterminer le nombre, la circonférence, l'essence, l'âge, distinguer si c'était un baliveau, un pied cornier, un arbre de lisière ou de parois, ou autre arbre, la longueur et largeur au pied; le tour pris à 162 millimètres de terre, si on l'a déshonoré en coupant les branches, ou si l'on n'a coupé que du taillis; de quel âge et combien de charge ou de somme, et les ferrements ou moyens dont on s'est servi pour commettre le délit. (Voir le *Dictionnaire des Gardes*, aux mots *Arbre, Baliveau, Chêne, Orme*, etc.)

S'il s'agit d'un délit en fait de pacage ou de pâturages, il faut que le garde spécifie le bétail, comme chevaux, juments, poulains, bœufs, vaches, chèvres, moutons, et qu'il les désigne autant qu'il est possible, par la différence de leur poil, par leur nombre; si c'est dans les forêts, l'âge du taillis, et s'il est défensable. (Voyez *Défensable*.)

7. En fait de bois, il faut que le garde désigne s'il y a des chevaux ou autres bêtes tirantes, harnais, chariots, charrettes, le poil des bêtes et leur nombre, ainsi que le bois chargé ou sur place, qu'il reconnaîtra être en délit, et saisir le tout.

Dans le cas où il ne pourrait conduire en fourrière les choses saisies, par la résistance des délinquants, il doit en charger les conducteurs et leur déclarer, par le même procès-verbal, qu'il les en établit gardien. Il doit en user ainsi à l'égard des bestiaux pris en pâture. (Voyez *Fourrière*.)

8. Lorsqu'un garde dresse procès-verbal, il doit avoir soin d'avertir le délinquant qu'il assigne verbalement à comparaître devant l'autorité locale, au premier jour d'audience qu'il indiquera dans son rapport. S'il saisit quelque chose et le met en séquestre chez un tiers, il doit laisser au gardien copie de son rapport et procès-verbal de saisie avec assignation au premier jour d'audience, pour voir ordonner ce que de raison.

Tout garde qui composerait avec les délinquants, et prendrait de l'argent pour supprimer ses rapports, doit s'attendre à être poursuivi extraordinairement, et puni comme prévaricateur et concussionnaire. (Voyez les mots CORRUPTION, CONCUSSION : tout ce qu'on y dit s'applique aussi bien au garde-chasse qu'aux garde champêtre et forestier; voyez aussi les mots OFFICIERS DE POLICE JUDICIAIRE, OUTRAGE.)

9. Nous devons faire observer à tous les gardes que l'impulsion donnée aux affaires par le décret de décentralisation leur impose un redoublement d'activité et que la création de commissariats de police cantonaux est à la fois un moyen de protection et de surveillance.

10. Le nombre des gardes particuliers des bois communaux ne peut être augmenté ou diminué sur la proposition du conseil municipal qu'avec l'approbation de l'administration supérieure. (*Bulletin officiel du ministère de l'intérieur*, 1867, n° 45.)

11. Le garde particulier qui a chassé sans permis dans les lieux confiés à sa surveillance est passible de l'aggravation de peine prononcée par l'art. 198 C. pén., contre les fonctionnaires qui ont participé aux délits qu'ils étaient chargés de surveiller. (*Cour d'Alger*, 17 *avril* 1872.)

La Cour de Nancy, par un arrêt du 18 novembre 1869, et la Cour de Bourges par un arrêt du 27 novembre 1871, ont, au contraire, décidé que l'aggravation de peine ne s'appliquait pas aux gardes particuliers.

Gardes Champêtres.

12. Un propriétaire n'est pas responsable du fait de son garde particulier, qui adresse au parquet une dénonciation d'un prétendu délit de chasse sur un terrain non confié à sa garde.

En pareil cas, le garde agit en dehors de ses fonctions de garde particulier du propriétaire. (*Cour de Paris*, 10 mai 1872.)

13. L'arrestation d'un individu par des gardes particuliers et la perquisition opérée sur sa personne par un adjoint, en dehors du cas de flagrant délit, et sur le seul soupçon que l'individu ainsi arrêté et fouillé se préparait à commettre un délit de chasse, sont illégales, et par suite, le procès-verbal qui en a été dressé ne peut servir de base à une condamnation. (*Cour de Bourges*, 12 mars 1869.)

Et cela, alors même que cet individu n'a opposé aucune résistance, surtout s'il a refusé de signer le procès-verbal et s'est ensuite évadé. (*Même arrêt.*)

SECTION II.

LÉGISLATION SUR LA CHASSE.

§ 1. LOI SUR LA POLICE DE LA CHASSE DU 3 MAI 1844.

Article 1er. Nul ne pourra chasser, sauf les exceptions ci-après, si la chasse n'est pas ouverte, et s'il ne lui a pas été délivré un permis de chasse par l'autorité compétente.

Nul n'aura la faculté de chasser sur la propriété d'autrui sans le consentement du propriétaire ou de ses ayants-droit.

Art. 2. Le propriétaire ou possesseur peut chasser ou faire chasser en tout temps, sans permis de chasse, dans ses possessions attenant à une habitation et entourées d'une clôture continue faisant obstacle à toute communication (1) avec les héritages voisins.

Art. 3. (*Modifié par la loi du 22 janvier* 1874).

Art. 4. Dans chaque département, il est interdit de mettre en vente, de vendre, d'acheter, de transporter et de colporter du gibier pendant le temps où la chasse n'y est pas permise.

En cas d'infraction à cette disposition, le gibier sera saisi et immédiatement livré à l'établissement de bienfaisance le plus voisin, en vertu : soit d'une ordonnance du juge de paix, si la saisie a eu lieu au chef-lieu de canton, soit d'une autorisation du maire, si le juge de paix est absent ou si la saisie a été faite dans une commune autre que celle du chef-lieu. Cette ordonnance ou cette autorisation sera délivrée sur la requête des agents ou gardes qui auront opéré la saisie, et sur la présentation du procès-verbal régulièremeut dressé.

La recherche du gibier ne pourra être faite à domicile que chez les aubergistes, les marchands de comestibles et dans les lieux ouverts au public.

Il est interdit de prendre ou de détruire, sur le terrain d'autrui, des œufs des couvées de faisans, de perdrix et de cailles.

Art. 5. Les permis de chasse seront délivrés, sur l'avis du maire et du sous-préfet, par le préfet du département dans lequel celui qui en fera la demande aura sa résidence et son domicile.

La délivrance des permis de chasse donnera lieu au paiement d'un droit de quinze francs (15 fr.) au profit de l'Etat, et de dix francs (10 fr.) au profit de la commune dont le maire aura donné l'avis énoncé au paragraphe précédent.

Les permis de chasse seront personnels; ils seront valables pour toute la France, et pour un an seulement.

(1) Ces mots, *à toute communication*, doivent s'entendre des personnes et des chiens, car il n'y a pas de clôture qui puisse empêcher certain gibier de se jeter dans les héritages voisins.

Art. 6. Le préfet pourra refuser le permis de chasse :

1° A tout individu majeur qui ne sera point personnellement inscrit, ou dont le père ou la mère ne seraient pas inscrits au rôle des contributions;

2° A tout individu qui, par une condamnation judiciaire, a été privé de l'un ou de plusieurs des droits énumérés dans l'art. 42 du Code pénal, autres que le droit de port d'armes;

3° A tout condamné à un emprisonnement de plus de six mois pour rébellion ou violence envers les agents de l'autorité publique;

4° A tout condamné pour délit d'association illicite, de fabrication, débit, distribution de poudre, armes ou autres munitions de guerre; de menaces écrites ou de menaces verbales avec ordre ou sous condition; d'entraves à la circulation des grains; de dévastations d'arbres ou de récoltes sur pied, de plants venus naturellement ou faits de main d'homme;

5° A ceux qui auront été condamnés pour vagabondage, mendicité, vol, escroquerie ou abus de confiance.

La faculté de refuser le permis de chasse aux condamnés dont il est question dans les paragraphes 3, 4 et 5, cessera cinq ans après l'expiration de la peine.

Art. 7. Le permis de chasse ne sera pas délivré :

1° Aux mineurs qui n'auront pas seize ans accomplis;

2° Aux mineurs de seize à vingt-un ans, à moins que le permis ne soit demandé pour eux par leur père, mère, tuteur ou curateur, porté au rôle des contributions;

3° Aux interdits;

4° Aux gardes champêtres ou forestiers des communes et établissements publics, ainsi qu'aux gardes forestiers de l'Etat et aux gardes-pêche.

Art. 8. Le permis de chasse ne sera pas accordé :

1° A ceux qui, par suite de condamnations, sont privés du droit de port d'armes;

2° A ceux qui n'auront pas exécuté les condamnations

prononcées contre eux pour l'un des délits prévus par la présente loi;

3° A tout condamné placé sous la surveillance de la haute police.

Art. 9. (*Modifié par la loi du 22 janvier 1874.*)

Art. 10. Des décrets détermineront la gratification qui sera accordée aux gardes et aux gendarmes rédacteurs de procès-verbaux ayant pour objet de constater les délits.

Art. 11. Seront punis d'une amende de seize à cent francs :

1° Ceux qui auront chassé sans permis de chasse;

2° Ceux qui auront chassé sur le terrain d'autrui sans le consentement du propriétaire.

L'amende pourra être portée au double si le délit a été commis sur un terrain entouré d'une clôture continue faisant obstacle à toute communication avec les héritages voisins, mais non attenant à une habitation.

Pourra ne pas être considéré comme délit de chasse, le fait de passage des chiens courants sur l'héritage d'autrui, lorsque ces chiens seront à la suite d'un gibier lancé sur la propriété de leurs maîtres, sauf l'action civile, s'il y a lieu, en cas de dommage.

3° Ceux qui auront contrevenu aux arrêtés des préfets concernant les oiseaux de passage, le gibier d'eau, la chasse en temps de neige, l'emploi des chiens lévriers, ou aux arrêtés concernant la destruction des oiseaux et celle des animaux nuisibles ou malfaisants;

4° Ceux qui auront pris ou détruit, sur le terrain d'autrui, des œufs ou couvées de faisans, de perdrix ou de cailles;

5° Les fermiers de chasse, soit dans les bois soumis au régime forestier, soit sur les propriétés dont la chasse est louée au profit des communes ou établissements publics, qui auront contrevenu aux clauses et conditions de leurs cahiers de charges relatives à la chasse.

Art. 12. Seront punis d'une amende de cinquante à

deux cents francs et pourront en outre l'être d'un emprisonnement de six jours à deux mois :

1° Ceux qui auront chassé en temps prohibé ;

2° Ceux qui auront chassé pendant la nuit ou à l'aide d'engins et instruments prohibés, ou par d'autres moyens que ceux qui sont autorisés par l'article 9 ;

3° Ceux qui seront détenteurs ou ceux qui seront trouvés munis ou porteurs, hors de leur domicile, de filets, engins ou autres instruments de chasse prohibés

4° Ceux qui, en temps où la chasse est prohibée, auront mis en vente, vendu, acheté, transporté ou colporté du gibier ;

5° Ceux qui auront employé des drogues ou appâts qui sont de nature à enivrer le gibier ou à le détruire ;

6° Ceux qui auront chassé avec appeaux, appelants ou chanterelles.

Les peines déterminées par le présent article pourront être portées au double contre ceux qui auront chassé pendant la nuit sur le terrain d'autrui et par l'un des moyens spécifiés au paragraphe 2, si les chasseurs étaient munis d'une arme apparente ou cachée.

Les peines déterminées par l'art. 11 et par le présent article seront toujours portées au maximum, lorsque les délits auront été commis par les gardes champêtres ou forestiers des communes, ainsi que par les gardes forestiers de l'Etat et des établissements publics.

Art. 13. Celui qui aura chassé sur le terrain d'autrui sans son consentement, si ce terrain est attenant à une maison habitée ou servant à l'habitation, et s'il est entouré d'une clôture continue faisant obstacle à toute communication avec les héritages voisins, sera puni d'une amende de 50 à 300 fr., et pourra l'être d'un emprisonnement de six jours à trois mois.

Si le délit a été commis pendant la nuit, le délinquant sera puni d'une amende de 100 fr. à 1,000 fr., et pourra l'être d'un emprisonnement de trois mois à deux ans, sans préjudice, dans l'un et l'autre cas, s'il y a lieu, de plus fortes peines prononcées par le Code pénal.

Art. 14. Les peines déterminées par les trois articles qui précèdent pourront être portées au double si le délinquant était en état de récidive, et s'il était déguisé ou masqué, s'il a pris un faux nom, s'il a usé de violence envers les personnes, ou s'il a fait des menaces, sans préjudice, s'il y a lieu, de plus fortes peines prononcées par la loi.

Lorsqu'il y aura récidive, dans les cas prévus en l'article 11, la peine de l'emprisonnement de six jours à trois mois pourra être appliquée si le délinquant n'a pas satisfait aux condamnations précédentes.

Art. 15. Il y a récidive, lorsque, dans les douze mois qui ont précédé l'infraction, le délinquant a été condamné en vertu de la présente loi.

Art. 16. Tout jugement de condamnation prononcera la confiscation des filets, engins et autres instruments de chasse. Il ordonnera, en outre, la destruction des instruments de chasse prohibés.

Il prononcera également la confiscation des armes, excepté dans le cas où le délit aura été commis par un individu muni d'un permis de chasse, dans le temps où la chasse est autorisée.

Si les armes, filets, engins, ou autres instruments de chasse n'ont pas été saisis, le délinquant sera condamné à le représenter ou à en payer la valeur, suivant la fixation qui en sera faite par le jugement, sans qu'elle puisse être au-dessous de 50 fr.

Les armes, engins ou autres instruments de chasse, abandonnés par les délinquants restés inconnus, seront saisis et déposés au greffe du tribunal compétent. La confiscation et, s'il y a lieu, la destruction en seront ordonnées sur le vu du procès-verbal.

Dans tous les cas, la quotité des dommages-intérêts est laissée à l'appréciation des tribunaux.

Art. 17. En cas de conviction de plusieurs délits prévus par la présente loi, par le Code pénal ordinaire ou par les lois spéciales, la peine la plus forte sera seule prononcée.

Les peines encourues pour des faits postérieurs à la déclaration du procès-verbal de contravention pourront être cumulées, s'il y a lieu, sans préjudice des peines de la récidive.

Art. 18. En cas de condamnation pour délits prévus par la présente loi, les tribunaux pourront priver le délinquant du droit d'obtenir un permis de chasse pour un temps qui n'excédera pas cinq ans.

Art. 19. La gratification mentionnée en l'art. 10 sera prélevée sur le produit des amendes.

Le surplus desdites amendes sera attribué aux communes sur le territoire desquelles les infractions auront été commises.

Art. 20. L'article 463 du Code pénal ne sera pas applicable aux délits prévus par la présente loi.

Art. 21. Les délits prévus par la présente loi seront prouvés soit par procès-verbaux ou rapports, soit par témoins, à défaut de rapports et procès-verbaux, ou à leur appui.

Art. 22. Les procès-verbaux des maires et adjoints, commissaires de police, officier, maréchal-des-logis ou brigadier de gendarmerie, gendarmes, gardes forestiers, gardes-pêche, gardes champêtres, ou gardes assermentés des particuliers, feront foi jusqu'à preuve contraire.

Art. 23. Les procès-verbaux des employés des contributions indirectes et des octrois feront également foi jusqu'à preuve du contraire, lorsque, dans la limite de leurs attributions respectives, ces agents rechercheront et constateront les délits prévus par le paragraphe 1er de l'article 4.

Art. 24. Dans les vingt-quatre heures du délit, les procès-verbaux des gardes seront, à peine de nullité, affirmés par les rédacteurs devant le juge de paix ou l'un de ses suppléants, ou devant le maire ou l'adjoint soit de la commune de leur résidence, soit de celle où le délit aura été commis.

Art. 25. Les délinquants ne pourront être saisis ni désarmés ; néanmoins s'ils sont déguisés ou masqués, s'ils refusent de faire connaître leurs noms, ou s'ils n'ont pas de domicile connu, ils seront conduits immédiatement devant le maire ou le juge de paix, lequel s'assurera de leur individualité.

Art. 26. Tous les délits prévus par la présente loi seront poursuivis d'office par le ministère public, sans préjudice du droit conféré aux parties lésées par l'article 182 du Code d'Instruction criminelle.

Néanmoins, dans le cas de chasse sur le terrain d'autrui sans le consentement du propriétaire, la poursuite d'office ne pourra être exercée par le ministère public, sans une plainte de la partie intéressée, qu'autant que le délit aura été commis dans un terrain clos, suivant les termes de l'article 2, et attenant à une habitation, ou sur les terres non encore dépouillées de leurs fruits.

Art. 27. Ceux qui auront commis conjointement les délits de chasse seront condamnés solidairement aux amendes, dommages-intérêts et frais.

Art. 28. Le père, la mère, le tuteur, les maîtres et commettants, sont civilement responsables des délits de chasse commis par leurs enfants mineurs non mariés, pupilles demeurant avec eux, domestiques ou préposés, sauf tout recours de droit.

Cette responsabilité sera réglée conformément à l'article 1384 du Code civil, et ne s'appliquera qu'aux dommages-intérêts et frais, sans pouvoir toutefois donner lieu à la contrainte par corps.

Art. 29. Toute action relative aux délits prévus par la présente loi sera prescrite par le laps de trois mois, à compter du jour du délit.

Art. 30. Les dispositions de la présente loi, relatives à l'exercice du droit de chasse, ne sont pas applicables aux propriétés de la couronne. Ceux qui commettraient des délits de chasse dans ces propriétés seront poursuivis et punis conformément aux sections II et III.

Art. 31. Le décret du 4 mai 1812 et la loi du 30 avril 1790 sont abrogés.

Sont et demeurent également abrogés, les lois, arrêtés, décrets et ordonnances, intervenus sur les matières réglées par la présente loi, en tout ce qui est contraire à ses dispositions.

§ 2. LOI QUI MODIFIE LES ARTICLES 3 ET 9 DE LA LOI DU 3 MAI 1844 SUR LA POLICE DE LA CHASSE.

22 janvier 1874.

Article unique. — Les art. 3 et 9 de la loi du 3 mai 1844 sont modifiés ainsi qu'il suit :

Art. 3. Les préfets détermineront, par des arrêtés publiés au moins dix jours à l'avance, les époques des ouvertures et celles des clôtures des chasses, soit à tir, soit à courre, à cor et à cris, dans chaque département.

Art. 9. Dans le temps où la chasse est ouverte, le permis donne à celui qui l'a obtenu le droit de chasser de jour, soit à tir, soit à courre, à cor et à cris, suivant les distinctions établies par les arrêtés préfectoraux, sur ses propres terres et sur les terres d'autrui, avec le consentement de celui à qui le droit de chasse appartient.

Tous les autres moyens de chasse, à l'exception des furets et des bourses destinés à prendre les lapins, sont formellement prohibés.

Néanmoins, les préfets des départements, sur l'avis des conseils généraux, prendront des arrêtés pour déterminer :

1° L'époque de la chasse des oiseaux de passage autres que la caille, la nomenclature des oiseaux et les modes et procédés de chaque chasse pour les diverses espèces ;

2° Le temps pendant lequel il sera permis de chasser ;

le gibier d'eau dans les marais, sur les étangs, fleuves et rivières;

3° Les espèces d'animaux malfaisants ou nuisibles que le propriétaire, possesseur ou fermier pourra en tout temps détruire sur ses terres, et les conditions de l'exercice de ce droit, sans préjudice du droit appartenant au propriétaire ou au fermier, de repousser et de détruire, même avec des armes à feu, des bêtes fauves qui porteraient dommage à ses propriétés.

Ils pourront également prendre des arrêtés :

1° Pour prévenir la destruction des oiseaux ou pour favoriser leur repeuplement;

2° Pour autoriser l'emploi des chiens levriers pour la destruction des animaux malfaisants ou nuisibles;

3° Pour interdire la chasse pendant les temps de neige.

SECTION III.

COMMENTAIRE ET JURISPRUDENCE.

§ 1. PERMIS DE CHASSE.

1. Une différence existe entre la législation ancienne et la loi nouvelle, quant à l'intitulé du titre délivré par l'autorité, pour rendre licite l'exercice de la chasse. C'est pour éviter toute équivoque que, dans la loi, on a employé les mots de *permis de chasse*, qui, dans leur généralité, embrassent toute espèce de chasse, soit à tir, soit à courre, soit même la chasse des oiseaux de passage, réglementée en vertu de l'*art.* 9.

2. Le permis de chasse doit être délivré *sur l'avis du maire et du sous-préfet*. C'est au maire que la demande, formulée sur papier timbré, doit être adressée pour qu'elle parvienne au préfet avec l'avis de ce fonctionnaire, par l'intermédiaire du sous-préfet, pour les arrondissements autres que celui du chef-lieu. Mais, de même que le permis de chasse peut être pris dans le département où l'impétrant *a sa résidence ou son domicile*, de même aussi, la demande peut être formée devant le maire de la commune où l'impétrant est domicilié, ou de celle où il réside temporairement, et le choix n'est pas sans importance. En effet, aux termes du deuxième paragraphe de l'article 5, un droit de 10 francs par permis est attribué à la commune *dont le maire aura donné l'avis sus-énoncé.*

3. Aucun des articles de la loi n'a exigé la qualité de propriétaire comme condition de l'exercice de la chasse, et l'autorité ne peut, à cet égard, faire ce que la loi n'a pas fait. Sans doute, le deuxième paragraphe de l'article 1er porte que *nul n'aura la faculté de chasser sur la propriété d'autrui sans le consentement du propriétaire ou de ses ayant-droit*; d'où il résulte que chasser sur le terrain d'autrui sans le consentement du propriétaire, est un fait illicite. Mais il est à remarquer que ce fait, aux termes de l'article 26, ne donne lieu à des poursuites, en thèse générale, que sur la plainte du propriétaire ; l'administration ne peut donc pas plus intervenir ici d'office que ne le peut l'autorité judiciaire ; elle ne peut pas plus exiger, avant de délivrer le permis, la représentation d'une permission de chasser sur le terrain d'autrui, qu'elle ne peut exiger, de la part de l'impétrant, la preuve qu'il est propriétaire foncier.

4. Aux termes de l'article 6, le préfet peut refuser le permis de chasse :

« 1° A tout individu majeur qui ne sera point personnellement inscrit, ou dont le père ou la mère ne serait pas inscrit au rôle des contributions. »

N'être ni imposé ni fils d'imposé est une situation exceptionnelle, puisque la contribution personnelle atteint à peu près tous les citoyens, sauf le cas d'indigence reconnue. La circonstance prévue par ce paragraphe se rencontrera principalement dans le petit nombre de villes où la contribution personnelle est remplacée par un prélèvement sur le produit de l'octroi.

Il est loisible de refuser un permis de chasse à tout citoyen majeur par le seul motif qu'il ne serait ni imposé ni fils d'imposé, et si la qualité d'imposé ou de fils d'imposé est la première condition déterminée par la loi, pour qu'un citoyen majeur ait le droit d'obtenir un permis de chasse, sans doute ce serait faire de ce principe une application trop rigoureuse et trop étendue, que d'exiger de tout impétrant qu'il justifie qu'il est imposé ou fils d'imposé. En effet, et puisque la presque totalité des citoyens majeurs sont nécessairement imposés ou fils d'imposés, ce serait exiger une formalité inutile que d'astreindre *tous les impétrants* à joindre à leur demande un certificat ou extrait de rôle. Il suffit d'exiger cette production de ceux à l'égard desquels existent des doutes sur la question de l'inscription au rôle.

5. L'article 6 de la loi permet encore de refuser le permis de chasse à certains condamnés.

Toutefois, le dernier paragraphe restreint la faculté du refus dans la limite du délai de cinq ans après l'expiration de la peine.

6. Après avoir énuméré, dans son article 6, les circonstances qui *permettront* à l'administration de refuser le permis de chasse, la loi indique, dans ses articles 7 et 8, quels sont les individus auxquels le permis de chasse *doit être refusé*.

Ce sont :

« 1º Les mineurs qui n'ont pas seize ans accomplis. »

« 2º Les mineurs de seize à vingt et un ans, à moins que le permis ne soit demandé pour eux par leur père, mère, tuteur ou curateur, porté au rôle des contributions.

Pour les jeunes gens dans les limites d'âge de seize à vingt et un ans, la demande du permis doit être faite, au nom de ces jeunes gens, par les personnes que désigne la loi.

3º Les interdits.

7. Les cas d'interdiction sont assez rares, et par cela

même ils appellent assez l'attention pour que MM. les sous-préfets et maires en aient connaissance.

4° Les gardes champêtres ou forestiers des communes et établissements publics, ainsi que les gardes forestiers de l'Etat et les gardes-pêche.

Les gardes des particuliers ne sont pas compris dans l'exclusion prononcée par ce paragraphe ; on comprend, en effet, que les propriétaires fonciers veulent quelquefois faire chasser par leurs gardes. On peut les inviter à justifier de l'autorisation des propriétaires dont ils sont les agents.

5° Ceux qui, par suite de condamnations, sont privés du droit de port d'armes.

6° Ceux qui n'ont pas exécuté les condamnations prononcées contre eux pour l'un des délits prévus par la présente loi.

Lorsqu'un impétrant a subi une condamnation pour délit de chasse, on peut exiger de lui la preuve qu'il a exécuté la condamnation encourue. S'il y avait eu remise de la peine, ce fait équivaudrait à l'exécution de la condamnation.

7° Tout condamné placé sous la surveillance de la haute police.

Si, par l'effet d'une erreur, l'administration a été entraînée à délivrer un permis de chasse à un individu à qui il n'eût pas dû être accordé, il doit être retiré.

8. Le jour de la date d'un permis de chasse ne doit pas être compté comme faisant partie de l'année pendant laquelle vaut le permis, et, en conséquence, ce permis était encore valable pour toute la journée du 24 octobre 1849. Voici les termes de cet arrêt, qui porte la date du 22 mars 1850 :

« Vu l'article 12 du décret du 11 juillet 1810, et l'article 5 de la loi du 3 mai 1844.

« Attendu que l'article 12 ci-dessus visé portait : « Le
« permis de port d'armes de chasse ne sera valable que
« pour un an, à dater du jour de sa délivrance. »

« Que la loi du 3 mai, en accordant le même laps de temps pour l'exercice du droit qui résulte du permis de chasse, ne reproduit pas les expressions finales dudit article 12;

« Attendu, dès lors, qu'en décidant que le jour *à quo* (jour de la délivrance du permis) ne devrait pas être compté dans le délai d'une année accordé par l'article 5, et en relaxant, par suite, le prévenu de la poursuite exercée contre lui, le jugement attaqué n'a violé aucune loi.

« Rejette, etc. »

9. Le jour de la délivrance du permis compte dans l'année fixée pour sa durée; et par cela même, la date correspondante de l'année suivante se trouve exclue; autrement le permis durerait non pas une année seulement, mais un an et un jour. (*Argument du ministre des finances, détruit par un arrêt de cassation du 22 mars 1850. Voyez* n° 8.)

Le jour de la délivrance du permis de chasse n'est pas compris dans le délai d'une année fixée pour sa durée. (*Cour de Montpellier, 24 janvier* 1865.)

10. Le permis de chasse couvre tous les faits de chasse exercés le jour de sa délivrance; peu importe l'heure à laquelle ces faits ont été commis, s'il n'est pas établi qu'ils sont antérieurs à la délivrance. (*Cour de Nancy*, 17 *novembre* 1868. — *Cour de Caen*, 17 *novembre* 1869.)

Contra, pour les faits de chasse commis dans la matinée du jour de sa délivrance. (*Cour de Caen, 7 janvier* 1868.)

En tout cas, ces faits ne sauraient être couverts par la délivrance d'un permis effectuée dans la soirée du même jour. (*Cour de Nancy,* 17 *novembre* 1868.)

11. Le fait, par un chasseur auquel un permis de chasse a été accordé, de n'avoir pu représenter ce permis sur la réquisition d'un gendarme, ne constitue pas un délit. (*Cour de Lyon,* 21 *janvier* 1868.)

Et cela, alors même qu'un arrêté préfectoral interdirait de chasser sans être porteur d'un permis de chasse. (*Même arrêt.*)

12. La durée d'une année pendant laquelle le permis de chasse est valable, commence à courir du jour de la date apposée par le préfet au permis, et non pas seulement du jour où l'impétrant a obtenu la remise du permis des mains du percepteur, en acquittant le droit. (*Cass.*, *4 mars; 24 septembre* 1848.)

13. Le prévenu qui a été trouvé chassant à un instant où le permis de chasse avait été signé et délivré par le préfet, mais où il n'avait pas encore acquitté le droit de 25 fr., n'est passible d'aucune peine. (*Cass.*, *24 septembre* 1847.)

Cependant, un permis accordé par le préfet ne suffit pas pour empêcher les poursuites, si l'impétrant n'en a pas obtenu la délivrance. (*Toulouse*, *5 mars* 1846.)

La date du jour de délivrance d'un permis ne doit pas compter dans l'année fixée pour sa durée. (*Aix*, *16 janvier* 1856, *S. V.* 56, 2, 70.)

14. Lorsqu'un permis a été remis à l'impétrant sans paiement de prix, le délai n'en court pas moins contre lui dans la forme de droit. (*Cass.*, *24 septembre* 1847.)

15. Les quittances des receveurs ne peuvent être produites à l'appui des demandes en délivrance de permis de chasse *que dans le mois de leur date*. (*Circulaire du 18 juillet* 1844.)

16. Il est décidé par une circulaire du 28 août 1849, que toute demande de permis de chasse doit être écrite sur papier timbré.

17. La Cour de Cassation a décidé le 6 mars 1846, que la justification à l'audience d'un permis de chasse obtenu avant le procès-verbal, met le prévenu à l'abri de toute peine, et même des frais de poursuite.

18. La Cour de Montpellier a jugé dans le même sens, le 12 octobre de la même année, qu'il suffit que, sur les poursuites du ministère public, le permis produit à l'audience porte une date antérieure à celle du procès-verbal de constat.

19. Ce point de jurisprudence est maintenant tellement reconnu, que tout procès-verbal qui serait remis au ministère public, contre une personne qui aurait déclaré qu'elle produirait un permis obtenu antérieurement au fait de chasse, serait supprimé de plein droit, sur la représentation du permis.

20. La Cour de Bourges, ayant pensé que *le permis de chasse n'est exigé* que pour l'exercice de la chasse ordinaire et normale, c'est-à-dire celle qui se pratique à tir ou à courre contre toute espèce d'animaux sauvages, et à l'aide de furets et de bourses contre les lapins, tandis qu'il ne l'est pas pour la chasse exceptionnelle que les préfets ont la faculté d'autoriser contre les *oiseaux de passage*, avait *spécialement* décidé qu'il n'est pas besoin d'un permis de chasse pour prendre des alouettes avec des lacets en crin, vulgairement appelés *collets* ou *sillonnées*, lorsque ce mode de chasse a été autorisé par arrêté préfectoral. (*Bourges,* 27 *février* 1845.)

Mais la Cour de cassation a annulé cette décision le 10 avril 1845. Voici son principal motif :

« Attendu que la loi du 3 mai 1844 soumet en règle générale, la chasse à quatre conditions, savoir : que la chasse soit ouverte, qu'on ait obtenu un permis de chasse, qu'on soit propriétaire du terrain ou qu'on ait le consentement du propriétaire; enfin qu'on ne chasse que le jour, à tir ou à courre;

« Que si l'article 9 de cette loi autorise les préfets, dans certains cas, et spécialement en ce qui concerne les oiseaux de passage, à modifier ces conditions, ce n'est que sous le rapport du temps où la chasse est permise et des moyens qu'on y peut employer; qu'aucune disposition ne les autorise à porter atteinte aux deux autres conditions générales relatives au droit de propriété et au permis de chasse, lesquelles doivent donc, dans tous les cas, être remplies par les chasseurs, etc., etc. »

21. Quoique, comme nous l'avons dit, le permis de chasse soit personnel, il faut pourtant reconnaître qu'il y a des procédés de chasse spéciaux qui, lorsqu'ils sont autorisés par les préfets, exigent nécessairement la coopération de plusieurs personnes; dans ce cas, les auxiliaires qui, tout en prenant part à la chasse, n'en profitent pas, ceux-là ne sont pas de véritables chasseurs; ils n'ont donc pas besoin de permis de chasse.

Il s'ensuit que le propriétaire ou maître d'une tendue, l'adjudicataire de la chasse aux petits oiseaux, dans une forêt communale, peuvent, lorsqu'ils sont eux-mêmes pourvus d'un permis de chasse, se faire aider, pour la confection des sauterelles ou raquettes, leur pose et leur mise en état, ainsi que pour la levée des oiseaux pris sur ces piéges, par leurs enfants, domestiques, gardes-bois ou autres individus salariés, sans que ceux-ci soient soumis à l'obligation du permis de chasse.

Autrement, la chasse aux oiseaux de passage deviendrait absolument impossible. Pendant toute la durée de cette chasse, qui est ordinairement de deux mois, chaque jour et même deux ou trois fois par jour, il faut visiter les sauterelles ou raquettes placées à la lisière et dans l'intérieur du bois pour détacher les oiseaux pris, et remettre les raquettes en situation de produire leur effet. Cependant, il faut le dire, cette exception doit être restreinte au seul cas où celui qui est muni d'un permis de chasse est seulement aidé ou suppléé dans une tendue qu'il dirige habituellement lui-même, elle cesse d'être applicable toutes les fois que la tendue organisée par un homme à gages est seulement visitée accidentellement par quelqu'un muni d'un permis, lors même que celui-ci serait appelé à en recueillir seul les produits. (*Cour de Nancy, arrêts des* 25 *novembre et* 4 *décembre* 1844.)

Il y a eu pourvoi du procureur général, mais la Cour de cassation l'a rejeté le 7 mars 1845. Cette décision est fort importante pour tous les pays où la chasse aux oiseaux est à la fois un très-vif plaisir et un produit assez important.

Le garde champêtre qui a obtenu par surprise un

permis de chasse ne peut être poursuivi pour délit de chasse sans permis. (*Cass.*, 24 *janvier* 1858. *S. V.* 58. 1. 485.)

22. La privation du droit d'obtenir un permis de chasse implique la privation du droit de chasse lui-même, dès que le jugement qui l'a prononcée est devenu définitif; en sorte que l'individu frappé d'une telle interdiction ne peut, à partir de ce moment, se prévaloir d'un permis délivré antérieurement à sa condamnation. (*Cour d'Amiens*, 21 *mai* 1874.)

§ 2. OUVERTURE ET FERMETURE DE LA CHASSE.

23. L'article 3 de la loi de 1844, modifié par la loi du 22 janvier 1874, charge les préfets de déterminer l'époque de l'ouverture et celle de la clôture de la chasse.

Nous ne pouvons mieux faire, pour donner le commentaire de cet article, que de reproduire ce que dit à cet égard le ministre de l'intérieur dans la circulaire explicative adressée par lui aux sous-préfets le 30 janvier 1874.

« L'article 3 de la loi de 1844 avait conféré au préfet le droit de déterminer l'époque de l'ouverture et celle de la clôture de la chasse dans chaque département, et l'administration avait considéré cette disposition comme impliquant pour les préfets le droit de prolonger, après la clôture de la chasse à tir, l'exercice de la chasse à courre, à cor et à cris. Mais la Cour de cassation, dans un arrêt du 16 mars 1872, n'a pas admis cette interprétation. La nouvelle rédaction de l'article 3 a pour objet de conférer aux préfets le droit de distinguer entre les différentes ouvertures et fermetures de la chasse soit à tir, soit à courre, à cor et à cris. Vous pourrez en conséquence, à l'avenir, ne prononcer que la clôture de la chasse à tir, en laissant la chasse à courre ouverte pendant le temps qui sera jugé nécessaire.

« Je ferai remarquer à ce sujet que, bien que la loi

n'exige pas le concours du conseil général pour la décision que vous aurez à prendre, il me paraîtrait utile cependant de le consulter préalablement, lorsque vous jugerez à propos de prolonger la chasse à courre au-delà du terme fixé pour la clôture de la chasse à tir; et c'est sous la réserve que cette assemblée n'aurait point émis de vote contraire à cette prolongation, que je vous autorise à prendre cette année, un arrêté spécial prorogeant l'ouverture de la chasse à courre, à cor et à cris, pour le cas où la clôture générale prononcée par votre récent arrêté ne serait pas déjà effectuée lorsque vous recevrez la présente instruction; sinon, il s'agirait d'une ouverture spéciale, qui ne pourrait légalement être prononcée que par un arrêté publié au moins dix jours à l'avance. »

§ 3. ARRÊTÉS PRÉFECTORAUX.

24. Tout règlement administratif dont l'infraction emporte une pénalité, n'est obligatoire qu'autant qu'il a été publié par les voies ordinaires, et qu'il est censé parvenu ainsi à la connaissance de ceux qui doivent s'y conformer. C'est un principe de notre droit public; et cette connaissance ne peut résulter de l'insertion du règlement dans un bulletin administratif, destiné sans doute à faciliter les rapports des préfets avec les administrateurs placés sous leurs ordres, mais qui ne peut avoir pour effet d'avertir les particuliers de ce que l'autorité défend ou ordonne.

25. Les propriétaires peuvent renoncer à leur droit de chasse au profit de la commune où sont situés leurs héritages. L'administration admet ce principe. (*Décision du* 30 *mars* 1844.)

26. Les arrêtés des préfets ne sont pas exécutoires de plein droit; ils doivent être publiés dans chaque commune au moins dix jours à l'avance. C'est ce que la Cour d'appel de Nancy a jugé au mois de mars 1850, en confirmant cinq jugements prononçant l'acquittement d'individus chassant après la clôture de la chasse, telle qu'elle a été fixée par arrêté de M. le préfet.

27. L'arrêté du préfet qui fixe l'époque de l'ouverture de la chasse ne peut interdire de chasser avec des armes à feu. (*Cour de cassation*, 16 *mars* 1872.)

28. Le droit de fixer l'époque et les modes et procédés de chasse des oiseaux de passage, dont sont investis les préfets, ne comprend pas celui de déterminer d'une manière limitative les espèces d'oiseaux de passage dont la chasse sera permise. (*Cour de cassation*, 22 *février* 1868. — *Id.*, 12 *juin* 1868.) *Voir* cependant n° 91.

29. Les arrêtés préfectoraux qui prohibent la chasse en temps de neige, sont permanents. (*Cass.*, 27 *novembre* 1847.)

§ 4. EXERCICE DU DROIT DE CHASSE.

30. Le droit conféré par les permis de chasse se trouve clairement défini dans les deux premiers paragraphes de l'article 9.

31. Trois modes de chasse seulement sont déclarés licites : 1° la chasse à tir ; 2° la chasse à courre ; et 3° l'emploi des furets et des bourses destinés à prendre le lapin. *Tous autres moyens de chasse*, ajoute cet article, *sont formellement prohibés*, et dans cette prohibition générale se trouve évidemment compris l'emploi des panneaux et filets de toute espèce, des appeaux, appelants et chanterelles, des lacets, collets et engins de toute espèce, au moyen desquels la destruction du gibier s'opérait si facilement, et dont l'ancienne législation n'avait pas défendu l'emploi. La chasse de nuit, de quelque manière que ce soit, et quelle que soit l'espèce de gibier qu'il s'agirait de prendre, se trouve également prohibée par l'effet de cette seule disposition de l'article 9, portant que le permis de chasse donne le droit de chasser pendant le jour.

32. L'article 2 de la loi accorde le droit de chasse,

« en tout temps et sans permis de chasse, au propriétaire ou possesseur, dans ses possessions attenant à une habitation et entourées d'une clôture continue, faisant obstacle à toute communication avec les héritages voisins. »

La faculté exceptionnelle accordée par cet article, existait déjà dans l'ancienne législation, et même d'une manière beaucoup plus étendue. Ainsi, il était loisible au propriétaire de chasser ou de faire chasser en tout temps, dans ses bois ou dans ses possessions entourées d'une clôture conforme aux usages du pays, alors même que ces propriétés étaient éloignées d'une habitation. Des conditions plus restreintes sont aujourd'hui imposées au propriétaire ou possesseur de terrains clos. Non-seulement il faut que la clôture soit telle qu'elle fasse obstacle à toute communication avec les héritages voisins, mais encore il faut que les terrains sur lesquels le propriétaire chasserait soient *attenants à une habitation*.

§ 5. DES BAUX; FERMIERS ET CO-FERMIERS.

33. Le droit de chasse peut-il être aliéné à perpétuité? Cette question, longuement discutée, semble devoir être résolue par l'affirmative. (*Amiens, 2 décembre* 1835.)

34. La concession du droit de chasse à tous les habitants d'une commune constitue une servitude réelle valable, et non une servitude personnelle, prohibée par la loi. (686, *Cod. Nap.*; *Cass., 4 janvier* 1860, *S. V.* 60, 1. 747.)

35. Le cahier des charges du 21 juillet 1845 contient entre autres dispositions celles qui suivent :

Le nombre des personnes que les fermiers peuvent s'adjoindre dans la jouissance de leur bail est ainsi fixé :

Une pour 300 hect. et au-dessous; deux au-dessus de 300 hect. jusqu'à 600; trois au-dessus de 600 hect. jusqu'à 900; quatre au-dessus de 900 hect. jusqu'à 1,200; cinq au-dessus de 1,600 hect. jusqu'à 2,000; sept au-dessus de 2,000 hect. jusqu'à 3,000; huit au-dessus de 3,000 hect. (*Art.* 13.) Elles doivent être agréées par l'administration forestière et souscrire l'engagement de se conformer, comme le fermier lui-même, aux clauses du cahier des charges relatives à la chasse.

36. Les fermiers et co-fermiers peuvent se faire accompagner chacun d'un ami.

Le fermier qui ne désigne pas de co-fermier ou qui n'a pas atteint le *maximum* ci-dessus indiqué, peut, quand il chasse, remplacer par deux amis chacun des co-fermiers non désignés. (*Art.* 14.)

Les cessions de bail ne peuvent avoir lieu qu'en vertu d'une autorisation du directeur-général des forêts. (*Art.* 15.) Les substitutions de co-fermiers peuvent être autorisées par le conservateur. (*Art.* 16.)

37. Le titre 5, spécialement affecté à l'*exploitation et à la police de la chasse*, porte :

La chasse de toute espèce de gibier et de tous les oiseaux existant dans les forêts affermées, est exercée par les fermiers et les co-fermiers, aux époques et sous les réserves déterminées par les arrêtés des préfets, pris en exécution des articles 3 et 9 de la loi du 3 mai 1844.

Les fermiers et co-fermiers ne peuvent se livrer à la chasse qu'après avoir obtenu, indépendamment du permis de chasse de l'autorité compétente, un permis spécial de l'agent forestier chef de service. (*Art.* 18.)

Ils jouissent en commun de l'exercice de la chasse sur toute la forêt affermée, sans qu'il leur soit permis de la diviser par lots attribués exclusivement à un ou à plusieurs d'entre eux.

38. La chasse à tir et la chasse à courre, avec toute espèce de chiens autres que le lévrier, sont les seules permises. — Sont formellement prohibés tous autres moyens de chasse, à l'exception de ceux qui seraient autorisés pour la chasse des oiseaux de passage. — Les adjudicataires peuvent néanmoins se servir, pour la destruction des lapins, de bourses, de furets, et même de chiens lévriers, lorsque l'emploi de ces chiens a été autorisé par les arrêtés des préfets. (*Art.* 20, *V.* § 5, n° 55.)

39. L'article 22 impose aux adjudicataires, à moins de dispense spéciale, l'obligation de détruire les lapins, sous peine de dommages-intérêts, tant vis-à-vis de l'Etat qu'à l'égard des riverains.

Ils sont également responsables des dommages causés aux propriétés riveraines par les sangliers et autres animaux qui ravagent les récoltes. (*Art.* 24.)

40. En temps prohibé, la chasse des animaux nuisibles ne peut être exercée qu'au moyen de piéges autorisés par le préfet; l'usage des armes à feu est interdit.

41. Les articles 24 et 25 imposent aux fermiers l'obligation : 1° de souffrir les battues ordonnées pour la destruction des loups et autres animaux nuisibles; — 2° de concourir à ces battues; — 3° de supporter l'exercice du droit accordé aux lieutenants de louveterie de chasser le sanglier deux fois par mois.

42. Est nulle, comme entachée de féodalité, la concession de droit de chasse sur un étang, accordée anciennement par un seigneur, aux habitants d'une commune, à la charge de payer les droits seigneuriaux accoutumés. (*Cour de cassation, 4 avril* 1865.)

Est nulle, comme entachée de féodalité, la concession de droit de pêche, de chasse et autres sur un étang, accordée anciennement par un seigneur aux habitants d'une commune, à la charge de payer les droits seigneuriaux accoutumés.

43. L'arrêt qui a reconnu que les droits de chasse et de pêche sur un étang, revendiqués par une commune, avaient été abolis comme entachés de féodalité, repousse avec raison, comme inutile et frustratoire, la preuve offerte par cette commune que l'étang dont s'agit n'est pas compris dans le domaine public maritime.

La possession plus que trentenaire de droits de chasse et de pêche ayant leur origine dans une concession entachée de féodalité, ne peut être invoquée, alors qu'il n'est pas établi que le titre de la possession ait été interverti. (*Cour de cassation*, 28 *mai* 1873.)

44. L'acte par lequel un propriétaire cède et abandonne exclusivement, pour plusieurs années et moyennant une redevance annuelle, tous ses droits de chasse sur les terres qu'il possède dans une commune, constitue non une simple permission, mais une véritable cession. (*Cour de Colmar*, 1er *octobre* 1867.)

45. La tolérance, même immémoriale, dont aurait fait preuve une commune en laissant tous ses habitants, *ut singuli*, chasser sur ses terrains, ne suffit pas pour conférer légalement à ceux-ci le droit de chasse. (*Cour de cassation*, 5 *avril* 1866.)

46. Le droit de chasse réservé à titre personnel au profit d'un tiers dans le bail d'une chasse ne pouvant être l'objet d'aucune transmission de la part de ce tiers, il y a délit de la part de celui qui a été trouvé chassant sur le terrain de chasse ainsi loué, bien qu'il justifie être cessionnaire du droit réservé au tiers. Et cela, alors même que le locataire de la chasse l'aurait par tolérance laissé chasser pendant quelque temps en vertu de la cession à lui faite. (*Cour de Paris*, 12 *décembre* 1867.)

47. Le fermier d'une chasse communale que le cahier des charges autorise seulement *à se faire accompagner par des invités*, ne couvre les personnes qu'il invite qu'autant qu'il concourt lui-même, avec elles, d'une manière effective et continue, à la chasse toute entière. (*Cour de cassation*, 18 *juillet* 1867.)

Mais il peut être momentanément séparé d'elles, pourvu qu'il continue de chasser en leur compagnie. (*Même arrêt.*)

48. La permission de chasser, accordée à titre personnel et gratuit à un tiers par l'adjudicataire, ne peut subsister et encore moins être transmise lorsque cet adjudicataire a cédé son bail sans la réserver.

En conséquence, il y a délit de la part de celui qui a été trouvé chassant sur le terrain ainsi loué, bien qu'il justifie que la carte établissant la permission lui a été transmise. (*Cour de Dijon*, 15 *janvier* 1873.)

49. Le défaut de date certaine d'un bail de droit de chasse ne rend pas le preneur non recevable à poursuivre la répression d'un délit de chasse commis à son préjudice, quand le délinquant n'allègue aucun droit qui lui aurait été conféré par le propriétaire en contradiction avec celui du preneur. (*Cour d'Angers*, 27 *janvier* 1873.)

50. Le fermier d'un droit de chasse qui n'a pu en user, par suite du décret du 10 septembre 1870 prohibant la chasse sur toute l'étendue du territoire, est fondé à réclamer une diminution proportionnelle du loyer. (*Tribunal de Douai*, 20 *décembre* 1871.)

51. La suspension de l'exercice du droit de chasse, prononcée par l'autorité, par suite de l'état de guerre et d'occupation étrangère, constitue un cas fortuit, dans le sens de l'article 1772 C. civ., et en conséquence autorise le fermier à demander la résiliation du bail ou une diminution proportionnelle du prix.

Peu importe que le bail porte que la chasse ne pourra s'exercer qu'aux époques et sous les réserves déterminées par les arrêtés préfectoraux.

. . . que le fermier ait chassé à la faveur d'un arrêté préfectoral qui a permis la chasse des animaux nuisibles. (*Tribunal de Remiremont*, 19 *décembre* 1872.)

52. Le cessionnaire d'un droit de chasse est sans qualité pour poursuivre la répression des faits de chasse sur le terrain affermé par un acquéreur postérieur avant que sa cession ait acquis date certaine. (*Cour de cassation*, 16 *juillet* 1869.)

53. Le droit de chasse appartient au propriétaire et non au fermier, à moins de stipulation contraire. (*Cour de Caen*, 6 *décembre* 1871.)

Le droit de chasse appartenant, à moins de stipulations contraires, au propriétaire et non au fermier, ce dernier est sans qualité pour poursuivre correctionnellement les faits de chasse commis sur le domaine affermé. (*Cour de Caen, 6 décembre* 1871.)

54. Le fermier d'un domaine ne peut poursuivre correctionnellement le délit de chasse, alors même qu'il éprouve un préjudice résultant du mode d'exécution de la chasse ou d'un fait accessoire, si ce fait ne rentre pas dans les éléments constitutifs du délit. (*Cour de cassation, 5 avril* 1866.)

Mais on doit regarder comme rentrant dans ces éléments du délit le fait d'avoir, en chassant, endommagé les récoltes. (*Même arrêt.*)

§ 6. CONSENTEMENT DU PROPRIÉTAIRE.

55. En général, il serait à propos que le propriétaire qui consent à ce qu'on chasse sur lui, donnât ce consentement par écrit, parce que ce serait éviter bien des contestations et même des procès. Mais la loi ne le prescrivant pas, il s'ensuit qu'elle laisse aux tribunaux le soin d'apprécier les circonstances qui établissent le consentement. La Cour de cassation a consacré ce principe par arrêt du 12 juin 1846. Elle a même décidé que la preuve testimoniale est admise en pareil cas.

56. Sur quelque tête que repose la propriété, sur un individu ou sur un être collectif, le consentement *du propriétaire* n'en est pas moins indispensable à celui qui veut chasser sur le terrain d'autrui.

Mais ce consentement, en cas d'incapacité du propriétaire, est délivré par celui qui est investi de l'administration des biens de l'incapable. (*Décision du 10 mai* 1841).

57. Le chasseur qui attend dans un affût le gibier poursuivi par un traqueur sur le terrain d'autrui, sans le consentement du propriétaire, commet un délit, alors même qu'il n'aurait pas lui-même pénétré dans ce terrain. (*Cour de cassation*, 15 *décembre* 1872.)

58. La permission que le propriétaire accorde de chasser dans ses terres situées dans le territoire d'une commune, s'entend seulement des terres dépouillées de leurs récoltes, sur lesquelles l'énoncé de cette permission ne saurait être la cause d'un préjudice ; en conséquence, si le permissionnaire chasse sur des terres chargées de leurs récoltes, dans des conditions à y porter dommage, il se place en dehors de l'autorisation à lui accordée, et commet, dès lors, un délit de chasse sur le terrain non dépouillé de ses fruits, sans le consentement du propriétaire. (*Cour d'Amiens*, 5 *décembre* 1869.)

59. Le chasseur dont le garde et les traqueurs ont passé sur le terrain d'autrui sans la permission du propriétaire, n'est responsable que civilement et non pénalement du délit par eux commis, alors que rien n'établit qu'ils aient ainsi agi par son ordre, ni même qu'ils les aient pu voir et empêcher. (*Cour de cass.*, 30 *juin* 1870.)

60. En cas de chasse sur le terrain d'autrui, sans autorisation du propriétaire, une fois la plainte de celui-ci formée, l'action publique s'exerce dans toute sa plénitude et son indépendance ; il importe peu que le plaignant soit désintéressé ou ait changé de volonté. (*Cour de Dijon*, 15 *janvier* 1873.)

§ 7. DE DIFFÉRENTS PROCÉDÉS DE CHASSE.

61. La chasse au flambeau est prohibée, mais il a été jugé plusieurs fois que la chasse ne doit pas être réputée avoir eu lieu la nuit, par cela seul qu'elle a eu lieu après le coucher du soleil, s'il faisait encore jour à ce moment. (*Cass.*, 9 *novembre* 1847.)

62. La chasse aux *oiseaux du pays*, à l'aide de *lacs ou filets*, est interdite, même en l'absence d'arrêtés préfectoraux qui la défendent. (*Cass.*, 25 *mars*, 4 *avril* 1846.)

Il en est de même de la chasse aux oiseaux du pays avec *gluaux et appelants*. (*Cass.*, 23 *avril* 1847.)

63. La *chasse au miroir* avec fusil ne saurait constituer le délit de chasse avec engins ou instruments prohibés; ce n'est qu'un mode de chasse à tir.

64. Quant aux *oiseaux de passage*, la chasse avec *appeaux et appelants* peut en être autorisée par arrêté préfectoral. (*Cass.*, 16 *juin* 1848.)

65. L'arrêté préfectoral qui autorise la chasse des petits oiseaux avec lacet fait d'un seul crin, ne peut dispenser celui qui chasse d'être muni d'un permis. (*Bordeaux*, 28 *février* 1850.)

66. La chasse avec *traque et battue* est un mode de chasse licite. Ce n'est qu'un mode particulier de la chasse à tir, permis aux termes du 2ᵉ alinéa de l'art. 9. Il en eût été différemment, si, comme on l'a prétendu, la chasse avec traqueurs avait pu être regardée comme constituant un mode direct et principal, distinct de la chasse à tir. (*Cass.*, 29 *novembre* 1845.)

67. L'interdiction de la chasse en temps de neige ne s'applique pas à la chasse aux oiseaux de passage et au gibier d'eau. (*Arrêt du* 30 *janvier* 1844.)

68. La possession de lacs, filets ou autres engins prohibés ou non autorisés, est un délit. Ils peuvent être saisis même chez les fabricants ou chez les marchands qui les exposent en vente. (*Arrêt du* 4 *avril* 1846.)

69. Nous venons de voir que les engins prohibés pouvaient être saisis chez les marchands. Peuvent-ils l'être dans une maison particulière? Les deux arrêts suivants de 1844 et 1845 résolvent cette importante question.

La détention d'engins prohibés, sans aucune circonstance extérieure propre à en révéler l'existence au domicile du prévenu, bien qu'elle constitue par sa nature un délit permanent, continu et successif, ne peut constituer le *flagrant délit*.

En conséquence, il ne rentre pas dans les attributions

du ministère public de requérir la gendarmerie d'en faire la perquisition à domicile.

La perquisition et les procès-verbaux dressés par les gendarmes, en vertu d'un tel réquisitoire, sont frappés de nullité et ne peuvent servir de base légale à des poursuites correctionnelles. (*Cour de Rouen*, 1er *février* 1845.)

70. Les gardes-chasse ne peuvent se permettre de fouiller une personne qu'ils présument porteur d'engins prohibés. — Un procès-verbal dressé en ce sens, ne peut servir de base à une condamnation. (*Rouen*, 17 *avril* 1859. *S. V.* 2, 57, 451.)

Le chasseur, sommé par un garde de représenter son permis de chasse, peut s'y refuser; ce refus ne constitue pas un délit. Mais le chasseur peut être cité en police correctionnelle par le garde, à l'effet de justifier de son permis.

71. La détention d'instruments de chasse prohibés, abstraction faite de l'intention, ne constitue pas un délit.

Ainsi, lorsque rien n'établit que les inculpés se livrent au braconnage, et que de diverses circonstances reconnues au procès, il résulte que la détention déjà ancienne de filets saisis n'a pas eu lieu dans une intention de chasse, il n'y a pas de délit. (*Arrêt du 2 novembre* 1844.)

72. L'instruction d'un chien constitue un fait de chasse. (*Cass.*, 17 *février* 1853.)

73. La course d'un chien à travers champs, sans la participation du maître, ne constitue pas un fait de chasse. (*Cass.*, 1855. *S. V.* 1, 846.)

74. Les lévriers sont des chiens à hautes jambes, qui chassent de vitesse, et non par l'odorat. Ils sont remarquables par la souplesse et la spontanéité de leurs mouvements : leur taille svelte, déliée, fort longue, leur museau également allongé, leur tête haute, leur cou flexible, font de ces chiens une classe remarquablement belle. On en compte plusieurs espèces; les meilleures viennent de France, d'Angleterre et de Turquie. Il y a des lévriers à lièvres et à lapins ; les plus grands sont pour courre le loup, le sanglier, le renard et toutes les grosses bêtes.

Ces derniers viennent d'Irlande et d'Ecosse. (*V.* n°s 87 et 88.)

75. Il résulte, de la discussion à la chambre des pairs, que la chasse aux lévriers est prohibée. Cependant, la loi, en donnant aux préfets la faculté d'autoriser l'emploi de ces chiens pour la destruction des animaux malfaisants ou nuisibles est une exception à ce principe. (*Rapport du 26 mars* 1844.)

Tout arrêté qui accorderait cette faculté pour une chasse ordinaire, serait contraire à la loi.

La chasse au lévrier croisé est prohibée comme la chasse au lévrier de pure race. (*Douai, 19 janvier* 1846, S.)

76. L'emploi des chiens lévriers est punissable des peines édictées par l'art. 12 de la loi du 3 mai 1844, et non pas seulement de l'amende prononcée par l'art. 11 de la même loi, bien que cette prohibition se trouve surabondamment rappelée dans un arrêté préfectoral. (*Cass., 19 février* 1846.)

77. La traque constitue un acte de chasse qui devient un délit lorsqu'il s'exerce sur le terrain d'autrui, sans le consentement du propriétaire. (*Cour de cassation, 15 décembre* 1870.)

78. La traque est un acte de chasse, et par suite, lorsqu'elle est pratiquée sur le terrain d'autrui, sans l'autorisation du propriétaire, elle constitue le délit de chasse ; le traqueur ne saurait, en ce cas, être considéré comme un simple instrument entre les mains des chasseurs ; il doit être réputé co-auteur du fait principal et, comme tel, est punissable des peines portées par la loi. (*Cour de cassation, 16 janvier* 1872.)

79. La chasse au miroir n'étant qu'une variété de la chasse à tir, peut être pratiquée tant que la chasse à tir et à courre est ouverte ; en conséquence, la chasse de l'alouette au miroir ne peut être interdite par un arrêté préfectoral et limitée à une durée moindre que celle de la chasse à tout autre gibier. (*Cour de Dijon*, 17 *mars* 1875.)

80. On ne doit réputer engins prohibés dans le sens de l'art. 12 de la loi de 1844, que ceux qui, par eux-mêmes, procurent ou la capture ou la mort du gibier. (*Cour de Besançon*, 12 *janvier* 1866.)

Dès lors, le miroir qui ne sert qu'à attirer les oiseaux pour en faciliter la chasse, ne rentre pas dans les prévisions de cet article. (*Même arrêt.*)

81. Peu importe que l'emploi des engins prohibés ait été temporairement autorisé par arrêté préfectoral, en vertu de l'art. 9 de la loi de 1844, si d'ailleurs les faits de chasse ont eu lieu en dehors du temps fixé par le préfet; une telle autorisation ne saurait couvrir la détention, et, à plus forte raison, l'emploi des engins après l'époque où l'usage en a été permis. (*Cour de cassation*, 7 *mars et* 1er *mai* 1868.)

82. Des banderolles placées sur son propre terrain le long d'un bois, n'ayant pour but que d'empêcher le gibier de rentrer dans ce bois, ne constituent pas par elles-mêmes des engins prohibés. (*Cour de cassation*, 16 *juin* 1866.)

83. Les chanterelles ne doivent pas être regardées comme des engins prohibés. (*Cour de Paris*, 11 *juillet* 1866. — *Montpellier*, 28 *janvier* 1867.)

84. Les appeaux, appelants ou chanterelles ne rentrent pas dans la catégorie des engins de chasse prohibés dont la simple détention est interdite, indépendamment de tout usage. (*Cour de Poitiers*, 18 *février* 1869.)

85. Les collets sont des engins de chasse prohibés, dont non-seulement l'emploi, mais encore le port à l'extérieur et la détention à domicile sont punissables. (*Cour d'Orléans*, 11 *mai* 1869.)

86. Sans doute l'emport d'un engin de chasse prohibé, sans mandat de justice, au domicile d'un individu, par des gendarmes qui ont pénétré chez lui, sans subterfuge il est vrai, mais aussi sans avoir l'intention d'y opérer une perquisition régulière est illicite (*Art.* 131, loi 28 germinal an VI; *art.* 291, 292 du décret du 1ᵉʳ mars 1854 sur la gendarmerie.)

Toutefois le délit prévu et réprimé par les articles 12, 16 de la loi du 3 mai 1844 sur la chasse, peut être établi, à la charge du délinquant, tant au moyen de la description de l'engin faite par les gendarmes, ou par le témoignage oral de ceux-ci à l'audience correctionnelle, que par les aveux du prévenu.

Une condamnation peut alors valablement intervenir. (*Cour de Caen*, 2 août 1876.)

§ 8. MODES EXCEPTIONNELS DE CHASSE.

87. Si le législateur a, dans les deux premiers paragraphes de l'article 9, limité les modes de chasse qu'il considérait comme licites, en temps permis et de jour, par la seule obtention d'un permis de chasse, il n'a pas voulu, cependant, apporter un obstacle absolu à la continuation de certains usages, qui n'auraient pu être supprimés sans un préjudice réel pour les localités où ils sont pratiqués, et où ils peuvent être considérés presque comme l'exercice d'une industrie. Il s'agit de la chasse des oiseaux de passage qui, à des époques où quelquefois toutes les autres chasses sont closes, arrivent en nombre tel qu'ils forment, pour les habitants, un moyen précieux d'alimentation et de commerce.

88. Le préfet peut autoriser la continuation de cette espèce de chasse, et en régler les modes et les procédés d'après l'avis du conseil général. Aux termes de l'art. 9, « la caille n'est plus réputée oiseau de passage, » et en conséquence, la chasse n'en peut plus avoir lieu que dans les mêmes conditions et sous les mêmes restrictions que pour toute espèce de gibier.

Le préfet doit, après avoir pris l'avis du conseil général, déterminer le temps pendant lequel il sera permis de chasser le gibier d'eau, dans les marais, sur les étangs, fleuves et rivières.

Il faut remarquer que, même pour la capture des oiseaux de passage, de quelque espèce que ce soit, et du gibier d'eau, un permis de chasse est nécessaire, quel que soit le procédé qu'on emploie. C'est bien là une chasse, en effet, et la prescription générale et absolue de l'article 1er de la loi, c'est que nul ne chasse, s'il ne lui a été délivré un permis de chasse.

89. Le préfet, enfin, après avoir pris l'avis du conseil général, détermine « les espèces d'animaux malfaisants ou nuisibles que le propriétaire, possesseur ou fermier, pourra en tout temps détruire sur ses terres, et les conditions de l'exercice de ce droit. » Ce n'est plus ici un fait de chasse à autoriser ; il s'agit d'un acte de légitime défense, qui a pour unique objet de préserver les récoltes des dégâts qu'y occasionneraient certaines espèces d'animaux. Il n'est donc pas nécessaire, pour l'exercice de ce droit, que les propriétaires soient munis d'un permis de chasse, mais ils commettraient une contravention, et il y aurait lieu de verbaliser contre eux, si, à l'occasion de la défense de leurs récoltes, ils se livraient à l'exercice de la chasse.

90. Après avoir pourvu à l'exercice d'usages qui ne pourraient pas être abolis, mais que l'on doit seulement réglementer, le même article *autorise* à prendre des arrêtés :

1° « Pour prévenir la destruction des oiseaux. » Il est un assez grand nombre de départements où l'accroissement excessif des insectes est devenu pour l'agriculture un véritable fléau, et c'est à la destruction des oiseaux que ce fait est généralement attribué. Aussi, beaucoup de conseils généraux avaient-ils demandé que les préfets fussent investis du droit que ne leur donnait pas l'ancienne législation, de prévenir la destruction des petits oiseaux.

2° « Pour autoriser l'emploi des chiens lévriers pour la destruction des animaux malfaisants, etc. »

Quelques explications sont nécessaires pour faire apprécier la portée de cette disposition.

L'emploi des chiens lévriers, comme moyen de chasse, est destructif, et de nombreuses réclamations se sont élevées, dans presque tous les départements, contre l'usage abusif que certaines personnes faisaient de ces animaux. (*Voir* n°ˢ 74 et suivants.)

Désormais, l'emploi des chiens lévriers à la chasse proprement dite, se trouve compris dans la prohibition générale formulée par l'article 1ᵉʳ de la nouvelle loi, contre tout autre mode de chasse que la chasse à tir et à courre. La chasse au moyen de chiens lévriers ne rentre, en effet, ni dans l'un ni dans l'autre de ces deux modes. Si quelque incertitude à cet égard avait d'ailleurs pu subsister, elle serait levée par la disposition que nous examinons, puisque, aux termes de cette disposition, l'emploi des chiens lévriers ne peut plus avoir lieu qu'en vertu d'un arrêté spécial du préfet, et que l'arrêté ne peut même autoriser cet emploi que pour la destruction des animaux nuisibles.

« 3° Pour interdire la chasse pendant le temps de neige. »

Il s'agit ici d'une mesure toute dans l'intérêt de la conservation du gibier. Déjà elle était prise dans certains départements; dans d'autres, la légalité en avait été contestée. Cette mesure peut aujourd'hui être adoptée généralement. Les arrêtés pris à cet effet ne sont pas soumis, comme ceux relatifs à la clôture et à l'ouverture annuelles de la chasse, au délai de dix jours de publication, pour devenir exécutoires. Il ne serait même pas possible de prendre, en temps utile, des arrêtés spéciaux pour défendre l'exercice de la chasse chaque fois qu'il sera tombé de la neige. Il suffit, pour atteindre ce but, qu'à l'entrée de l'hiver, un arrêté porte défense de chasser lorsqu'il y aura de la neige sur la terre.

Pour les arrêtés à prendre en vertu des trois derniers paragraphes de l'art. 9, il n'est plus exprimé, comme pour les trois premiers paragraphes, que le préfet devra prendre l'avis du conseil général. On doit cependant recourir également à cet avis, car il s'agit ici de mesures du même ordre, et sur lesquelles les lumières et les connaissances locales des membres du conseil général peuvent être utiles.

91. Pour l'art. 9 de la loi de 1844, modifié par la loi du 22 janvier 1874, nous croyons devoir reproduire ce que dit à cet égard le ministre de l'intérieur dans la circulaire explicative adressée par lui aux préfets le 30 janvier 1874.

« En ce qui touche l'art. 9 de la loi du 3 mai 1844, la loi des 22-24 de ce mois lui a fait subir deux modifications.

« La première est la conséquence du système des ouvertures et des clôtures de chasse distinctes, soit à courre, à cor et à cris, que le nouvel article 3 permet de fixer à des époques différentes, contrairement à la jurisprudence de la Cour de cassation.

« La deuxième modification a eu pour but d'attribuer aux préfets le droit de dresser la nomenclature des espèces d'oiseaux de passage qu'ils permettront de chasser au moyen de modes et procédés exceptionnels. Cette addition à la loi de 1844 était nécessitée par l'interprétation que la Cour de cassation a donnée à l'ancien texte de l'article 9, par son arrêt du 22 février 1868, qualifiant d'illégale l'énumération limitative des espèces d'oiseaux dont il s'agit. L'Assemblée nationale a reconnu que les préfets étant appelés par la loi de 1844 à déterminer l'époque de la chasse des oiseaux de passage, autres que la caille, et les modes et procédés de cette chasse, qui varient selon les espèces, il y avait lieu de faire disparaître toute équivoque à ce sujet, et elle a consacré une faculté qui n'avait jamais été l'objet d'un doute pendant 24 ans.

« Vous remarquerez, d'ailleurs, et j'insiste sur ce point,

que l'esprit de la rédaction nouvelle de l'article 9, concernant la chasse exceptionnelle des oiseaux de passage, est en complète harmonie avec l'autre disposition du même article, qui autorise les préfets à prendre des arrêtés « pour prévenir la destruction des oiseaux. » L'Assemblée nationale en maintenant cette dernière disposition dans la loi nouvelle, l'a corroborée en y ajoutant ces mots : « ou pour favoriser leur développement. »

« Vous ne perdrez pas de vue, M. le préfet, que, lorsqu'il s'agit d'autoriser l'emploi d'engins spéciaux pour la chasse des oiseaux de passage, votre action est limitée d'un côté par le vote du conseil général que comporte ce même article de la loi, et, de l'autre, par la nomenclature des espèces reconnues oiseaux de passage dans un travail du Muséum.

« Lorsqu'il s'agit, au contraire, de protéger les oiseaux utiles à l'agriculture ou de favoriser leur repeuplement, vous n'avez à prendre conseil que de vous-même, et vous êtes autorisé, aux termes du paragraphe précité de l'article 9, à ne permettre que la chasse à tir et à courre, et, en outre, à défendre, même en temps de chasse ouverte, la destruction de telle ou telle espèce d'oiseaux reconnus essentiellement insectivores. »

Observations. La nomenclature des oiseaux de passage se trouve reproduite dans une circulaire du ministre de l'intérieur du 28 août 1861, publiée au *Bulletin officiel* du ministère de l'intérieur, 1861, p. 283.

§ 9. DÉCISIONS DIVERSES DE FAITS DE CHASSE.

92. Il y a délit de chasse par cela seul qu'un individu a tiré sur le terrain d'autrui un coup de fusil même sur une corneille, et bien qu'il ne fût que dans une avenue. (*Arrêt du 13 novembre 1818.*)

93. L'action de fureter dans un bois sans la permission du propriétaire n'est pas un vol, mais un délit de chasse. (*Arrêt du 13 août 1840.*)

94. En défendant même aux propriétaires ou possesseurs de chasser dans leurs terres non closes avant la dépouille entière des fruits, la loi veut parler des terres portant des choses récoltables, et non, par exemple, d'une prairie artificielle dont la seconde coupe a été faite. (*Arrêt du 31 janvier 1840.*)

95. Le propriétaire qui fait lever le gibier sur son fonds, ou le chasseur qui a blessé un animal sur un terrain où il a le droit de chasse, n'a pas le droit de poursuivre sur le fonds voisin, mais il doit s'arrêter et rompre ses chiens sur la ligne de démarcation des héritages. (*Arrêt de la cour d'appel de Rouen, du 20 novembre 1825.*)

96. Les tribunaux ne peuvent se dispenser de prononcer l'amende sans violer la loi et commettre un excès de pouvoir. (*Arrêt du 13 octobre 1808.*)

97. Lorsque plusieurs individus chassent en temps prohibé, il y a autant de délits commis qu'il y a de délinquants : en conséquence, l'amende et l'indemnité doivent être prononcées contre chacun d'eux personnellement. (*Arrêt du 17 juillet 1823.*)

98. Lorsque plusieurs individus sont convaincus d'avoir chassé de compagnie, en délit, il y a lieu à condamnations solidaires pour les amendes et les frais. (*Code pénal, article 55. Arrêt du 18 mars 1837.*)

99. Le meurtre volontaire, accompagné ou suivi du délit de chasse en temps prohibé et sans permis de port d'armes, est passible de la peine capitale, suivant l'article 304 du Code pénal, même dans la circonstance où le meurtrier aurait chassé dans un terrain clos. (*Arrêt du 21 mars 1822.*)

100. Le fait, par un chasseur porteur d'un fusil, d'avoir regardé, d'un chemin voisin, ses chiens chasser dans les terres d'autrui sans avoir fait des efforts pour les empêcher ou les rompre, constitue un délit de chasse. (*Arrêt de la Cour de Rouen, 17 juin 1831.*)

101. La complicité d'un délit de chasse tombe, comme tout autre délit, sous l'application des articles 59, 60 et

62 du Code pénal : ainsi l'individu qui achète du gibier tué dans la forêt de l'Etat, sachant qu'il a été tué en délit, peut être poursuivi comme complice par recélé. (*Arrêt du 6 décembre* 1839.)

102. Il suffit qu'un individu chassant ne justifie pas d'un permis de chasse (1) pour qu'il doive être condamné, encore bien qu'il ait déposé la somme nécessaire pour l'obtenir, et quand même c'est par une circonstance indépendante de sa volonté qu'il ne l'a pas obtenu. (*Arrêt du 3 mars* 1836.)

103. Si le port d'armes est délivré, et que seulement le chasseur ne l'ait pas au moment où les gardes ou gendarmes le demandent, il doit les frais faits jusqu'à la justification du fait. (*Arrêté du 26 novembre* 1823.) Ordinairement, le tribunal diffère de statuer pour que l'on puisse faire la justification, puis il renvoie de la plainte et condamne aux dépens, parce que le procès a eu lieu par la faute du chasseur. (*Voir* n°s 18 et 19.)

104. Le propriétaire d'un terrain clos de haies et de murs de pierres sèches, n'a pas le droit de chasser sans permis de port d'armes, sur ce terrain, quoiqu'il existe là une cabane en pierres sèches et qui n'est faite que pour servir d'abri au chasseur, quand le terrain ne tient pas à la maison d'habitation proprement dite. (*Arrêt du* 13 *avril* 1833.)

105. La chasse sans permis de port d'armes dans un bois environné de fossés, lorsque ce bois ne forme pas un enclos lié à la maison d'habitation, constitue le délit de port d'armes de chasse. (*Arrêt du* 21 *mars* 1823.)

106. Le garde champêtre trouvé chassant sans permis de port d'armes, dans cette circonstance qu'il accom-

---

(1) La loi du 3 mai 1844 sur la police de la chasse a supprimé le *permis de port d'armes*, et y a substitué le permis de chasse. *Voyez* cette loi, pages 62 et suivantes. Toutes les décisions en matière de port d'armes, s'appliqueraient indubitablement au permis de chasse. Il y a même raison de décider.

pagnait, comme garde particulier, des amis de son maître qui chassaient, doit être réputé avoir commis le délit de chasse dans l'exercice de ses fonctions. (*Arrêt du* 9 *mars* 1838.)

107. Il est dérogé par les articles 154 et 189 du Code d'Instruction criminelle à la loi de 1790, qui exigeait, à défaut de rapport, deux témoins; un seul peut suffire. (*Arrêt du* 26 *août* 1830.)

108. Deux arrêts de cassation, des 5 août et 5 décembre 1839, ont jugé qu'il n'y avait pas fait de chasse, par cela seul qu'un garde ait été aperçu tenant un fusil abattu dans la main gauche, le long d'une propriété; cette attitude pouvant convenir à une position de repos.

Mais, si au lieu d'avoir un fusil en bandoulière, on le porte *armé*, à la main ou sous le bras, ce sera là une grande présomption. La cour de cassation a jugé ainsi le port d'un fusil *armé* dans le chemin de barrage d'une forêt. (*Cass.*, 22 *janvier* 1829.)

109. Un arrêt de la cour de cassation, du 5 décembre 1839, décide formellement que les articles 59 et 60 du Code pénal, sur la complicité, s'appliquent au délit de chasse.

Ainsi, le propriétaire d'un enclos où la chasse est permise en tout temps, envoie, en temps prohibé, vendre le gibier qu'il a tué; non-seulement il est responsable, aux termes de l'art. 28, des dommages-intérêts et frais auxquels sera condamné le porteur, mais il devra lui-même être personnellement poursuivi et condamné pour contravention à l'art. 4 de la loi.

110. Quand le permis n'a pas encore été délivré par l'autorité au moment où a lieu le fait de chasse, bien que l'argent pour l'obtention de ce permis eût été consigné, ou que l'on fût en réclamation pour l'obtenir, il y a lieu de punir le délinquant. (*Cass.*, 11 *février* 1820, 7 *mars* 1823, 7 *mars* 1832, 3 *mars* 1836.) (*Voir* nos 18, 19, 103.)

111. Le délit de chasse, quoique accompagné de ces deux circonstances, qu'il a eu lieu 1º sur le terrain d'autrui et sans son consentement; 2° sur un terrain non encore dépouillé de ses fruits, ou en temps prohibé, n'est punissable que d'une seule amende. (*Cass.*, 18 *mars* 1837.)

112. Les questions des *faits de chasse* constituent des questions de droit susceptibles d'appréciation par la Cour de cassation. (*Cass.*, 18 *mars* 1853.)

113. Le chasseur, ayant blessé sur son terrain une pièce de gibier qui est allée tomber sur un terrain voisin, peut aller la ramasser et se la faire rapporter par son chien, sauf à tenir compte au propriétaire du dommage qu'a pu causer à la récolte le passage du chien. (*Limoges*, 5 *février* 1848.)

114. Le chasseur muni d'un permis de chasse, qui, en temps de chasse, tue une pièce de gibier traversant des terres, alors que ce gibier a été levé par un autre chasseur sur son propre terrain et est encore suivi du chien de ce dernier, use d'un droit et par conséquent ne commet pas un délit de chasse. (*Paris*, 17 *juin* 1862. — *Droit*, 21 *juin* 1862.)

115. Lorsque la chasse dans les bois d'une commune est adjugée à un ou plusieurs locataires, l'adjudication constitue un droit personnel propre à chacun des fermiers, ce qui s'oppose à la rétrocession du droit. (*Cass.*, 16 *mai* 1848.)

116. Si le fermier du droit dont il est parlé dans le numéro précédent est dans l'impossibilité d'en user en personne, il ne peut permettre qu'on l'exerce en son nom. (*Cass.*, 14 *juillet* 1848.)

117. Un individu qui, avec l'autorisation du fermier d'une chasse communale, serait trouvé chassant seul dans la forêt affermée, commettrait le délit de chasse et pourrait être poursuivi par le ministère public. (*Cass.*, 16 *juin* 1848, 18 *août* 1849.)

118. Les dispositions des articles 66 et suivants du Code pénal, relatives au discernement, sont applicables en matière de délit de chasse.

En conséquence, lorsqu'un jeune homme âgé de moins

de seize ans est déclaré coupable d'un délit de chasse, la peine doit être abaissée conformément à l'art. 69 du Code pénal. (*Cass.*, 3 *janvier* 1845, 18 *juin* 1846.)

Toutefois, les traqueurs non armés ne peuvent être considérés comme se livrant *personnellement* à la chasse : de même que la meute, ce sont plutôt des *instruments* ; en conséquence, ils n'ont pas besoin de *permis de chasse*. (*Paris*, 26 *avril* 1845.)

119. Le fait d'avoir tué des corbeaux avec un fusil, en temps prohibé et sans permis de port d'armes, sur des terres non closes, est un délit de chasse, quand bien même il serait déclaré que le prévenu n'a eu en vue que de préserver ses volailles et celles de ses voisins, sur l'instance desquels il s'était servi de son arme. (*Cass.*, 5 *novembre* 1842.)

120. Tuer des pigeons à autrui et se les approprier, dans tout autre temps que celui pendant lequel ces oiseaux sont réputés gibier, c'est commettre une action frauduleuse, et se rendre passible des peines portées par l'art. 401 du Code pénal. (*Cass.*, 20 *septembre* 1823, 25 *janvier* 1842.)

121. Les délits de chasse ne peuvent être excusés par la bonne foi des coupables. (*Cass.*, 16 *juin* 1848 et 4 *juillet* 1848. — *Angers*, 1er *avril* 1851.)

122. Les principes généraux du droit criminel sont applicables en matière de délits de chasse. (*Amiens*, 13 *janvier* 1853.)

123. Les délits de chasse commis en commun entraînent pour tous les coupables la solidarité des peines. (*Orléans*, 13 *décembre* 1849, 24 *mars* 1851. — *Cass.*, 13 *décembre* 1853.)

124. La confiscation des armes ne doit, dans l'esprit de la loi, atteindre que ceux qui chassent en *temps prohibé et sans permis de chasse*, c'est-à-dire les véritables braconniers. C'est donc avec raison que la Cour de Nancy a jugé que la confiscation des armes de chasse ne doit pas être prononcée, au cas de chasse, sans autorisation du propriétaire, sur des terres non récoltées, lorsque d'ailleurs le chasseur est muni d'un permis de chasse, et que le délit a été commis après l'ouverture de la chasse. (*Nancy*, 17 *décembre* 1844.)

125. Les tribunaux doivent, en matière de confiscation d'armes de chasse, laisser au délinquant le choix de l'abandon de l'arme ou du paiement de sa valeur. (*Limoges*, 26 *mars* 1859, *S. V.* 59. 2. 359.)

126. Il n'y a pas lieu de distinguer entre le temps où la chasse est close d'une manière générale, et le temps où elle n'est prohibée que momentanément, par exemple, à cause de la neige; la confiscation des armes doit être prononcée dans un cas aussi bien que dans l'autre. (*Cass.*, 3 *juillet* 1845, 3 *janvier* 1846, 4 *mai* 1848.)

127. Le maire qui a commis un délit de chasse sur le territoire de sa commune, doit, comme officier de police judiciaire, être traduit, à raison de ce délit, devant la première chambre de la Cour d'appel. (*Nancy*, 20 *avril* 1857, *S. V.* 57. 2. 773.)

128. Le garde forestier qui, dans le triage confié à sa garde, commet un délit de chasse, doit être considéré comme étant dans l'exercice de ses fonctions et traduit, suivant l'art. 483, Code d'instruction criminelle, devant la Cour d'appel. (*Cass.*, 5 *mars* 1846.)

129. Le fait de prendre sur le terrain d'autrui des œufs et couvées d'oiseaux autres que les faisans, perdrix et cailles, notamment les pies, ne constitue pas un délit de chasse. (*Cass.*, 10 *février* 1853.)

130. Le ministère public a qualité pour poursuivre d'office, et sans plainte préalable, les délits de chasse dans les bois soumis au régime forestier, tels que les bois communaux. (*Cass.*, 9 *janvier* 1846.)

L'administration forestière elle-même, *partie intéressée*, a qualité pour poursuivre la répression des délits de chasse commis dans les bois et forêts soumis au régime forestier; particulièrement depuis la loi du 3 mai 1844, dont les articles 22 et 23 n'ont nullement dérogé à la législation antérieure.

131. La Cour de cassation a décidé, le 14 août 1847, que le propriétaire qui, de son enclos, tire sur du gibier en dehors de sa clôture, commet un délit de chasse.

132. Dans le silence du bail, le droit de chasse appartient au propriétaire et non au fermier. (*Cass.*, 4 *juillet* 1845, S. 45, 774; — *Grenoble*, 18 *mars* 1846; D. 46, 184.)

Cependant le droit de chasse dans un parc clos de murs appartient au fermier, quand ce fermier habite la maison dont le parc est une dépendance. (*Paris*, 17 *août* 1846.)

133. L'autorisation de chasser dans une forêt communale ne peut être accordée par le maire. Le décret du 25 prairial an XIII a été abrogé par les dispositions générales de la loi du 18 juillet 1837 sur les attributions des maires et des conseils municipaux.

Il suit de là :

1º Qu'un maire fait un acte arbitraire et illégal en donnant, de son autorité privée, une permission écrite de chasse dans une forêt communale;

2º Qu'une telle permission ne saurait tenir lieu du consentement nécessaire pour chasser dans une telle forêt;

3º Enfin, que celui qui se livre à la chasse dans une forêt communale muni d'une simple permission du maire, commet le délit prévu et puni par les art. 1 et 2, nº 2 de la loi du 3 mai 1844. (*Cass.*, 5 *février* 1848.)

134. Mais l'autorité municipale peut, par un arrêté, défendre de chasser sur le territoire de la commune jusqu'à la clôture du ban des vendanges, à une certaine distance des vignes; la Cour de cassation, par arrêté du 4 septembre 1847, a confirmé sa jurisprudence antérieure.

135. C'est chasser que de tirer sur une pièce de gibier qui se présente inopinément à vous sans qu'on l'ait recherchée; ainsi :

1º L'apprenti qui, placé sur le seuil de la boutique de son maître, tire un coup de fusil sur des petits oiseaux voltigeant sur la place publique, ne commet pas une simple contravention, mais bien un délit de chasse s'il n'est pas muni d'un permis (*Cass.*, 24 *septembre* 1847.);

2º Le fermier qui, sans sortir de sa maison, trouve occasion de tirer un lièvre, s'arme d'un fusil pour profiter de cette occasion et le décharge sur ce gibier, commet un délit de chasse s'il n'a pas de permis.

Jugé en sens contraire à l'égard d'un individu qui, n'étant pas à la recherche et à la poursuite du gibier, mais averti par les cris des voisins, avait tiré simplement, par occasion, sur un lièvre qui passait dans le moment au-devant de sa maison. (*Bordeaux*, 20 *mars* 1844.)

136. Le propriétaire, régulièrement autorisé à détruire des animaux nuisibles, peut déléguer son droit de destruction à un tiers, en se conformant aux dispositions de l'arrêté de destruction. (*Angers*, 19 *mars* 1859, S. V. 2. 667.)

137. Le propriétaire ou le fermier peuvent détruire en tout temps, même avec un fusil et sans permis de chasse, les animaux malfaisants ou nuisibles, portant à leurs récoltes un dommage actuel, mais à la charge de prouver le fait du dommage. (*Agen*, 21 *juillet* 1852. — *J. Palais*, tom. 1er, 1854, p. 164.)

138. Les délits de chasse ne comportent pas l'excuse tirée de la bonne foi du prévenu. (*Cour de cassation*, 21 *juillet* 1865. — *Douai*, 1er *mars* 1869. — *Cour de cassation*, 6 *décembre* 1867. — *Cour de Rouen*, 23 *mars* 1866.)

139. Les infractions à la loi sur la police de la chasse ne comportent pas l'excuse de bonne foi. (*Cour de Rouen*, 4 *décembre* 1873.)

140. Si les infractions sur la police de la chasse ne comportent pas l'excuse de bonne foi, elles ne sont du moins punissables qu'autant qu'une faute quelconque se joint au fait matériel qui le constitue. (*Cour de cassation*, 16 *novembre* 1866. — *Cour de Douai*, 1er *mars* 1869.)

141. Les infractions à la loi sur la police de la chasse constituent des contraventions, encore bien qu'elles soient qualifiées délits et punies de peines correctionnelles ; elles ne peuvent, dès lors, être excusées par la bonne foi des délinquants. (*Cour de Dijon*, 15 *janvier* 1873.)

142. En matière de chasse, la bonne foi ne peut être une excuse.

Ainsi le chasseur, invité à coopérer en temps prohibé à une battue ayant pour objet la destruction des biches, ne peut être excusé lorsqu'il a, par erreur, tué une chèvre, croyant avoir tiré sur une biche. (*Cour de Paris*, 6 *décembre* 1873.)

143. Si un fait de chasse ne peut être excusé par l'intention de celui auquel il est imputé, néanmoins il ne constitue un délit punissable qu'autant qu'il a été librement et volontairement exécuté. (*Cour de cassation*, 23 *janvier* 1873.)

Par suite, le chasseur à la traque ne commet pas un délit de chasse sur le terrain d'autrui, par cela seul que ses traqueurs, par leur passage à une distance plus ou moins rapprochée de parcelles de terres non soumises au droit de chasse, ont pu inquiéter le gibier qui s'y trouvait, si cette circonstance a été accidentelle et indépendante de toute provocation volontaire de la part des traqueurs, et si même des précautions ont été prises par eux pour éviter de traverser lesdites parcelles et d'y faire lever le gibier. (*Cour de cassation*, 23 *janvier* 1873.)

144. Les délits de chasse se constituant par le seul fait matériel, et ne pouvant dès lors être excusés par l'intention, les invités à une partie de chasse exécutée en délit ne peuvent être excusés sur leur bonne foi résultant de ce qu'ils avaient dû croire que toutes les précautions possibles pour les mettre à l'abri d'un délit avaient été prises. (*Cour de cassation*, 15 *décembre* 1870.)

145. Les règles générales sur la complicité établies dans le Code pénal sont applicables aux délits de chasse. (*Cour de cassation*, 10 *novembre* 1864. — *Cour de Lyon*, 28 *mars* 1865.)

146. Les règles générales sur la complicité établies dans le Code pénal sont applicables aux délits de chasse. (*Cour de Rouen, 9 juin* 1871.)

Ainsi se rend complice du délinquant celui qui, sciemment, reçoit du gibier tué en délit. (*Cour de Rouen, 9 juin* 1871.)

147. Les infractions à la loi sur la police de la chasse sont soumises aux règles générales sur la complicité. (*Cour de Rouen, 4 décembre* 1873.)

148. Il y a délit de chasse sur le terrain d'autrui de la part du chasseur qui, après avoir levé un sanglier sur son propre terrain, pénètre à sa suite dans la propriété d'un tiers et tire un coup de fusil en l'air pour faire partir la chasse et mettre fin à la lutte engagée par cet animal avec ses chiens. (*Cour de Limoges, 31 mars* 1870.)

149. Si le chasseur ne commet pas de délit quand il ramasse sur le terrain d'autrui une pièce de gibier tuée sur son propre terrain, il en est autrement dans le cas où le gibier n'étant que blessé, le chasseur tire sur lui pour l'achever sur la propriété d'autrui; peu importe qu'il eût pu croire l'avoir blessé mortellement. (*Cour de cassation, 28 août* 1868.)

150. Il n'y a pas délit de chasse sur le terrain d'autrui dans le fait du chasseur qui, ayant blessé mortellement une pièce de gibier sur son propre terrain, pénètre dans une forêt voisine à la suite de ses chiens, mais sans les appuyer et en portant en bandoulière son fusil déchargé. (*Cour de cassation, 23 juillet* 1869.)

151. Le fait de placer sur son propre terrain, le long d'un bois, des banderolles ayant pour objet d'empêcher le gibier de rentrer dans ce bois, ne constitue pas un fait de chasse et peut dès lors avoir lieu pendant la nuit sans tomber sous l'application de l'article 12, n° 2, de la loi du 3 mai 1844. (*Cour de Paris, 31 mars* 1865. — *Cour de cassation, 16 juin* 1866.)

152. L'article 11 de la loi de 1844 n'est pas applicable lorsqu'au fait du passage des chiens se joint un fait de chasse exercé par le maître personnellement. (*Cour de cassation*, 15 *décembre* 1866.)

153. C'est au prévenu qui invoque l'excuse admise par l'art. 11 de la loi de 1844 à prouver qu'il s'est trouvé dans l'hypothèse prévue. (*Cour de Caen*, 26 *janvier* 1870.)

154. Le passage des chiens sur le terrain d'autrui, à la suite du gibier, ne peut être excusé qu'autant que le chasseur prouve qu'il a essayé de rompre la meute; en conséquence, le chasseur est en délit lorsque, sans avoir rappelé ses chiens poursuivant un chevreuil, il les a suivis, sur la piste d'un renard, dans une forêt domaniale dont la chasse est affermée, peu importe que le fusil fût désarmé et porté en bandoulière. (*Cour de Dijon*, 21 *janvier* 1874.)

155. L'art. 11 de la loi du 3 mai 1844 ne reçoit application qu'autant que le passage a été pratiqué sur le terrain d'autrui par les chiens seuls, lorsque le maître a pu se trouver dans l'impossibilité de l'empêcher, et dans le cas seulement où la chasse aurait été commencée avec droit. (*Cour de cassation*, 15 *décembre* 1866.)

Il ne peut être invoqué lorsque les chiens séjournent sur le terrain d'autrui pendant un temps assez long et y chassent sans que leur maître fasse aucun effort pour les en faire sortir. (*Cour de Caen*, 26 *janvier* 1870.)

156. Se rend complice d'un délit de chasse en temps de neige et en temps prohibé celui qui aide le délinquant à battre une pièce de terre et à chercher sur la neige la piste d'un lièvre. (*Cour de Lyon*, 28 *mars* 1865.)

157. Le traqueur ne peut être acquitté sur le motif que, simple instrument obéissant à une volonté qui n'est pas la sienne, il ne saurait être responsable des faits commis par lui en cette qualité. (*Cour de cassation*, 15 *décembre* 1870.)

158. Il y a délit de chasse sur le terrain d'autrui de la part du chasseur qui, placé sur un chemin public, attend le gibier poursuivi par un traqueur dans le champ voisin. (*Cour d'Angers*, 27 *janvier* 1873.)

159. C'est au chasseur surpris sur le terrain d'autrui, qui invoque comme moyen de défense le bénéfice d'une permission, à faire la preuve de ce moyen; et cette permission constituant non pas un droit réel, mais un simple droit mobilier, le tribunal correctionnel, saisi de la connaissance du délit, est compétent pour statuer sur l'existence de la permission. (*Cour de Dijon, 15 janvier* 1873.)

160. Il y a délit de chasse de la part du propriétaire ou fermier qui, sans permis de chasse, détruit au fusil, sur sa propriété, des moineaux, alors qu'il n'établit pas que ces oiseaux ont été surpris au moment où ils exercent leurs ravages sur le terrain. (*Tribunal de Montbrison, 11 novembre* 1872.)

161. La disposition de l'art. 11 de la loi du 3 mai 1844 qui permet, suivant les circonstances, de ne pas considérer comme délit de chasse le fait du passage des chiens courants sur le terrain d'autrui, lorsque ces chiens sont à la suite d'un gibier lancé sur la propriété de leur maître, ne s'applique pas au cas où les chiens, après avoir abandonné la première piste, font lever un autre gibier et séjournent sur le terrain d'autrui pendant un temps assez long, sans que leur maître fasse aucun effort pour les en faire sortir.

En tout cas, c'est au prévenu qui invoque l'excuse admise par cette disposition, à prouver qu'il s'est trouvé dans l'hypothèse prévue.

Et l'on ne saurait considérer comme une preuve suffisante de l'impossibilité où se serait trouvé le chasseur de ramener sa meute, la défense à lui précédemment faite, de pénétrer dans le bois d'autrui sous peine de procès-verbal, une telle défense ne pouvant être sérieuse au cas où le chasseur ne serait entré dans ledit bois que pour rompre ses chiens. (*Cour de cass., 7 décembre* 1872).

162. Le juge correctionnel, saisi de la connaissance d'un délit de chasse, est compétent pour statuer sur l'exception tirée par le prévenu du défaut de qualité du poursuivant. (*Cour de cass., 5 avril* 1866.)

163. La confiscation prescrite, en matière de délit de chasse, par l'art. 16 de la loi de 1844, ne porte que sur les instruments de chasse proprement dits ; ne doivent être considérés comme tels : ni les furets à l'aide desquels aurait eu lieu un fait prohibé de chasse aux lapins. (*Cour de Poitiers*, 10 mars 1866.)

164. Ni les appeaux, appelants et chanterelles. (*Cour de cassation*, 1er mars 1868.)

165. Le délit de chasse commis pas un maire, sur le territoire de sa commune, ne doit pas être réputé, de plein droit, avoir été commis dans l'exercice des fonctions d'officier de police judiciaire du délinquant, en sorte que celui-ci ne puisse, à raison de ce délit, n'être poursuivi que devant la 1re chambre de la Cour d'appel. (*Cour de Dijon*, 3 janvier 1872.—*Cour de Paris*, 27 *avril* 1872. — *Cour d'Amiens*, 27 *mai* 1872.)

166. Mais le maire est réputé s'être trouvé dans l'exercice de ses fonctions, et il est par suite justiciable de la Cour d'appel, s'il a commis le délit de chasse dans un lieu et dans un moment où se commettait sous ses yeux un délit de même nature, que son devoir était de constater. (*Cour de Dijon*, 3 *janvier* 1872.)

§ 10. DES TERRAINS CLOS.

167. Il n'est permis de chasser dans un terrain clos, qu'autant qu'il est *attenant* à une maison d'habitation. Ainsi, il ne suffirait pas qu'il se trouvât dans ce terrain une construction pouvant servir à l'habitation, il faut que cette construction soit, si ce n'est actuellement habitée, au moins *destinée à l'habitation*, de telle sorte que l'enclos qui l'environne puisse être considéré comme une *dépendance* d'une habitation. (*Cass.*, 3 *mai* 1845.)

Ce mot dépendance n'est pas le mot propre ; il résulte de la discussion de la loi, qu'une maison peut dépendre d'un enclos ou un enclos d'une maison sans y être contigu, et la loi veut que l'enclos soit attenant.

Le tribunal de Marseille a décidé, le 17 septembre 1844, qu'il y a lieu de considérer, comme rentrant dans l'article 2 de la loi, la propriété close au midi et au couchant par un mur, au levant par une haie, et bordée au nord par une route nationale, dont les berges ont sur ce point 4 mètres d'élévation. — Les gendarmes avaient gravi les berges, et l'un d'eux seulement en s'aidant de sa carabine.

C'est là une appréciation des faits qui échappe à la censure de la Cour de cassation, mais sur laquelle une Cour pourrait avoir une opinion différente.

168. La Cour de Metz a également décidé, par un arrêt du 22 mai 1845, qu'on doit considérer comme terrains *clos*, dans le sens de la loi, une propriété attenant à une habitation, et fermée par une rivière et un canal de dérivation, encore bien que sur ce canal il existe un pont pour communiquer à d'autres dépendances non closes de la même propriété. C'est bien là, suivant la Cour de Metz, l'un des cas de clôture continue, pour l'appréciation desquels la loi s'en est d'ailleurs rapportée aux tribunaux.

169. Le propriétaire d'un terrain clos, attenant à une habitation, ne peut pas plus qu'un autre, détenir impunément des instruments de chasse prohibés, au mépris de l'article 12, qui punit d'une manière absolue le simple fait de la détention de filets ou engins prohibés. Mais, dans ce cas, le délit ne peut être constaté par les agents ordinaires, parce qu'ils n'ont pas le droit de s'introduire dans le domicile. Il faut, en ce cas, un réquisitoire et un mandat spécial de l'autorité judiciaire.

170. Une île, environnée d'une rivière navigable, ne peut être considérée comme une propriété close. (*Cass.*, 13 *février* 1830.)

171. Tout mode de chasse est permis dans les propriétés closes dont parle l'art. 2 de la loi du 3 mai 1844, sauf celui avec emploi d'engins prohibés. (*Cour de cassation*, 16 *juin* 1866.)

172. L'autorisation donnée par l'art. 2 de la loi de 1844 au propriétaire ou possesseur, de chasser en tous temps dans ses possessions closes attenant à une habitation, n'est pas applicable au cas de chasse à l'aide d'*engins prohibés* dont la simple détention constitue un délit, indépendamment de l'emploi qui en est fait. (*Cour de Montpellier, 28 janvier* 1867.)

173. Il en est ainsi pour les gluaux. (*Cour de cassation, 7 mars* 1868.)

174. ... pour les filets. (*Cour de cass.,* 1er *mai* 1868.)

175. La simple détention d'*engins prohibés* constitue un fait punissable aussi bien pour le propriétaire d'un terrain clos que pour tout autre. (*Cour de cass.,* 16 *juin* 1866.)

176. Mais on ne doit considérer comme ayant ce caractère à l'égard du propriétaire d'un terrain clos que les engins dont la simple détention est défendue, même indépendamment de l'emploi qui en est fait, et non ceux dont l'emploi seul est interdit et la détention est autorisée, tels, par exemple, que les appeaux, appelants, chanterelles. (*Cour de cassation,* 16 *juin* 1866.)

177. On ne peut pas considérer comme terrain clos, dans le sens de l'art. 2 de la loi du 3 mai 1844, et dans lequel, dès lors, le propriétaire puisse chasser, même en temps prohibé, le terrain qui, bien qu'entouré de murs, offre, au moyen d'une brèche ouverte dans un de ces murs, un libre accès à la propriété voisine. (*Cour de Nîmes,* 28 *mars* 1867.)

En vain le propriétaire de ce terrain exciperait-il de ce que le voisin, dont la propriété, également entourée de murs, ne communiquerait qu'avec la sienne et par la brèche pratiquée dans le mur de séparation, l'aurait autorisé à chasser chez lui. (*Même arrêt.*)

178. Le fait, de la part d'un chasseur qui a tiré un coup de fusil dans sa propriété close, d'être sorti dans la plaine avec des chiens et de s'être mis à la recherche du gibier dont il s'est emparé dans un champ situé en dehors de son habitation et non clos, constitue un délit de chasse s'il a eu lieu en temps prohibé. (*Cour de Paris*, 11 *juillet* 1866.)

§ 11.   DES PIQUEURS; DÉLITS DE CHASSE.

179. Un piqueur ne peut être assimilé au simple traqueur. On ne peut soutenir qu'il est l'accessoire obligé de la meute, qu'il faut qu'il l'accompagne partout pour l'encourager, la ramener; que séparer le piqueur de la meute, ce serait chose impossible, dangereuse même, car les chiens pourraient rencontrer du bétail, l'effrayer, l'attaquer, et occasionner ainsi des dégâts de toute sorte, s'ils n'étaient pas retenus par l'intervention du piqueur. La jurisprudence considère le piqueur comme se livrant à un fait personnel de chasse et le soumet à toutes les obligations du chasseur, telles que la nécessité du permis de chasse. (*Cass.*, 18 *juillet* 1846.)

180. Le piqueur qui, lors d'une chasse organisée par son maître, viole la propriété d'autrui en y suivant ses chiens poursuivant le gibier, commet le délit de chasse et doit être condamné à ce titre, sans préjudice des dommages et intérêts dus par le propriétaire des chiens. (*Cass.*, 18 *juillet* 1846.)

181. Le traqueur peut être déclaré complice du chasseur (*Rouen*, 26 *avril* 1849), lorsqu'il coopère à une chasse pour laquelle son assistance n'est pas ordinaire; par exemple, la chasse aux lapins.

182. Le fait d'un piqueur d'avoir, dans le bois d'un particulier, sonné de la trompe, non pour rompre et rappeler les chiens qui chassaient, mais pour les appuyer, constitue le délit de chasse sur le terrain d'autrui sans le consentement du propriétaire. (*Cour de cassation*, 28 *janvier* 1875.)

§ 12.   DES PROCÈS-VERBAUX.

183. Tout procès-verbal doit porter avec lui la preuve de sa validité. En conséquence, les formalités exigées et non constatées sont considérées comme ayant été omises. (*Cass.*, 29 *mars* 1810.)

L'absence de date est une cause de nullité des procès-verbaux ; mais une simple erreur matérielle dans la date ne produirait pas ce résultat. (*Cass.*, 3 *janvier* 1833.)

184. *Les procès-verbaux des gendarmes* ne sont assujettis à aucune formalité, soit par le Code d'instruction criminelle, soit par les lois spéciales réglant la compétence de la gendarmerie. (*Cass.*, 11 *mars* 1825.)

185. L'affirmation n'est pas non plus exigée pour les *procès-verbaux des commissaires de police, maires ou adjoints*.

186. La constatation de l'existence de l'engin employé par les délinquants dans un terrain clos, peut être faite du dehors par les rédacteurs du procès-verbal, sans qu'ils aient besoin de pénétrer dans l'enceinte non plus que dans la maison attenante. (*Cour de Montpellier*, 28 *janvier* 1867.)

187. Ne peut être considéré comme un procès-verbal faisant foi jusqu'à inscription de faux ou seulement jusqu'à preuve contraire, l'acte par lequel un garde constate un délit de pêche dont il n'a pu s'assurer personnellement et qui lui est dénoncé par la rumeur publique. (*Cour de Nancy*, 8 *novembre* 1871.)

188. Lorsque le procès-verbal d'un garde particulier a été annulé pour vice de forme, le garde rédacteur peut être entendu comme témoin pour établir la preuve du délit de chasse qu'il a constaté. (*Cour de Dijon*, 17 *décembre* 1873.)

189. Est nul le procès-verbal d'un garde, destiné à constater un délit de chasse commis le 31 janvier à midi, lorsque l'affirmation n'a eu lieu que le 2 février, sans indication d'heure ; par suite, doit être cassé l'arrêt qui a prononcé une condamnation en s'appuyant tant sur les constatations du dit procès-verbal que sur le débat oral. (*Cour de cass.*, 28 *janvier* 1875.)

190. Le moyen tiré de la nullité d'un procès-verbal destiné à constater un délit de chasse, lorsque l'affirmation n'a pas eu lieu dans le délai légal, peut être invoqué pour la première fois devant la Cour de cassation. (*Cour de cass.*, 28 *janvier* 1875.)

191. Le procès-verbal constatant un délit de chasse est nul s'il n'a été affirmé qu'après les 24 heures qui ont suivi le délit, bien que la clôture de ce procès-verbal ait été retardée pour cause de renseignements, alors qu'il ne constate aucun fait de force majeure qui aurait empêché de le compléter et de l'affirmer dans le délai légal. (*Cour de cass.*, 28 *août* 1868.)

§ 13. DES FRUITS ET RÉCOLTES. — DES LAPINS.

192. Les produits de la terre qui ne sont pas destinés à être récoltés, mais bien à être enfouis sur les lieux mêmes pour servir d'engrais, tels que des pois lupins ou du blé noir, ne sont pas des *fruits* dans le sens de la loi sur la chasse. (*Arrêt de Grenoble*, 11 *novembre* 1841.)

193. Il n'y a pas aggravation de délit dans le fait d'avoir chassé sur des champs ensemencés de pommes de terre. (*Colmar*, 16 *novembre* 1842.)

Il en est de même sur un champ de sainfoin coupé depuis quinze jours; ce champ est alors réputé dépouillé de sa récolte. (*Bourges*, 25 *novembre* 1841.) Il en est encore de même en cas de chasse dans une prairie artificielle, dont la deuxième coupe a été faite, et qui n'est plus destinée à être fauchée de l'année. (*Cass.*, 31 *janvier* 1840.)

194. Le fermier a qualité, aussi bien que le propriétaire, pour porter plainte à raison des délits de chasse commis sur les terres affermées; bien qu'il n'ait pas lui-même le droit d'y chasser, il a le droit de veiller à la conservation de ses ensemencements, de ses récoltes, de ses clôtures. (*Cass.*, 9 *avril* 1836.)

195. Le fermier a le droit de protéger ses récoltes contre les animaux sauvages en détruisant ces derniers.

Ce droit existe même lorsque le bailleur s'est expressément réservé le droit de chasse sur la terre louée.

Le fermier a également le droit de tendre des collets pour défendre ses récoltes contre le gibier, lors même que son bail lui interdit tout recours contre le propriétaire, qui s'est réservé exclusivement le droit de chasse. (*Cour de Paris*, 21 *août* 1840.)

Cette décision est applicable sous l'empire de la nouvelle loi, car l'article 15 de la loi du 30 avril 1790, sur laquelle elle se fonde, est reproduit par l'article 9 de la loi du 3 mai 1844.

196. Le lapin, considéré comme gibier, appartient au premier occupant. Considéré comme animal rongeur et nuisible aux récoltes, il peut être détruit par les propriétaires des champs et bois où se commettent les dégâts. Cela a été jugé par un grand nombre d'arrêts; plusieurs ont confirmé cette jurisprudence, depuis la nouvelle loi sur la chasse.

197. La destruction des lapins ne peut avoir lieu que suivant les moyens autorisés par arrêté préfectoral : en conséquence, si l'arrêté ne parle que de furets et de bourses, il est interdit de faire usage de lacets, collets et autres engins quelconques.

198. Bien qu'un bois ne renferme ni terrain ni garenne, mais seulement des buissons, des broussailles, des herbages longs et touffus, ménagés par le propriétaire, pour y attirer des lapins, le propriétaire est responsable des dégâts commis par ces animaux dans les champs voisins. (*Cass.*, 7 *mars* 1849.)

Le propriétaire qui, en affermant sa propriété, se réserve le droit de chasse, ou ne donne que des permissions restreintes, reste seul responsable des dommages causés par la multiplication des lapins. (*Cass.*, 28 *mars* 1849.)

199. La Cour de cassation a décidé, le 13 août 1840,

que fureter dans un bois pour y prendre des lapins non tenus en garenne, sans la permission du propriétaire, c'est, non se rendre coupable de vol ou de tentative de vol, mais seulement commettre le délit de chasse sur le terrain d'autrui.

200. La clause par laquelle le preneur d'un bail de chasse s'oblige, à peine de résiliation, de détruire les lapins, de manière qu'ils ne commettent aucun dommage, doit être entendue en ce sens que la destruction doit s'opérer dans la limite du possible, alors surtout que des indemnités ont été payées pendant longues années. (*Cour de Paris*, 1er *mai* 1875.)

201. L'adjudicataire d'une chasse doit être déclaré responsable des dégâts causés aux propriétés avoisinantes par les lapins, lorsqu'il a négligé de prendre les mesures nécessaires pour arriver à la destruction de ces animaux, ou, tout au moins, à empêcher leur multiplication.

Toutefois, dans l'appréciation du dommage, il doit être tenu compte de la situation riveraine des bois de la propriété où le dommage s'est produit, d'où résulte pour son propriétaire une sorte de servitude de voisinage. (*Justice de paix de Sèvres*, 6 *mai* 1876.)

§ 14. DES FORÊTS DE L'ÉTAT.

202. La police de la chasse dans les forêts de l'Etat, est attribuée à l'administration des forêts. (*Ordonnance du 14 sept.* 1830.) Cette ordonnance annule les fonctions attribuées au grand-veneur par l'ordonnance du 15 août 1814, article 1er, et rétablit la hiérarchie des conservateurs, inspecteurs, sous-inspecteurs et gardes forestiers.

A partir du 1er septembre 1832, le droit de chasse dans les forêts de l'Etat a été affermé et mis en adjudication : et le gouvernement est chargé de faire tous les règlements pour assurer l'exécution de cette disposition. (*Loi du* 21 *avril* 1832.)

203. La chasse de toute espèce de gibier et de tous les oiseaux existants dans les forêts affermées, est exercée par les adjudicataires et leurs associés, depuis le 15 septembre de chaque année, jusqu'au 15 mars de l'année suivante, sauf la faculté accordée aux lieutenants de louveterie par l'article 6 de l'ordonnance du 24 juillet 1832. Les contrevenants sont poursuivis conformément au décret du 30 avril 1790. (*Décision du ministre des finances du 31 janvier* 1839.)

204. La chasse à tir et la chasse à courre sont les seules permises : les fermiers et les associés peuvent chasser avec toute espèce de chiens et se servir de furets propres à la destruction des animaux nuisibles : il leur est défendu de tendre des panneaux, lacs, lacets, collets et autres appareils et instruments destructeurs du gibier, et d'enlever les œufs et les nids d'oiseaux, autres que les oiseaux de proie, sous les peines portées par la loi de 1790. (*Id.*)

205. La chasse des animaux nuisibles, au moyen de piéges tendus, peut être exercée en tout temps, moyennant les précautions convenables pour la sûreté des personnes. (*Id.*)

Il est défendu de prendre vivants et d'enlever les faons et les jeunes daims et chevreuils. (*Id.*)

La police et la conservation de la chasse dans les forêts domaniales restent exclusivement confiées aux agents et gardes forestiers. (*Id.*)

206. Par un arrêt du 7 janvier 1853, la Cour de cassation a décidé une question qui a un intérêt majeur pour tous les chasseurs. Il porte que, lorsqu'un tribunal correctionnel a sursi à statuer sur la prévention, jusqu'à décision des tribunaux civils, en se fondant sur ce que le prévenu excipait d'un titre apparent, de nature à légitimer l'acte qui lui était reproché, la Cour de cassation ne peut examiner ce motif de sursis qu'autant qu'il est constant pour elle que l'exception invoquée par le prévenu constituait bien une question préjudicielle, c'est-à-dire qu'il invoquait un droit de propriété ou un autre droit réel. Le droit de chasse, entre les mains d'un autre que le propriétaire, et spécialement entre les mains d'un tiers qui s'est rendu adjudicataire de ce droit, dans une forêt domaniale, ne constitue pas un droit réel. Spécialement, lorsqu'un individu est prévenu d'avoir chassé dans la forêt de Compiègne, postérieurement au sénatus-consulte des 1er avril et 3 juillet 1852, qui ont attribué au prince président de la République, le droit exclusif de chasse dans une forêt, et qui ont ordonné qu'il en serait mis immédiatement en possession, sauf indemnité aux locataires dépossédés, si ce prévenu excipe d'un acte d'adjudication qui l'aurait rendu fermier du droit de chasse, et que le tribunal surseoit, en se fondant sur ce que cet acte d'adjudication constitue un titre apparent, la Cour de cassation, saisie par le pourvoi du ministère public, doit casser le jugement au chef du sursis, sans examiner si ce titre subsiste encore en présence de deux sénatus-consultes, ou est détruit par eux, en se fondant seulement sur ce que le droit de chasse invoqué ne constitue pas un droit réel et de nature à servir de base à une question préjudicielle. (*Art.* 182 du Code forestier.)

Cet article 182 du Code forestier porte cependant qu'en cas de condamnation il sera sursis à l'exécution du jugement, sous le rapport de l'emprisonnement, et que le montant des amendes sera versé à la caisse des dépôts et consignations, pour être remis à qui il sera ordonné par le tribunal qui statuera sur le fond du droit. (*Voir* aussi deux arrêts de la même Cour des 8 janvier et 1er mai 1830.)

207. L'administration forestière a qualité pour poursuivre les délits de chasse commis dans les bois soumis au régime forestier. (*Cour de cassation,* 27 *juillet* 1865. — *Cour de Colmar,* 13 *juillet* 1865.)

208. Le tribunal correctionnel devant lequel un individu, poursuivi par le ministère public pour avoir chassé en temps prohibé dans un bois soumis au régime forestier, excipe d'une transaction intervenue entre lui et l'administration des forêts, est compétent, à l'exclusion de l'autorité administrative, pour apprécier la validité et les effets de cette transaction, et pour reconnaître si elle a éteint l'action publique. (*Cour de cassation*, 7 *avril* 1866. — *Cour de Metz*, 4 *juillet* 1866.)

209. L'art. 159 du Code forestier qui autorise l'administration des forêts à transiger sur la poursuite des délits et contraventions en matière forestière, est-elle applicable aux délits de chasse en forêts?

Oui. — *Cour de cassation*, 2 *août* 1867. — *Cour d'Amiens*, 7 *décembre* 1867. — *Cour de cassation*, 24 *décembre* 1868. — *Cour de Caen*, 7 *avril* 1869.

Non. — *Cour de Metz*, 4 *juillet* 1866.

§ 15. DÉFENSE DE TRANSPORTER ET VENDRE DU GIBIER EN TEMPS PROHIBÉ.

210. La défense de chasser pendant certains temps de l'année restait souvent inefficace, et les braconniers n'hésitaient pas à l'enfreindre, encouragés qu'ils étaient par les bénéfices que leur procurait la vente du produit de leur coupable industrie.

211. L'art. 4 de la loi met un terme à cet abus, en défendant d'une manière absolue « de mettre en vente, de vendre, d'acheter, de transporter et de colporter du gibier pendant le temps où la chasse n'est pas permise. » Ces prohibitions s'appliquent à toute espèce de gibier, quelle que soit son origine, et alors même qu'il aurait été tué dans le cas exceptionnel prévu par l'art. 2 de la loi.

Si on avait, en effet, dans ce cas, laissé au propriétaire la faculté de vendre ou de transporter son gibier, on eût rendu illusoires les dispositions prohibitives de la nouvelle législation. Les propriétaires que cette mesure pourra gêner sentiront mieux que personne que ce sacrifice d'une partie de leurs droits était indispensable pour assurer la répression du braconnage, qui, sans cela, aurait continué à l'abri de prétextes difficiles à détruire.

212. Toutefois, les prohibitions portées dans le premier paragraphe de l'art. 4 ne s'appliquent pas au gibier tué dans les circonstances prévues par les n°s 1 et 2 de l'art. 9, alors que ces chasses exceptionnelles ont été autorisées par arrêtés. Ces actes, en effet, rendant la chasse de ces espèces de gibier licite, le transport et la vente en sont nécessairement licites aussi.

213. Il a paru utile que le gibier ne fût pas détruit, et le deuxième paragraphe de l'art. 4 en prescrit la remise à l'établissement de bienfaisance le plus voisin, sur une ordonnance soit du juge de paix, soit du maire en cas d'absence du juge de paix ou de saisie dans une commune autre que la commune chef-lieu du canton. Il suffit que la chasse soit interdite dans le département; on ne pourrait se prévaloir de ce qu'elle ne le serait pas dans un département voisin.

214. Enfin le quatrième paragraphe du même article donne à la conservation du gibier une nouvelle protection par la défense de prendre ou de détruire, sur le terrain d'autrui, des œufs et des couvées de faisans, de perdrix et de cailles.

215. Le transport, la vente et l'achat du gibier en temps prohibé, étant un délit qui peut compromettre beaucoup de personnes qui ne s'en doutent pas, il est nécessaire de préciser les circonstances qui le constituent. Il a été jugé, le 8 mai 1846, que le gibier vivant, transporté pendant le temps où la chasse est défendue, peut être saisi, sauf le cas où il est transporté dans un but de repeuplement.

216. La vente, en temps prohibé, du gibier tué dans une propriété close et attenante à une habitation, est interdite. (*Angers, 25 juillet* 1853.)

217. Lorsqu'il n'existe pas d'établissement de bienfaisance dans la commune où le gibier a été saisi, et que ce gibier doit être envoyé à distance, à l'établissement le plus voisin; *les frais de transport doivent être supportés par l'établissement, s'il consent à recevoir.*

218. Il a été décidé aussi que le gibier qui paraît avoir été capturé avec des engins prohibés, ne peut être saisi dans les marchés pendant le temps où la chasse est permise. (*Ibid.*)

219. Le transport du gibier de passage, dont la chasse est permise dans un département, est punissable, s'il a lieu au travers d'un département où cette chasse n'est pas autorisée : — « Attendu que cette circonstance, que la chasse des *bécasses*, gibier de passage, était permise dans certains départements au moment où la saisie a eu lieu, ne peut justifier le transport de ce gibier dans les autres départements où cette chasse était interdite; attendu que la difficulté de constater chez les marchands l'origine de ce gibier, entraînerait de grands abus et rendrait illusoire la disposition de la loi, etc. »

220. La mise en vente du gibier pris ou présumé pris au filet ou au moyen de tout autre engin prohibé, pendant le temps où la chasse est permise, n'est point réprimée par la loi : aucune peine ne peut donc être prononcée.

Et cela, alors même qu'un arrêté préfectoral interdirait cette mise en vente; un tel arrêté, dépassant les attributions de l'autorité administrative, n'est pas obligatoire pour les tribunaux. (*Cour de Grenoble, 26 décembre 1844.*)

La vente, l'achat et le colportage du gibier ne sont pas défendus pendant le temps où la chasse a été temporairement interdite, en vertu d'arrêté préfectoral, par suite de la survenance de la neige. (*Rennes, 6 mars 1850.*)

221. La prohibition de la vente et de la mise en vente de toute espèce de gibier, alors que la chasse n'est pas permise, n'est pas applicable à la vente et à la mise en vente des conserves de gibier, *Terrines de Nérac, etc. Cass.,* 24 *décembre* 1844.)

222. Les lapins, bien que classés par un arrêté préfectoral parmi les animaux nuisibles, doivent être considérés comme gibier; dès lors le transport en est défendu dans le temps où la chasse est close. (*Cour d'Amiens,* 9 *mai* 1845.)

L'interdiction du transport du gibier en temps prohibé est tellement absolue, que le transport est illicite, et doit être puni, quoique la chasse soit ouverte dans le lieu du départ et dans celui de la destination, si elle ne l'est pas dans le lieu intermédiaire où la saisie a été opérée. (*Paris,* 22 *avril* 1844.)

223. Le conducteur de voiture qui transporte, en temps prohibé, une bourriche sans connaître son contenu et sans moyen de le vérifier, ne peut être condamné pour infraction à l'article 12, § 4. (*Cass.,* 9 *décembre* 1859, S. V. 60, 1. 189.)

224. La défense (art. 4 de la loi de 1844) de vendre, acheter, transporter ou colporter du gibier pendant le temps où la chasse n'est pas permise, ne doit s'entendre que du temps qui s'écoule entre la fermeture générale de la chasse et le jour fixé pour son ouverture, et non du temps où la chasse est accidentellement suspendue. Dès lors la vente, l'achat et le transport du gibier sont permis en temps de neige, quand bien même la chasse serait alors défendue par arrêté préfectoral. (*Cour de Bourges,* 13 *février* 1868.)

225. Les règles générales de la complicité ne sont pas applicables au colportage du gibier, ce fait constituant un délit spécial réprimé par des peines qui lui sont propres. (*Cour de Bourges,* 13 *février* 1868.)

En conséquence, l'achat, la vente ou le colportage du gibier n'étant passibles d'aucune peine lorsqu'ils ont eu lieu en temps de neige, ne peuvent être poursuivis comme constituant un fait de complicité du délit commis par celui qui a chassé ce gibier dans ce même temps. (*Même arrêt.*)

226. Peut être poursuivi comme co-auteur ou comme complice du délit de transport de gibier, en temps prohibé, l'expéditeur qui envoie du gibier dans un département où, même à son insu, la chasse n'était pas permise. (*Cour de Rouen, 4 décembre* 1873.)

§ 16. PRESCRIPTION.

227. Le délit de chasse sans permis se prescrit par trois mois. (*Art. 29 de la loi du 3 mai* 1844.)

228. En matière de chasse, le jour du délit ne doit pas être compris dans le délai de la prescription de l'action publique. (*Nancy, 20 décembre* 1852.)

229. L'abandon de l'action civile en matière de délit de chasse sur le terrain d'autrui, ne peut arrêter l'action publique que l'action civile a provoquée. (*Cass.*, 13 décembre 1855.)

230. La prescription de trois mois se compte de quantième à quantième, et non par la révolution de trois fois trente jours. Ainsi, le délit de chasse commis le 23 août peut être encore utilement poursuivi le 22 novembre de la même année, bien que l'intervalle compris entre ces deux actes soit supérieur à trois fois trente jours. (*Cour de Nancy,* 28 *janvier* 1846.)

231. La prescription d'un mois, établie par l'article 12 de la loi de 1790, est générale et applicable à tous les délits de chasse commis dans les bois de l'Etat, des communes et des particuliers. (*Cassation,* 30 *mai et* 30 *août* 1822.)

232. Les délits de chasse dans les bois de la commune et de la liste civile restent soumis à la prescription de trois mois, établie par l'ordonnance de 1669. (*Cassation,* 30 *mai* 1822.)

233. L'action intentée en temps utile, fait que la poursuite n'est susceptible d'être périmée que par une interruption de trois ans, comme en matière correctionnelle ordinaire. (20 *septembre* 1828.)

234. La prescription peut être interrompue par la plainte : il n'est pas nécessaire que l'assignation ait été remise. (28 *décembre* 1809.)

235. L'action en réparation du délit de chasse, intentée par la partie civile, profite au ministère public, en ce sens qu'elle a pour effet d'interrompre la prescription de l'action publique, et réciproquement, l'action du ministère public interrompt la prescription de l'action civile. (*Cassation,* 15 *avril* 1826.)

236. Dans le délai nécessaire pour la prescription d'un délit de chasse (trois mois), n'est pas compris le jour où le délit a été commis. (*Cour de cassation,* 2 *février* 1865.)

237. Un procès-verbal de gendarmerie dressé, même hors le cas de flagrant délit, dans le but de constater des faits délictueux de chasse, a le caractère d'un acte d'instruction interruptif de la prescription de l'action publique. (*Cour d'Amiens,* 7 *mars* 1872.)

238. Le jugement de condamnation prononcé contre l'un des auteurs du délit de chasse est interruptif de la prescription à l'égard des co-auteurs du même délit demeurés inconnus lors de la constatation du délit commis par le chasseur dont l'identité a pu être constatée.

Il en serait de même à l'égard du complice, si l'auteur principal avait seul été condamné. (*Cour de Dijon,* 31 *décembre* 1872.)

239. La gendarmerie a pour mission la police de la chasse ; par suite les actes, même spontanés, de simples gendarmes sont des actes d'instruction ou de poursuite, et ont pour effet d'interrompre la prescription, comme s'ils avaient été faits ou commandés par un officier de police judiciaire. (*Cour de Dijon,* 31 *décembre* 1872.)

§ 17. ATTRIBUTIONS AUX COMMUNES.

240. L'article 5 de la loi attribue aux communes une ressource qui figure dans leurs budgets et dans leurs comptes.

241. L'article 19 attribue également aux communes, sur le territoire desquelles ont été commis des délits de chasse, le montant des amendes prononcées contre les délinquants, déduction faite des gratifications accordées aux gardes et gendarmes, en vertu de l'art. 10.

§ 18. GRATIFICATIONS AUX GARDES ET GENDARMES.

242. L'article 10 assure aux gardes et gendarmes, rédacteurs de procès-verbaux ayant pour objet de constater les délits de chasse, une gratification qui est prélevée sur le produit des amendes. Le taux de cette gratification est fixé par un décret.

A cette occasion, il faut prémunir de nouveau MM. les maires sur les inconvénients, les dangers même de certaines transactions qu'ils autorisent quelquefois entre les gardes rédacteurs de procès-verbaux, et les particuliers atteints par ces procès-verbaux. Des maires croient pouvoir arrêter les poursuites en exigeant des délinquants, soit une gratification en faveur du garde, soit même le versement d'une somme quelconque en faveur des pauvres de la commune. Sans méconnaître les intentions de ces fonctionnaires, on ne peut se dissimuler qu'ils excèdent leurs pouvoirs, qu'ils contreviennent, soit à nos lois pénales, soit à nos lois financières, et qu'ils s'exposeraient à être poursuivis, comme concussionnaires, en vertu de la disposition finale des lois annuelles de finances.

Il serait difficile, avec de telles instructions, de se méprendre sur l'esprit de la loi. Son grand objet est surtout la répression du braconnage, de ce fléau de la propriété, non moins pernicieux pour ceux qui l'exercent que pour ceux contre lesquels on l'exerce; car le braconnage dégénère presque partout en brigandage et conduit tôt ou tard au tribunal correctionnel et à la cour d'assises.

243. Les gardes assermentés des propriétés particulières ont droit aux gratifications accordées par la loi, pour les délits de chasse qu'ils constatent. Mais les maires, adjoints, commissaires de police, employés de l'octroi et des contributions indirectes, qui concourent à la saisie du gibier, n'y ont aucun droit. La raison de cette différence est dans les démarches, les courses que font les gardes pour constater les délits et même dans les dangers qu'ils courent, en surveillant les braconniers. Une décision du ministre des finances, du 20 juin 1845, comprend les brigadiers et gardes à cheval, dans la dénomination de gardes forestiers et les admet à participer aux gratifications.

244. Une circulaire du 14 juillet 1846 décide que la gratification ayant pour but d'encourager la punition du délit, et l'existence du délit étant avérée par une condamnation quelconque, ne fût-elle qu'aux frais, cela suffit pour justifier la gratification.

245. La loi sur la chasse ayant renvoyé à une ordonnance d'exécution la fixation des gratifications, celle rendue à cet égard le fut dans les termes suivants :

« La gratification accordée aux gendarmes, gardes forestiers, gardes champêtres, gardes-pêche et gardes assermentés des particuliers, qui constateront des infractions à la loi du 3 mai 1844, sur la police de la chasse, est fixée ainsi qu'il suit :

« 8 francs pour les délits prévus par l'art. 11;
« 15 francs pour les délits prévus par l'art. 12 et l'article 13, § 1er;
« 25 francs pour les délits prévus par l'art. 13, § 2. (*Art.* 1er.)

« La gratification est due pour chaque amende prononcée ; elle sera acquittée par les receveurs de l'enregistrement, suivant le mode actuel et les règles de la comptabilité ordinaire. (Art. 2.)

« Il sera tenu un compte spécial par commune du recouvrement des amendes. Ce compte sera réglé chaque année ; après prélèvement des gratifications et de 5 pour 100 pour frais de régie, le produit restant des amendes recouvrées sera compté à la commune sur le territoire de laquelle l'infraction aura été commise.

En cas d'insuffisance de l'amende pour le paiement de la gratification, il ne sera, pour cet excédant, exercé aucun recours contre la commune.

Les frais de poursuites tombés en non valeurs seront remboursés conformément à l'art. 6 de l'ordonnance du 30 décembre 1823. (Art. 3.)

« Il ne sera alloué qu'une seule gratification, lors même que plusieurs agents auraient concouru à la rédaction du procès-verbal constatant le délit. (Art. 4.)

« La présente ordonnance est applicable aux amendes prononcées en vertu de la loi du 3 mai 1844. (*Art.* 5.) »

§ 19. LOUVETERIE. — ANIMAUX NUISIBLES.

246. La louveterie, qui était, par l'ordonnance du 20 août 1814, dans les attributions d'un grand-veneur, avait été mise dans celles de l'administration forestière par une ordonnance du 14 juillet 1832 ; puis, par suite de la réorganisation des chasses impériales, la louveterie avait été replacée sous l'autorité du grand-veneur. Aujourd'hui, il est question de supprimer cette charge ; un projet de loi, tendant à sa suppression, est soumis en ce moment aux délibérations du Conseil d'État.

247. Conformément à l'art. 6 de l'ordonnance du 24 juillet 1832, la faculté accordée par le règlement du 20 août 1814, aux lieutenants de louveterie, de chasser à courre deux fois par mois pour tenir les chiens en haleine, est restreinte, dans les forêts affermées, à la chasse du sanglier. (Art. 21 du règlement du 31 janvier 1839.)

Extrait du règlement du 20 août 1814, modifié par celui du 31 janvier 1839. (Chasses dans les forêts et bois de l'Etat.)

Il est défendu à qui que ce soit de prendre ou de tuer, dans les forêts ou bois de l'Etat, les cerfs et les biches. (Art. 3.)

Les conservateurs, inspecteurs, sous-inspecteurs et gardes forestiers, ne sont plus chargés de la conservation des chasses, sans que ce service puisse les détourner de leurs fonctions de conservateurs des bois et forêts de l'Etat. Tout ce qui a rapport à l'administration de ces bois et forêts reste sous la surveillance directe de l'administration forestière, et dans les attributions du ministre des finances. (Art. 4.)

Les permissions de chasse dans les forêts de l'Etat seront accordées par le conservateur dans l'arrondissement duquel la chasse sera située.

Le conservateur envoie au préfet et au commandant de la gendarmerie le nom des individus munis de permission.

Les demandes de permissions sont adressées aux conservateurs. Il ne faut pas les confondre avec le permis de chasse prescrit par la loi de 1844, permission a ici le même sens que consentement.

Ces permissions ne sont accordées que pour la saison des chasses, et sont renouvelées chaque année, s'il y a lieu.

Il est accordé deux espèces de permissions de chasse : celle de chasse à tir, et celle de chasse à courre. (Art. 6.)

Tous les individus qui ont obtenu des permissions de chasse sont invités à employer ces permissions à la destruction des animaux nuisibles, et à faire connaître au conservateur des forêts le nombre de ces animaux qu'ils auront détruits, en lui envoyant la patte droite. Par là, ils acquièrent des droits à de nouvelles permissions. (Art. 7.)

Les conservateurs et inspecteurs forestiers veillent à ce que les lois et règlements sur la police des chasses soient ponctuellement exécutés. (Art. 8.)

Les permissions de chasse à tir commencent, pour les forêts de l'Etat, le 15 septembre, et seront fermées le 1er mars. (Tit. 1er, art. 1er.)

Ces permissions ne peuvent s'étendre à d'autre gibier qu'à celui dont elles contiennent spécialement la désignation. (Article 2.)

L'individu qui a obtenu une permission de chasse ne doit se servir que de chiens courants, les lévriers, les furets, les lacets, les panneaux, les pièges de toute espèce, et enfin tout ce qui tendrait à détruire le gibier par d'autres moyens que celui du fusil, est défendu. (Article 4.)

Les gardes forestiers doivent redoubler de soin et de vigilance dans le temps des pontes et dans celui où les bêtes fauves mettent bas leurs faons. (Art. 5.)

248. Les préfets sont sans qualité pour réglementer, soit la chasse à tir, soit la chasse à courre, à l'aide d'auxiliaires qui ne rentrent pas dans la catégorie des engins prohibés; ils ne peuvent donc défendre l'usage du miroir comme accessoire à la chasse à tir. (*Cour de Besançon, 12 janvier* 1866.)

249. Les permissions de chasse à courre sont accordées de la manière mentionnée à l'article 5 des dispositions générales. (Tit. 2, art. 1er.)

250. Elles sont données de préférence aux individus que leur goût et leur fortune peuvent mettre à même d'avoir des équipages et de contribuer à la destruction des loups, des renards et des blaireaux, en remplissant l'objet de leurs plaisirs. (*Art.* 2.)

251. Les chasses à courre, dans les forêts et dans les bois de l'Etat, sont ouvertes le 15 septembre, et sont fermées le 15 mars. (*Art* 3.)

252. Les individus auxquels il a été accordé des permissions pour la chasse à courre, obtiennent des droits au renouvellement de ces permissions, en prouvant qu'ils ont travaillé à la destruction des renards, loups, blaireaux et autres animaux nuisibles, ce qu'ils font constater par les conservateurs forestiers. (*Art.* 4.)

283. L'organisation du 20 août 1814 devait être et a été modifiée depuis la révolution de 1830, qui a supprimé le grand veneur; voici ce qu'il en reste : les lieutenants de louveterie sont tenus d'entretenir à leurs frais un équipage de chasse, composé au moins d'un piqueur, deux valets de limiers, un valet de chiens, six chiens courants et quatre limiers.

284. Ils sont tenus de se procurer les piéges nécessaires pour la destruction des loups, renards et autres animaux nuisibles, dans la proportion des besoins.

285. Dans les endroits que fréquentent les loups, le travail principal de leur équipage doit être de les détourner, d'entourer les enceintes avec des gardes forestiers, de les faire tirer au lancé : on découple, si cela est jugé nécessaire, car on ne peut jamais penser à détruire les loups en les forçant. Au surplus, ils doivent présenter toutes leurs idées pour parvenir à la destruction de ces animaux.

286. Dans le temps où la chasse à courre n'est plus permise, ils doivent particulièrement s'occuper à faire tendre des piéges avec les précautions d'usage; faire tourner les loups, et, après avoir entouré les enceintes de gardes, attaquer les loups à traits de limiers sans se servir de l'équipage, qu'il est défendu de découpler; enfin, ils doivent faire rechercher avec grand soin les portées des louves.

287. Quand les lieutenants de louveterie ou les conservateurs des forêts jugent qu'il serait utile de faire des battues, ils en font la demande aux préfets, qui peut lui-même provoquer cette mesure ; ces chasses sont alors ordonnées par le préfet, commandées et dirigées par les lieutenants de louveterie, qui, de concert avec lui et le conservateur, fixent le jour, déterminent les lieux et le nombre d'hommes.

Le préfet en prévient le ministre de l'intérieur.

.Ils font connaître ceux qui auront découvert des portées de louveteaux. Il est accordé pour chaque louveteau une gratification qui est double si l'on parvient à tuer la louve.

Tous les habitants sont invités à tuer les loups sur leurs propriétés; ils en envoient les certificats aux lieutenants de louveterie de la conservation forestière.

258. Les lieutenants de louveterie font connaître journellement les loups tués dans leur arrondissement, et, tous les ans, envoient un état général des prises.

Les préfets sont invités à envoyer au ministre de l'intérieur les renseignements particuliers qu'ils pourraient avoir.

259. Attendu que la chasse du loup, qui doit occuper principalement les lieutenants de louveterie, ne fournit pas toujours l'occasion de tenir les chiens en haleine, ils ont le droit de chasser à courre, deux fois par mois, dans les forêts de l'Etat faisant partie de leur arrondissement, le chevreuil-brocard, le sanglier ou le lièvre, suivant les localités. Etaient exceptés les forêts ou les bois du domaine de l'Etat de leur arrondissement dont la chasse était particulièrement donnée par le Souverain aux princes ou à toute autre personne.

260. Il leur est expressément défendu de tirer sur le chevreuil et le lièvre; le sanglier est excepté de cette disposition, dans le cas seulement où il tiendrait aux chiens.

261. Ils sont tenus de faire connaître, chaque mois, le nombre d'animaux qu'ils ont forcés.

262. Les commissions de lieutenants de louveterie sont renouvelées tous les ans; elles sont retirées dans le cas où les lieutenants n'auraient pas justifié de la destruction des loups.

263. Tous les ans, au 1er mai, il est fait, sur le nombre des loups tués dans l'année, un rapport général qui est mis sous les yeux du président de la République.

264. Lorsqu'un arrêté préfectoral ordonnant une battuc n'a point déterminé le délai dans lequel elle devait être faite, l'administration est présumée s'être reposée sur l'officier de louveterie du soin d'apprécier l'opportunité de la battue suivant les besoins de l'agriculture, les demandes des intéressés et les convenances des habitants. (*Cour de Bourges*, 24 *mars* 1870.)

265. Le maire qui, en vertu de la délégation qu'il a reçue du préfet, dirige une chasse ou battue aux sangliers et autres animaux prescrite par arrêté préfectoral, fait un acte de ses fonctions administratives qui ne peut tomber sous le contrôle de l'autorité judiciaire pour inobservation des règles tracées par l'arrêté du 19 pluviôse an V concernant la désignation des auxiliaires. (*Cour de cassation*, 17 *mai* 1866.)

Et cette exception couvre également les chasseurs qui ont obtempéré à la convocation administrative qu'ils devaient considérer comme loyale et obligatoire. (*Même arrêt.*)

266. Le droit pour le propriétaire de repousser et de détruire en tout temps, et même avec des armes à feu, les bêtes fauves qui portent dommages à sa propriété, ne peut être exercé qu'à l'instant où la bête cause un dommage? (*Cour de cassation*, 13 *avril* 1865.)

Jugé au contraire que ce droit peut s'exercer en tout temps. (*Cour de Metz*, 28 *novembre* 1867. — *Tribunal de Clermont (Oise)*, 26 *mars* 1868.)

267. L'officier de louveterie qui poursuit un animal blessé au-delà des limites fixées par l'arrêté préfectoral ordonnant la battue, ne commet pas de délit de chasse sur le terrain d'autrui, alors qu'il n'est pas sorti de la circonscription territoriale qui lui est assignée par son acte de nomination.

Ici ne s'applique pas la législation relative à la chasse, les droits et les devoirs des officiers de louveterie étant réglés par des dispositions spéciales. (*Cour de Bourges*, 24 *mars* 1870.)

268. *Uniforme des lieutenants de louveterie.* — L'uniforme est déterminé comme il suit : habit bleu, droit, à la française, avec collet et parements de velours bleu pareil, galonné sur le devant et au collet; poches à la française et en pointe, également galonnées, parements en pointe, avec deux chevrons pour les lieutenants.

Le galon est or et argent;

Boutons de métal jaune, sur lesquels est empreint un loup;

Veste et culotte chamois;

Chapeau retapé à la française, avec gance en or et en argent;

Couteau de chasse en argent, avec un ceinturon en buffle jaune, galonné comme l'habit;

Bottes à l'écuyère;

Eperons plaqués en argent.

269. *Uniforme des piqueurs.* — L'habit est le même que celui des officiers, excepté que le bouton est en métal blanc, et que le galon est un tiers d'or sur deux tiers d'argent.

270. *Harnachement du cheval.* — Bride à la française, avec bossette, sur laquelle sera un loup;

Bridon de cuir noir;

Selle à la française, en veau laque-blanc ou en velours cramoisi;

Housse cramoisie, garnie en galon or et argent; croupière noire, unie, et la boucle plaquée.

Etriers noirs, vernis; martingale noire, unie;

Sangles à la française.

Cet uniforme est permis, mais non obligatoire.

CHAPITRE V.

Des Gardes-pêche.

SECTION PREMIÈRE.

ATTRIBUTIONS DES GARDES-PÊCHE.

1. Tout ce que nous avons dit sur les gardes champêtres et sur les gardes forestiers, les conditions de nomination et les causes de révocation, la responsabilité, des procès-verbaux, et en général l'exercice de leurs fonctions, s'applique aux gardes-pêche.

2. Nous rapporterons ci-après les lois sur la pêche fluviale ; c'est le véritable Code du garde-pêche, il doit les connaître parfaitement et les bien comprendre. Pour faciliter l'intelligence de ces lois, il faut exposer les principes généraux sur lesquels elles reposent. (On trouvera dans le *Dictionnaire des Gardes* ce qui est relatif aux poissons, filets, engins permis ou prohibés.)

3. Le premier de ces principes, c'est qu'il est défendu de placer dans les rivières, canaux ou ruisseaux, aucun barrage, appareil ou engin ayant pour objet d'empêcher entièrement le passage du poisson, et que le seul établissement, dans une rivière, d'un instrument de pêche prohibé, constitue une contravention, quand bien même on n'en aurait pas fait usage. (*Arrêt du 5 juillet 1828.*)

4. Il a été jugé, le 20 septembre même année, que le fait de tendre dans une rivière des piéges, ou d'établir des pieux, est un délit de pêche, dont la connaissance appartient aux tribunaux, et non une contravention ressortissant de l'autorité administrative.

5. Les cahiers de charges de l'administration consacrent tous cette règle, que la chasse des oiseaux aquatiques fait partie de la location de la pêche. Le locataire a, en conséquence, le droit de chasser les canards et autres oiseaux dans toute l'étendue de son cantonnement, sans pouvoir rétrocéder ce droit, ni l'exercer avec des engins prohibés.

6. Le locataire des pêches ne peut user de ce droit avant de s'être muni d'un permis de port d'armes, et s'il chassait, sans ce permis, avec un fusil, dans son cantonnement, on devrait dresser procès-verbal contre lui comme contre tout autre.

Les adjudicataires ne peuvent avoir plus de huit associés, il ne peuvent ni céder leur bail, ni morceler leurs cantonnements, ni délivrer de permission qu'à des personnes agréées par l'agent forestier local, et ils en sont responsables.

Le nombre des permissions ne peut excéder cinq par cinq kilomètres d'étendue de rivière.

7. Chaque fermier de la pêche et chacun de ses associés ne peut avoir plus de deux bateaux ou bachots, de manière que le nombre n'excède jamais celui de seize par cantonnement.

Ces bateaux doivent être munis d'une plaque sur laquelle sont inscrits le nom de l'adjudicataire, celui du port auquel il est attaché, et le n° du cantonnement. Ces noms et numéro doivent avoir au moins 5 centimètres de haut.

A toute réquisition des agents forestiers, les pêcheurs sont tenus d'amener leurs bateaux pour recevoir lesdits agents et leur procurer les moyens de visiter et inspecter les poissons qui sont dans leurs boutiques.

8. Les gardes-pêche peuvent être établis par les fermiers ou porteurs de licences, mais ils ne peuvent remplir leurs fonctions qu'après avoir été agréés par le conservateur et après avoir prêté serment devant le tribunal civil.

Ils remettent, sans délai, à l'agent forestier, les procès-verbaux, dûment affirmés et enregistrés, des délits ou contraventions qu'ils ont constatés.

9. On entend par *licence,* la concession de pêcher sur une partie de fleuve ou rivière, moyennant une taxe annuelle. La durée est de trois années pour la concession de l'administration forestière; les communes et les particuliers peuvent en faire à plus long ou plus court délai. Ils ont aussi le droit de poursuivre les délits de pêche dans les eaux qui leur appartiennent, et les tribunaux prononcent les mêmes peines que pour les délits dans les eaux soumises à la surveillance de l'administration des forêts. (*Arrêt du* 5 *mars* 1829.)

La pêche ne peut jamais avoir lieu dans le temps du frai.

10. On ne peut employer pour la pêche du poisson ordinaire que les filets ainsi que les bires, nasses et autres engins de pêche indiqués dans des décrets déterminant le mode de la vérification de la dimension des mailles des filets autorisés pour la pêche de chaque espèce de poisson. Ces décrets sont rendus en exécution de l'article 26 de la loi du 15 avril 1829, et de l'article 9 de la loi du 31 mai 1865.

11. L'article 32 de la loi du 15 avril 1829 est abrogé en ce qui concerne la marque ou le plombage des filets. Un arrêt de la Cour de cassation du 13 juillet 1865 a décidé que l'arrêté préfectoral qui interdit la pêche du poisson *en plongeant,* est applicable à la pêche des écrevisses à la main; le mot générique poisson comprenant les crustacés, et le plongeon dont parle l'arrêté devant s'entendre aussi bien de la main et du bras que de tout le corps.

12. Les pêcheurs doivent rejeter à l'eau les poissons qui sont interdits par le réglement local, mais cela ne s'applique point aux poissons voyageurs, tels que saumons, aloses, lamproies, éperlans et mulets, quelle que soit leur dimension.

13. Les gardes-pêche nommés par l'administration étant assimilés aux gardes forestiers, peuvent faire tous les actes analogues à leurs fonctions que les autres font dans les leurs, tels que procès-verbaux, saisies de poissons ou d'engins; ils ont aussi le droit de requérir directement la force publique pour la répression des délits de pêche, la saisie de filets prohibés et celle de poisson de délit.

Ceux nommés par les communes ou les particuliers ont les mêmes droits et sont tenus des mêmes devoirs; il faut seulement faire observer que leurs procès-verbaux ne font foi que jusqu'à preuve contraire, tandis que ceux des gardes-pêche de l'administration font foi jusqu'à inscription de faux.

14. Enfin, les procès-verbaux des gardes-pêche doivent décrire, autant que possible, les filets, engins, dragues employés par les délinquants; s'ils saisissent du poisson, il faut qu'ils en désignent la quantité, et s'ils le peuvent, l'espèce, ce qui est fort important puisque c'est un moyen de faire apprécier le délit avec plus de facilité, et de donner au procès-verbal un plus grand degré de véracité. (Voyez au *Dictionnaire* la description de tous les poissons de rivière, lac ou étang, tels que *carpe, brochet, saumon, tanche,* etc., etc.)

15. En un mot, l'exercice de la pêche dans les étangs, ruisseaux et rivières qui se trouvent dans les forêts et sur les rivières navigables; l'emploi des filets, engins, appâts, et de tous autres moyens prohibés; l'exercice de la pêche aux jours et heures défendus; l'inhibition de jeter des immondices dans les rivières et étangs, et toutes les dispositions conservatrices de la pêche : voilà ce qui constitue les attributions spéciales des gardes-pêche; voilà les objets sur lesquels doivent porter leur surveillance.

16. Nous terminerons ces notions succinctes par une analyse du cahier des charges déterminé par l'administration forestière, et qui sert de base à toutes les adjudications qui se font en France. On y remarque ce qui suit :

Exploitation de la pêche.

17. Les fermiers de la pêche ne peuvent pêcher, en quelque jour et saison que ce puisse être, à autre heure que depuis le lever du soleil jusqu'à son coucher, sinon aux arches des ponts, aux moulins et aux gords où se tendent des dideaux, auxquels lieux ils peuvent pêcher tant de nuit que de jour.

La pêche, autre que celle des saumons, aloses et lamproies, ne peut avoir lieu pendant le temps du frai, savoir : aux rivières où la truite abonde sur tous les autres poissons, depuis le 1er février jusqu'au 15 mars, et aux autres depuis le 1er jusqu'au 30 avril.

Les fermiers ne peuvent aussi mettre bires ou nasses d'osier à bout des dideaux pendant le temps du frai.

Il leur est permis d'y mettre des chausses ou sacs de moule de 4 centimètres en carré ; mais après le temps du frai passé, ils y peuvent mettre des bires ou nasses d'osier, dont les verges sont éloignées les unes des autres de 3 centimètres au moins.

Il est expressément défendu aux fermiers de se servir d'aucuns engins et harnais prohibés par les ordonnances, et, en outre, de ceux appelés giles, épervier, chaslon et sabre, et de tous autres qui pourraient être inventés comme devant concourir au dépeuplement des rivières ; comme aussi d'aller au barandage et mettre des bacs en rivières.

Il leur est défendu enfin de bouiller aux bouilles ou rabots, tant sous les chevrins, racines, saules et osiers, terriers et arches, qu'en autres lieux ; ou de mettre lignes amende de 30 à 200 fr. (*Loi du 15 avril 1829, art. 27 ; cahier des charges, art.* 26, 27, 28 et 29.)

18. Le garde-pêche qui a chassé en dehors des terrains confiés à sa surveillance n'est pas passible du maximum de la peine ; on ne peut lui appliquer ni l'art. 198 C. pén., ni l'art. 12 de la loi du 3 mai 1844. (*Cour d'Aix, 16 mars 1874.*)

SECTION II.

LÉGISLATION SUR LA PÊCHE.

§ 1. LOI DU 15 AVRIL 1829 SUR LA PÊCHE FLUVIALE.

Art. 1er. Le droit de pêche sera exercé, au profit de l'Etat : — 1. Dans tous les fleuves, rivières, canaux et contre-fossés navigables ou flottables avec bateaux, trains ou radeaux, et dont l'entretien est à la charge de l'Etat ou de ses ayant-causes ; — 2. Dans les bras, noues, boires et fossés qui tirent leurs eaux des fleuves et rivières navigables ou flottables dans lesquels on peut en tout temps passer ou pénétrer librement en bateau de pêcheur, et dont l'entretien est également à la charge de l'Etat. — Sont toutefois exceptés les canaux et fossés existants, ou qui seraient creusés dans les propriétés particulières et entretenus aux frais des propriétaires.

Art. 2. Dans toutes les rivières ou canaux autres que ceux qui sont désignés en l'article précédent, les propriétaires riverains auront, chacun de son côté, le droit de pêcher jusqu'au milieu du cours de l'eau, sans préjudice des droits contraires établis par possession ou titres.

Art. 3. Des ordonnances royales, insérées au Bulletin des lois, détermineront, après une enquête de *commodo et incommodo*, quelles sont les parties des fleuves et rivières et quels sont les canaux désignés dans les deux premiers paragraphes de l'art. 1er où le droit de pêche sera exercé au profit de l'Etat. — De semblables ordonnances fixeront les limites entre la pêche fluviale et la pêche maritime dans les fleuves et rivières affluant à la mer. Ces limites seront les mêmes que celles de l'inscription maritime, mais la pêche qui se fera au-dessus du point où les eaux cesseront d'être salées sera soumise aux règles de police et de conservation établies pour la pêche fluviale. — Dans le cas où des cours d'eau seraient rendus ou déclarés navigables ou flottables, les propriétaires qui seront privés du droit de pêche auront droit à une indemnité préalable, qui sera réglée selon les formes prescrites par les articles 16, 17 et 18 de la loi du 8 mars 1810, compensation faite des avantages qu'ils pourraient retirer de la disposition prescrite par le gouvernement.

Art. 4. Les contestations entre l'administration et les adjudicataires relatives à l'interprétation et à l'exécution des conditions des baux et adjudications, et toutes celles qui s'élèveraient entre l'administration ou ses ayant-cause et des tiers intéressés, à raison de leurs droits ou de leurs propriétés, seront portées devant les tribunaux.

Art. 6. Nul ne peut exercer l'emploi de garde-pêche s'il n'est âgé de vingt-cinq ans accomplis. (*Code forestier, art. 3.*)

Art. 7. Les préposés chargés de la surveillance de la pêche ne pourront entrer en fonctions qu'après avoir prêté serment devant le tribunal de première instance de leur résidence, et avoir fait enregistrer leur commission et l'acte de prestation de leur serment au greffe des tribunaux dans le ressort desquels ils devront exercer leurs fonctions. Dans le cas d'un changement de résidence qui les placerait dans un autre ressort en la même qualité, il n'y aura pas lieu à une nouvelle prestation de serment. (*Code forestier, art. 5.*)

Art. 8. Les gardes-pêche pourront être déclarés responsables des délits commis dans leurs cantonnements, et passibles des amendes et indemnités encourues par les délinquants lorsqu'ils n'auront pas dûment constaté les délits.

Art. 9. L'empreinte des fers dont les gardes-pêche font usage pour la marque des filets sera déposée au greffe des tribunaux de première instance.

Art. 10. La pêche au profit de l'Etat sera exploitée, soit par voie d'adjudication publique aux enchères et à l'extinction des feux, conformément aux dispositions du présent titre, soit par concession de licence à prix d'argent. — Le mode de concession par licence ne pourra être employé qu'à défaut d'offres suffisantes. — En conséquence, il sera fait mention, dans les procès-verbaux d'adjudication, des mesures qui auront été prises pour leur donner toute publicité possible, et des offres qui auront été faites.

Art. 11. L'adjudication publique devra être annoncée au moins quinze jours à l'avance par des affiches apposées dans le chef-lieu du département, dans les communes riveraines du cantonnement et dans les communes environnantes.

Art. 12. Toute *location* faite autrement que par adjudication publique sera considérée comme clandestine et déclarée nulle. Les fonctionnaires et agents qui l'auraient ordonnée ou effectuée seront condamnés solidairement à une amende *égale ou double* du fermage annuel du cantonnement de pêche. — Sont exceptées les concessions par voie de licence. (*Code forestier*, art. 18.)

Art. 13. Sera de même annulée toute adjudication qui n'aura point été précédée des publications et affiches prescrites par l'art. 11, ou qui aura été effectuée dans d'autres lieux, à autres jour et heure que ceux qui auront été indiqués par les affiches ou les procès-verbaux de remise en location. — Les fonctionnaires ou agents qui auraient contrevenu à ces dispositions seront condamnés solidairement à une amende égale à la valeur annuelle du cantonnement de pêche, et une amende pareille sera prononcée contre les adjudicataires en cas de complicité. (*Code forestier, art.* 19.)

Art. 14. Toutes les contestations qui pourront s'élever pendant les opérations d'adjudication, sur la validité des enchères ou sur la solvabilité des enchérisseurs et des cautions seront décidées immédiatement par le fonctionnaire qui présidera la séance d'adjudication. (*Code forestier, art.* 20.)

Art. 15. Ne pourront prendre part aux adjudications, ni par eux-mêmes, ni par personnes interposées directement ou indirectement, soit comme parties principales, soit comme associés ou cautions : — 1. Les agents et gardes forestiers et les gardes-pêche dans toute l'étendue du royaume ; les fonctionnaires chargés de présider ou de concourir aux adjudications et les receveurs du produit de la pêche dans toute l'étendue du territoire où ils exercent leurs fonctions. — En cas de contravention, ils seront punis d'une amende qui ne pourra excéder le quart ni être moindre du douzième du montant de l'adjudication, et ils seront en outre passibles de l'emprisonnement et de l'interdiction qui sont prononcés par l'art. 175 du Code pénal ; — 2. Les parents et alliés en ligne directe, les frères et beaux-frères, oncles et neveux des agents et gardes forestiers et gardes-pêche dans toute l'étendue du territoire pour lequel ces agents ou gardes sont commissionnés. — En cas de contravention, ils seront punis d'une amende égale à celle qui est prononcée par le paragraphe précédent ; — 3. Les conseillers de préfecture, les juges, officiers du ministère public et les greffiers des tribunaux de première instance dans tout l'arrondissement de leur ressort. — En cas de contravention, ils seront passibles de tous dommages-intérêts, s'il y a lieu. — Toute adjudication qui sera faite en contravention aux dispositions du présent article sera déclarée nulle.

Art. 16. Toute association secrète ou manœuvre entre les pêcheurs ou autres, tendant à nuire aux enchères, à les troubler, ou à obtenir *les cantonnements de pêche* à plus bas prix, donnera lieu à l'application des peines portées par l'article 412 du Code pénal, indépendamment de tous dommages-intérêts ; et, si l'adjudication a été faite au profit de l'association secrète ou des auteurs desdites manœuvres, elle sera déclarée nulle.

Art. 17. Aucune déclaration de command ne sera admise si elle n'est faite immédiatement après l'adjudication et séance tenante. (*Code forestier, art.* 23.)

Art. 18. Faute par l'adjudicataire de fournir les cautions exigées par le cahier des charges dans le délai prescrit, il sera déclaré déchu de l'adjudication par un arrêté du préfet, et il sera procédé dans les formes ci-dessus prescrites à une nouvelle adjudication du cantonnement de pêche à la folle enchère. — L'adjudicataire déchu sera tenu par corps de la différence entre son prix et celui de la nouvelle adjudication, sans pouvoir réclamer l'excédant, s'il y en a. (*Code forestier, art.* 24.)

Art. 19. Toute personne capable et reconnue solvable sera admise, jusqu'à l'heure de midi du lendemain de l'adjudication, à faire une offre de surenchère, qui ne pourra être moindre du cinquième du montant de l'adjudication. — Dès qu'une pareille offre aura été faite, l'adjudicataire et les surenchérisseurs pourront faire de semblables déclarations de simple surenchère jusqu'à l'heure du midi du lendemain de l'adjudication, heure à laquelle le plus offrant restera définitivement adjudicataire. — Toutes déclarations de surenchère devront être faites au secrétariat qui sera indiqué par le cahier des charges, et dans les délais ci-dessus fixés : le tout sous peine de nullité. Le secrétaire commis à l'effet de recevoir ces déclarations sera tenu de les consigner immédiatement sur un registre à ce destiné, d'y faire mention expresse du jour et de l'heure précise où il les aura reçues, et d'en donner communication à l'adjudicataire et aux surenchérisseurs dès qu'il en sera requis ; le tout sous peine de 300 fr. d'amende, sans préjudice de plus fortes peines en cas de collusion. — En conséquence, il n'y aura lieu à aucune signification de déclaration de surenchère soit par l'administration, soit par les adjudicataires et surenchérisseurs. (*Code forestier, art.* 25.)

Art. 20. Toutes contestations au sujet de la validité des surenchères seront portées devant les conseils de préfecture. (*Code forestier, art.* 26.)

Art. 21. Les adjudicataires et surenchérisseurs sont tenus, au moment de l'adjudication ou de leurs déclarations de surenchère, d'élire domicile dans le lieu où l'adjudication aura été faite; faute par eux de le faire, tous actes postérieurs leur seront valablement signifiés au secrétariat de la sous-préfecture. (*Code forestier, art.* 27.)

Art. 22. Tout procès-verbal d'adjudication emporte exécution parée et contrainte par corps contre les adjudicataires, leurs associés et cautions, tant pour les paiements du prix principal de l'adjudication que pour accessoires et frais. — Les cautions sont en outre contraignables solidairement, et par les mêmes voies, au paiement des dommages, restitutions et amendes qu'aurait encourus l'adjudicataire. (*Code forestier, art.* 28.)

Art. 23. Nul ne pourra exercer le droit de pêche dans les fleuves et rivières navigables ou flottables, les canaux, ruisseaux ou cours d'eau quelconques, qu'en se conformant aux dispositions suivantes :

Art. 24. Il est interdit de placer, dans les rivières navigables ou flottables, canaux et ruisseaux, aucun barrage, appareil ou établissement quelconque de pêcherie ayant pour objet d'empêcher entièrement le passage du poisson. — Les délinquants seront condamnés à une amende de 50 fr. à 600 fr., et en outre aux dommages-intérêts, et les appareils ou établissements de pêche seront saisis et détruits.

Art. 25. Quiconque aura jeté dans les eaux des drogues ou appâts qui sont de nature à enivrer le poisson ou à le détruire, sera puni d'une amende de 30 fr. à 300 fr., et d'un emprisonnement d'un mois à trois mois.

Art. 26. Des ordonnances royales détermineront : —

1. Les temps, saisons et heures pendant lesquels la pêche sera interdite dans les rivières ou cours d'eau quelconques; — 2. Les procédés et modes de pêche qui, étant de nature à nuire au repeuplement des rivières, devront être prohibés; — 3. Les filets, engins ou instruments de pêche qui seront défendus comme étant aussi de nature à nuire au repeuplement des rivières; — 4. Les dimensions de ceux dont l'usage sera permis dans divers départements pour la pêche de différentes espèces de poissons; — 5. Les dimensions au-dessous desquelles les poissons de certaines espèces qui seront désignées ne pourront être pêchés, et devront être rejetés en rivière; — 6. Les espèces de poissons avec lesquelles il sera défendu d'appâter les hameçons, nasses, filets et autres engins.

Art. 27. Quiconque se livrera à la pêche pendant les temps, saisons et heures prohibés par les ordonnances, sera puni d'une amende de 30 fr. à 200 fr.

Art. 28. Une amende de 30 à 100 fr. sera prononcée contre ceux qui feront usage, en quelque temps et en quelque fleuve, rivière, canal ou ruisseau que ce soit, de l'un des procédés ou modes de pêche ou de l'un des instruments ou engins de pêche prohibés par les ordonnances. — Si le délit a eu lieu pendant le temps de frai, l'amende sera de 60 à 200 fr.

Art. 29. Les mêmes peines seront prononcées contre ceux qui se serviront, pour une autre pêche, de filets permis seulement pour celle du poisson de petite espèce. — Ceux qui seront trouvés porteurs ou munis, hors de leur domicile, d'engins ou instruments de pêche prohibés, pourront être condamnés à une amende qui n'excédera pas 20 fr., et la confiscation des engins ou instruments de pêche, à moins que ces engins ou instruments ne soient destinés à la pêche dans les étangs ou réservoirs.

Art. 30. Quiconque pêchera, colportera ou débitera des poissons qui n'auront point les dimensions déterminées par les ordonnances, sera puni d'une amende de 20 à

50 fr. et de la confiscation desdits poissons. — Sont néanmoins exceptées de cette disposition, les ventes de poissons provenant des étangs ou réservoirs. — Sont considérés comme des étangs ou réservoirs, les fossés et canaux appartenant à des particuliers dès que leurs eaux cessent naturellement de communiquer avec les rivières.

Art. 31. La même peine sera prononcée contre les pêcheurs qui appâteront leurs hameçons, nasses, filets ou autres engins, avec des poissons des espèces prohibées qui seront désignées par les ordonnances.

Art. 32. Les fermiers de la pêche et porteurs de licences, leurs associés, compagnons et agents à gages, ne pourront faire usage d'aucun filet ou engin quelconque qu'après qu'il aura été plombé ou marqué par les agents de l'administration de la police de la pêche. — La même obligation s'étendra à tous autres pêcheurs compris dans les limites de l'inscription maritime pour les engins et filets dont ils feront usage dans les cours d'eau désignés par les paragraphes 1 et 2 de l'article 1er de la présente loi. — Les délinquants seront punis d'une amende de 20 fr. pour chaque filet ou engin non plombé ou marqué.

Art. 33. Les contre-maîtres, les employés du balisage et les mariniers qui fréquentent les fleuves, rivières et canaux navigables ou flottables, ne pourront avoir, dans leurs bateaux et équipages, aucun filet ou engin de pêche, même non prohibé, sous peine d'une amende de 50 fr., et de la confiscation des filets. — A cet effet ils seront tenus de souffrir la visite, sur leurs bateaux et équipages, des agents chargés de la police de la pêche aux lieux où ils abordent. — La même amende sera prononcée contre ceux qui s'opposeront à cette visite.

Art. 34. Les fermiers de la pêche et les porteurs de licences, et tous pêcheurs en général, dans les rivières et canaux désignés par les deux premiers paragraphes de l'article 1er de la présente loi, seront tenus d'amener leur bateaux, et de faire l'ouverture de leurs loges et hangars, bannetons, huches et autres réservoirs ou boutiques à poissons, sur leurs cantonnements, à toute réquisition des agents et préposés de l'administration de la pêche, à l'effet de constater les contraventions qui pourraient être par eux commises aux dispositions de la présente loi. — Ceux qui s'opposeront à la visite ou refuseront l'ouverture de leurs boutiques à poisson seront, pour ce seul fait, punis d'une amende de 50 fr.

Art. 35. Les fermiers et porteurs de licences ne pourront user sur les fleuves, rivières et canaux navigables, que du chemin de halage; sur les rivières et cours d'eau flottable, que du marchepied. Ils traiteront de gré à gré avec les propriétaires riverains pour l'usage des terrains dont ils auront besoin pour attirer et assécher leurs filets.

Art. 36. Le gouvernement exerce la surveillance et la police de la pêche dans l'intérêt général.— En conséquence, les agents spéciaux par lui institués à cet effet, ainsi que les gardes champêtres, éclusiers des canaux et autres officiers de police judiciaire, sont tenus de constater les délits qui sont spécifiés au titre IV de la présente loi, en quelques lieux qu'ils soient commis; et lesdits agents spéciaux exerceront, conjointement avec les officiers du ministère public, toutes les poursuites et actions en réparation de ces délits. — Les mêmes agents et gardes de l'administration, les gardes champêtres, les éclusiers, les officiers de police judiciaire, pourront constater également le délit spécifié en l'article 5, et ils transmettront leurs procès-verbaux au procureur de la République.

Art. 37. Les gardes-pêche nommés par l'administration sont assimilés aux gardes forestiers de l'Etat.

Art. 38. Ils recherchent et constatent par procès-verbaux les délits dans l'arrondissement du tribunal près duquel ils sont assermentés.

Art. 39. Ils sont autorisés à saisir les *filets et autres instruments de pêche prohibés, ainsi que le poisson pêché en délit.* (*Code forestier, art.* 161.)

Art. 40. Les gardes-pêche ne pourront, sous aucun prétexte, s'introduire dans les maisons et enclos y attenant, pour la recherche des filets prohibés.

Art. 41. Les filets et engins de pêche qui auront été saisis comme prohibés ne pourront, dans aucun cas, être remis sous caution : ils seront déposés au greffe, et y demeureront jusqu'après le jugement pour être ensuite détruits. — Les filets non prohibés, dont la confiscation aurait été prononcée en exécution de l'art. 5, seront vendus au profit du trésor. — En cas de refus, de la part des délinquants, de remettre immédiatement le filet déclaré prohibé, après la sommation du garde-pêche, ils seront condamnés à une amende de 50 fr.

Art. 42. Quant au poisson saisi pour cause de délit, il sera vendu sans délai dans la commune la plus voisine du lieu de la saisie, à son de trompe et aux enchères publiques, en vertu d'une ordonnance du juge de paix ou de ses suppléants si la vente a lieu dans un chef-lieu de canton, ou, dans le cas contraire, d'après l'autorisation du maire de la commune : ces ordonnances ou autorisations seront délivrées sur la requête des agents ou gardes qui auront opéré la saisie, et sur la représentation du procès-verbal régulièrement dressé et affirmé par eux. — Dans tous les cas, la vente aura lieu en présence du receveur des domaines, et, à défaut, du maire ou adjoint de la commune, ou du commissaire de police.

Art. 43. Les gardes-pêche ont le droit de requérir directement la force publique pour la répression des délits *en matière de pêche* ainsi que pour la saisie des filets prohibés et du poisson *péché en délit*.

Art. 44. Ils écriront eux-mêmes leurs procès-verbaux; ils les signeront, et les affirmeront, au plus tard le lendemain de la clôture desdits procès-verbaux, par-devant le juge de paix du canton ou l'un de ses suppléants, ou par-devant le maire ou l'adjoint soit de la commune de leur résidence, soit de celle où le délit a été commis ou constaté; le tout sous peine de nullité. Toutefois, si, par suite d'un empêchement quelconque, le procès-verbal est non-seulement signé par le garde-pêche, mais non écrit en entier de sa main, l'officier public qui en recevra l'affirmation devra lui en donner préalablement lecture, et faire ensuite mention de cette formalité, le tout sous peine de nullité du procès-verbal. (*Code forestier, art.* 165.)

Art. 45. Les procès-verbaux dressés par les agents forestiers, les gardes généraux et les gardes à cheval, soit isolément, soit avec le concours des gardes-pêche et des gardes champêtres, ne seront point soumis à l'affirmation. (*Id., art.* 166.)

Art. 46. Dans le cas où le procès-verbal portera saisie, il en sera fait une expédition, qui sera déposée dans les vingt-quatre heures au greffe de la justice de paix, pour qu'il en puisse être donné communication à ceux qui réclameraient les objets saisis. — Le délai ne courra que du moment de l'affirmation pour les procès-verbaux qui sont soumis à cette formalité.

Art. 47. Les procès-verbaux seront, sous peine de nullité, enregistrés dans les quatre jours qui suivront celui de l'affirmation ou celui de la clôture du procès-verbal, s'il n'est pas sujet à l'affirmation. — L'enregistrement s'en fera en débet. (*Code forestier, art.* 170.)

Art. 48. Toutes les poursuites exercées en réparation de délits pour fait de pêche seront portées devant les tribunaux correctionnels.

Art. 49. L'acte de citation doit, à peine de nullité, contenir la copie du procès-verbal et de l'acte de l'affirmation. (*Id., art.* 172.)

Art. 50. Les gardes de l'administration *chargés de la surveillance de la pêche* pourront, dans les actions et poursuites exercées en son nom, faire toutes les citations et significations d'exploits, sans pouvoir procéder aux saisies-exécutions. — Leurs rétributions pour les actes de ce genre seront taxées comme pour les actes faits par les huissiers des juges de paix. (*Id., art.* 173.)

Art. 51. Les agents de cette administration ont le droit d'exposer l'affaire devant le tribunal, et sont entendus à l'appui de leurs conclusions. (*Id., art.* 174.)

Art. 52. Les délits en matière de pêche seront prouvés soit par procès-verbaux, soit par témoins, à défaut de procès-verbaux ou en cas d'insuffisance de ces actes.

Art. 53. Les procès-verbaux revêtus de toutes les formalités prescrites par les articles 44 et 47 ci-dessus, et qui sont dressés et signés par deux agents ou gardes-pêche, font preuve jusqu'à inscription de faux, des faits matériels relatifs aux délits qu'ils constatent, quelles que soient les condamnations auxquelles ces délits peuvent donner lieu. — Il ne sera, en conséquence, admis aucune preuve outre ou contre le contenu de ces procès-verbaux, à moins qu'il n'existe une cause légale de récusation contre l'un des signataires.

Art. 54. Les procès-verbaux revêtus de toutes les formalités prescrites, mais qui ne seront dressés et signés que par un seul agent ou *garde-pêche*, feront de même preuve suffisante jusqu'à inscription de faux, mais seulement lorsque le délit n'entraînera pas une condamnation de plus de 50 fr., tant pour amende que pour dommages-intérêts.

Art. 55. Les procès-verbaux qui, d'après les dispositions qui précèdent, ne font point foi et preuve suffisante jusqu'à inscription de faux, peuvent être corroborés et combattus par toutes les preuves légales, conformément à l'article 154 du Code d'instruction criminelle. (*Id., art.* 178.)

Art. 56. Le prévenu qui voudra s'inscrire en faux contre le procès-verbal sera tenu d'en faire, par écrit et en personne, ou par un fondé de pouvoirs spécial par acte notarié, la déclaration au greffe du tribunal avant l'audience indiquée par la citation. — Cette déclaration sera reçue par le greffier du tribunal; elle sera signée par le prévenu ou son fondé de pouvoir, et, dans le cas où il ne saurait ou ne pourrait signer, il sera fait mention expresse. — Au jour indiqué par l'audience, le tribunal donnera acte de la déclaration, et fixera un délai de huit jours au moins, et de quinze jours au plus, pendant lequel le prévenu sera tenu de faire au greffe le dépôt des moyens de faux et des noms, qualités et demeures des témoins qu'il voudra faire entendre. — A l'expiration de ce délai, et sans qu'il soit besoin d'une citation nouvelle, le tribunal admettra les moyens de faux s'ils sont de nature à détruire l'effet du procès-verbal, et il sera procédé sur le faux conformément aux lois. — Dans le cas contraire, et faute par le prévenu d'avoir rempli toutes les formalités ci-dessus prescrites, le tribunal déclarera qu'il n'y a pas lieu à admettre les moyens de faux, et ordonnera qu'il soit passé outre au jugement.

Art. 57. Le prévenu contre lequel aura été rendu un jugement par défaut, sera encore admissible à faire sa déclaration d'inscription de faux pendant le délai qui lui est accordé par la loi pour se présenter à l'audience sur l'opposition par lui formée. (*Code forestier, art.* 180.)

Art. 58. Lorsqu'un procès-verbal sera rédigé contre plusieurs prévenus, ou qu'un ou quelques-uns d'entre eux s'inscriront en faux, le procès-verbal continuera de faire foi à l'égard des autres, à moins que le fait sur lequel portera l'inscription de faux ne soit indivisible et commun aux autres prévenus. (*Id., art.* 181.)

Art. 59. Si, dans une instance en réparation de délit, le prévenu excipe d'un droit de propriété ou tout autre droit réel, le tribunal saisi de la plainte statuera sur l'incident. — L'exception préjudicielle ne sera admise qu'autant qu'elle sera fondée soit sur un titre apparent, soit sur des faits de possession équivalents, articulés avec précision; et si le titre produit ou les faits articulés sont de nature, dans le cas où ils seraient reconnus par l'autorité compétente, à ôter au fait qui sert de base aux poursuites tout caractère de délit. — *Dans le cas de renvois à fins civiles*, le jugement fixera un bref délai dans lequel la partie qui aura élevé la question préjudicielle devra saisir les juges compétents de la connaissance du litige, et justifier de ses diligences, sinon il sera passé outre. Toutefois, en cas de condamnation, il sera sursis à l'exécution du jugement sous le rapport de l'emprisonnement s'il était prononcé, et le montant des amendes, restitutions et dommages-intérêts sera versé à la caisse des dépôts et consignations pour être remis à qui il sera ordonné par le tribunal qui statuera sur le fond de droit.

Art. 60. Les agents de l'administration *chargés de la surveillance de la pêche* peuvent, en son nom, interjeter appel des jugements, et se pourvoir contre les arrêts et jugements en dernier ressort; mais ils ne peuvent se désister de leur appel sans autorisation spéciale. (*Code forestier, art.* 183.)

Art. 61. Le droit attribué à l'administration et à ses agents de se pourvoir contre les jugements et arrêts par appel ou par recours en cassation, est indépendant de la même faculté qui est accordée par la loi au ministère public, lequel peut toujours en user, même lorsque l'administration ou ses agents auraient acquiescé aux jugements et arrêts. (*Id., art.* 184.)

Art. 62. Les actions en réparation de délits en matière de pêche se prescrivent par un mois à compter du jour où les délits ont été constatés, lorsque les prévenus sont désignés dans les procès-verbaux. Dans le cas contraire, le délai de prescription est de trois mois à compter du même jour.

Art. 63. Les dispositions de l'article précédent ne sont pas applicables aux délits et malversations commis par les agents, préposés ou gardes de l'administration dans l'exercice de leurs fonctions; les délais de prescription à l'égard de ces préposés et de leurs complices seront les mêmes que ceux déterminés par le Code d'instruction criminelle.

Art. 64. Les dispositions du Code d'instruction criminelle sur les poursuites des délits, sur défauts, oppositions, jugements, appels et recours en cassation, sont et demeureront applicables à la poursuite des délits spécifiés par la présente loi, sauf les modifications qui résultent du présent titre.

Art. 65. Les délits qui portent préjudice aux fermiers de la pêche, aux porteurs de licence et aux propriétaires riverains, seront constatés par leurs gardes, lesquels seront assimilés aux gardes-bois des particuliers.

Art. 66. Les procès-verbaux dressés par ces gardes feront foi jusqu'à preuve contraire. (*Id.*, *art.* 188.)

Art. 67. Les poursuites et actions seront exercées au nom et à la diligence des parties intéressées.

Art. 68. Les dispositions contenues aux articles 38, 39, 40, 41, 42, 43, 44, 45, 46, 47, paragraphe 1er, 49, 52, 59, 62 et 64 de la présente loi, sont applicables aux poursuites exercées au nom et dans l'intérêt des particuliers et des fermiers de la pêche pour les délits commis à leur préjudice.

Art. 69. Dans le cas de récidive, la peine sera toujours doublée. — Il y a récidive lorsque, dans les douze mois précédents, il a été rendu contre le délinquant un premier jugement pour délit en matière de pêche.

Art. 70. Les peines seront également doublées lorsque les délits auront été commis la nuit.

Art. 71. Dans tous les cas où il y aura lieu à adjuger les dommages-intérêts, ils ne pourront être inférieurs à l'amende simple prononcée par le jugement. (*Code forestier*, *art.* 202.)

Art. 72. Dans tous les cas prévus par la présente loi, si le préjudice causé n'excède pas 25 fr., et si les circonstances paraissent atténuantes, les tribunaux sont autorisés à réduire l'emprisonnement même au-dessous de six jours, et l'amende même au-dessous de 16 fr.; ils pourront aussi prononcer séparément l'une ou l'autre de ces peines, sans qu'en aucun cas elle puisse être au-dessous des peines de simple police.

Art. 73. Les restitutions et dommages-intérêts appartiennent aux fermiers, porteurs de licences et propriétaires riverains si le délit est commis à leur préjudice, mais lorsque le délit a été commis par eux-mêmes au détriment de l'intérêt général, ces dommages-intérêts appartiennent à l'Etat. — Appartiennent également à l'Etat toutes les amendes et confiscations. (*Id.*, *art.* 204.)

Art. 74. Les maris, pères, mères, tuteurs, fermiers et porteurs de licences, ainsi que tous propriétaires, maires et commettants, seront civilement responsables des délits en matière de pêche commis par leurs femmes, enfants mineurs, pupilles, bateliers et compagnons et tous autres subordonnés, sauf tout recours de droit. — Cette responsabilité sera réglée conformément à l'article 1384 du Code Napoléon.

§ 2. ORDONNANCE DU 15 NOVEMBRE 1830.

L'article 1er prohibe sous les peines de l'article 28 de la loi du 15 avril 1829 : 1º les filets traînants ; 2º ceux dont les mailles carrées, accrues et non tendues ni tirées en losange, auraient moins de 30 millimètres de chaque côté après que le filet a séjourné dans l'eau ; 3º les bires, nasses et autres engins dont les verges en osier seraient écartées entre elles de moins de 30 millimètres.

Néanmoins, cette ordonnance autorise pour la pêche des goujons, ablettes, loches, vérons, vandoises et autres poissons de petite espèce, les filets dont les mailles auront 15 millimètres de largeur, et les nasses d'osier ou autres engins dont les baguettes seront écartées de 15 millimètres. Elle a accordé aussi la faculté de se servir de toute espèce de nasses en jonc à jour, quel que soit l'écartement de leurs verges. (*Art.* 2.)

Quiconque se servira pour autre pêche que celle indiquée, des filets spécialement affectés à cet usage, sera puni des peines portées en l'article 28. (*Art.* 3.)

Les préfets sont autorisés par l'article 5 à déterminer, sur l'avis du conseil général, et après avoir consulté les agents forestiers, les temps, saisons et heures pendant lesquels la pêche sera interdite dans les rivières et cours d'eau. Ils doivent également faire des réglements dans lesquels ils détermineront et diviseront les filets et engins qui, d'après les règles ci-dessus, devront être interdits. (*Art.* 5.)

L'article 7 porte en outre que, sur l'avis du conseil général, et après avoir consulté les agents forestiers, le préfet pourra prohiber les procédés et modes de pêche qui sembleront de nature à nuire au repeuplement des rivières, mais ces réglements doivent être homologués par décrets.

Il résulte de plus de la discussion de la loi et de l'article 7 de cette ordonnance, que les préfets peuvent prohiber la pêche à la main.

La pêche dans les eaux qui ne sont ni flottables ni navigables, s'exerce comme il convient au propriétaire, sans aucune intervention administrative, et avec toute la liberté et toutes les modifications dont la propriété est en général susceptible ; nous n'avons aucune règle à donner à cet égard, et nous renvoyons au droit commun.

§ 3. LOI DU 31 MAI 1865, SUR LA PÊCHE.

Art. 1ᵉʳ. Des décrets rendus au Conseil d'Etat, après avis des Conseils généraux de département, détermineront :

1° Les parties des fleuves, rivières, canaux et cours d'eau réservées pour la reproduction, et dans lesquelles la pêche des diverses espèces de poissons sera absolument interdite pendant l'année entière.

2° Les parties des fleuves, rivières, canaux et cours d'eau dans les barrages desquels il pourra être établi après enquête un passage appelé échelle, destiné à assurer la libre circulation du poisson.

Art. 2. L'interdiction de la pêche pendant l'année entière ne pourra être prononcée pour une période de plus de cinq ans. Cette interdiction pourra être renouvelée.

Art. 3. Les indemnités auxquelles auront droit les propriétaires riverains, qui seront privés du droit de pêche par application de l'article précédent, seront réglées par le Conseil de préfecture, après expertise, conformément à la loi du 16 septembre 1807.

Les indemnités auxquelles pourra donner lieu l'établissement d'échelles dans les barrages existants seront réglées dans les mêmes formes.

Art. 4. A partir du 1er janvier 1866, les décrets rendus sur la proposition des Ministres de la marine et de l'agriculture, du commerce et des travaux publics, régleront d'une manière uniforme, pour la pêche fluviale et pour la pêche maritime dans les fleuves, rivières, canaux affluant à la mer :

1º Les époques pendant lesquelles la pêche des diverses espèces de poisson sera interdite ;

2º Les dimensions au-dessous desquelles certaines espèces ne pourront être pêchées.

Art. 5. Dans chaque département il est interdit de mettre en vente, de vendre, d'acheter, de transporter, de colporter, d'exporter ou d'importer les diverses espèces de poissons pendant le temps où la pêche en est interdite, en exécution de l'article 26 de la loi du 15 avril 1829.

Cette disposition n'est pas applicable aux poissons provenant des étangs ou réservoirs définis en l'article 30 de la loi précitée.

Art. 6. L'administration pourra donner l'autorisation de prendre et transporter, pendant le temps de la prohibition, le poisson destiné à la reproduction.

Art. 7. L'infraction aux dispositions de l'art. 1er et du premier paragraphe de l'article 5 de la présente loi, sera punie des peines portées par l'article 27 de la loi du 15 avril 1829, et en outre le poisson sera saisi et vendu sans délai, dans les formes prescrites par l'article 42 de ladite loi.

L'amende sera double et les délinquants pourront être condamnés à un emprisonnement de dix jours à un mois :

1° Dans les cas prévus par les articles 69 et 70 de la loi du 15 avril 1829;

2° Lorsqu'il sera constaté que le poisson a été enivré ou empoisonné ;

3° Lorsque le transport aura lieu par bateaux, voitures ou bêtes de somme.

La recherche du poisson pourra être faite en temps prohibé, à domicile, chez les aubergistes, chez les marchands de denrées comestibles et dans les lieux ouverts au public.

Art. 8. Les dispositions relatives à la pêche ou au transport du poisson, s'appliquent au frai du poisson et à l'alevin.

Art. 9. L'article 32 de la loi du 15 avril 1829 est abrogé en ce qui concerne la marque ou le plombage des filets.

Des décrets détermineront le mode de la vérification de la dimension des mailles des filets autorisés pour la pêche de chaque espèce de poisson, en exécution de l'art. 26 de la loi du 15 avril 1829.

Art. 10. Les infractions concernant la pêche, la vente, l'achat, le transport, le colportage, l'exportation ou l'importation du poisson, seront recherchées et constatées par les agents des douanes, les employés des contributions indirectes et des octrois, ainsi que par es autres agents autorisés par la loi du 15 avril 1829 et par le décret du 9 janvier 1852.

Des décrets détermineront la gratification qui sera accordée aux rédacteurs des procès-verbaux ayant pour objet de constater les délits : cette gratification sera prélevée sur le produit des amendes.

Art. 11. La poursuite des délits et contraventions et l'exécution des jugements pour infractions à la présente loi auront lieu conformément à la loi du 15 avril 1829 et au décret du 9 janvier 1852.

Art. 12. Les dispositions législatives antérieures sont abrogées en ce qu'elles peuvent avoir de contraire à la présente loi.

§ 4. DÉCRET QUI DÉSIGNE LES PARTIES DES FLEUVES, RIVIÈRES ET CANAUX NAVIGABLES ET FLOTTABLES RÉSERVÉES POUR LA REPRODUCTION DU POISSON, 12 JANVIER 1875.

Art. 1er. Les parties des fleuves, rivières et canaux navigables et flottables désignées à l'état annexé au présent décret, seront réservées pour la reproduction du poisson.

Art. 2. La pêche des diverses espèces de poissons est absolument interdite, pendant l'année entière, dans les parties des fleuves, rivières et canaux désignées au dit état.

Art. 3. Cette interdiction est prononcée pour une période de cinq ans, à dater du 1er janvier 1875.

Cette interdiction ne sera appliquée, dans les parties des cours d'eau et canaux désignées comme réserves, et qui ne se trouvent point comprises aux décrets de 1868-1869, qu'au fur et à mesure de l'expiration des baux d'affermage actuels.

Les réserves comprises dans le présent décret, et sur lesquelles les propriétaires riverains seraient reconnus avoir des droits de pêche, pourront être annulées sur la demande desdits propriétaires.

Art. 4. Chaque année, au mois de janvier, des publications seront faites dans les communes pour rappeler les emplacements réservés pour la reproduction et où la pêche est absolument défendue.

Art. 5. Pendant les périodes d'interdiction de la pêche, conformément à l'art. 26 de la loi du 15 avril 1829 et à l'art. 4 de la loi du 31 mai 1865, il est interdit de laisser vaguer les canards, les cygnes et autres animaux aquatiques susceptibles de détruire le frai du poisson sur les cours d'eau et canaux, dans l'étendue des réserves affectées à la reproduction.

Art. 6. Les réserves existant en vertu des décrets susvisés des 25 janvier 1868, 20 septembre 1868, 30 janvier 1869, 17 mars 1869 et 17 juillet 1869, et qui ne sont pas comprises dans le tableau annexé au présent décret, ainsi que toute réserve ne résultant pas de l'application de la loi du 31 mai 1865, sont et demeurent supprimées, et la pêche y sera affermée au profit de l'Etat.

§ 5. DÉCRET QUI FIXE LES ÉPOQUES PENDANT LESQUELLES LA PÊCHE EST INTERDITE, 10 AOUT 1875.

Art. 1er. Les époques pendant lesquelles la pêche est interdite en vue de protéger la reproduction du poisson sont fixées comme suit :

1º Du 20 octobre au 31 janvier est interdite la pêche du saumon, de la truite, de l'ombre-chevalier et du lavaret;

2º Du 15 avril au 15 juin est interdite la pêche de tous les autres poissons et de l'écrevisse.

Les interdictions prononcées dans les paragraphes précédents s'appliquent à tous les procédés de pêche, même à la ligne flottante tenue à la main.

Art. 2. Les préfets peuvent, par des arrêts rendus après avoir pris l'avis des conseils généraux, soit pour tout le département, soit pour certaines parties du département, soit pour certains cours d'eau déterminés :

1º Interdire exceptionnellement la pêche de toutes les espèces de poissons pendant l'une ou l'autre période, lorsque cette interdiction est nécessaire pour protéger les espèces prédominantes;

2º Augmenter pour certains poissons désignés la durée desdites périodes, sous la condition que les périodes ainsi modifiées comprennent la totalité de l'intervalle de temps fixé par l'article 1er;

3º Excepter de la seconde période la pêche de l'alose,

de l'anguille, de la lamproie, ainsi que des autres poissons vivant alternativement, dans les eaux douces et les eaux salées;

4° Fixer une période d'interdiction pour la pêche de la grenouille.

Art. 3. Des publications sont faites dans les communes dix jours au moins avant le début de chaque période d'interdiction de la pêche, pour rappeler les dates du commencement et de la fin de ces périodes.

Art. 4. Quiconque, pendant la période d'interdiction, transporte ou débite des poissons dont la pêche est prohibée, mais qui proviennent des étangs et des réservoirs, est tenu de justifier de l'origine de ces poissons.

Art. 5. Les poissons saisis et vendus aux enchères conformément à l'art. 42 de la loi du 15 avril 1829, ne peuvent pas être exposés de nouveau en vente.

Art. 6. La pêche n'est permise que depuis le lever jusqu'au coucher du soleil. — Toutefois, la pêche de l'anguille, de la lamproie et de l'écrevisse peut être autorisée après le coucher du soleil et avant son lever, dans des cours d'eau désignés et aux heures fixées par des arrêtés préfectoraux, rendus après avis des conseils généraux. Ces arrêtés déterminent pour l'anguille, la lamproie et l'écrevisse, la nature et les dimensions des engins dont l'emploi est autorisé.

Art. 7. Le séjour dans l'eau des filets et engins ayant les dimensions réglementaires et destinés à la pêche de tous les poissons non désignés à l'article précédent, est permis à toute heure, sous la condition qu'ils ne peuvent être placés et relevés que depuis le lever jusqu'au coucher du soleil.

Art. 8. Les dimensions au-dessous desquelles les poissons et écrevisses ne peuvent être pêchés, même à la ligne flottante et doivent être immédiatement rejetés à l'eau, sont déterminées comme il suit pour les diverses espèces :

1° Les saumons et anguilles, 20 centimètres de longueur ;

2° Les truites, ombres-chevaliers, ombres communs, carpes, brochets, barbeaux, brêmes, meuniers, muges, aloses, perches, gardons, tanches, lottes, lamproies et lavarets, 15 centimètres de longueur ;

3° Les soles, plies et flets, 10 centimètres de longueur ;

4° Les écrevisses à pattes rouges, 8 centimètres de longueur ; celles à pattes blanches, 6 centimètres de longueur — La longueur des poissons ci-dessus mentionnés est mesurée de l'œil à la naissance de la queue ; celle de l'écrevisse, de l'œil à l'extrémité de la queue déployée.

Art. 9. Les mailles des filets, mesurées de chaque côté après leur séjour dans l'eau, et l'espacement des verges des bires, nasses et autres engins employés à la pêche des poissons, doivent avoir les dimensions suivantes :

1° Pour les saumons, 40 millimètres au moins ;

2° Pour les grandes espèces autres que le saumon et l'écrevisse, 27 millimètres au moins ;

3° Pour les petites espèces telles que goujons, loches, vérons, ablettes et autres, 10 millimètres. La mesure des mailles et de l'espacement des verges est prise avec une tolérance d'un dixième. — Il est interdit d'employer simultanément, à la pêche, des filets ou engins de catégorie différente.

Art. 10. Les préfets peuvent, sur l'avis des conseils généraux, prendre des arrêtés pour réduire les dimensions des mailles des filets et l'espacement des verges des engins employés uniquement à la pêche de l'anguille, de la lamproie et de l'écrevisse, les filets et engins à mailles ainsi réduites ne peuvent être employés que dans les emplacements déterminés par ces arrêtés. — Les préfets peuvent aussi, sur l'avis des conseils généraux, déterminer les emplacements limités, en dehors desquels l'usage des filets à mailles de 10 millimètres n'est pas permis.

Art. 11. Les filets fixes ou mobiles et les engins de

toute nature ne peuvent excéder en longueur ni en largeur les deux tiers de la largeur mouillée des cours d'eau dans les emplacements où on les emploie. — Plusieurs filets ou engins ne peuvent être employés simultanément sur la même rive ou sur deux rives opposées, qu'à une distance au moins triple de leur développement. — Lorsqu'un ou plusieurs des engins employés sont en partie fixes et en partie mobiles, les distances entre les parties fixées à demeure sur la même rive ou sur les rives opposées doivent être au moins triples du développement total des parties fixes et mobiles mesurées bout à bout.

Art. 12. Les filets fixes employés à la pêche doivent être soulevés par le milieu pendant trente-six heures de chaque semaine, du samedi, à 6 heures du soir, au lundi, à 6 heures du matin, sur une longueur équivalente au dixième de leur développement et de manière à laisser entre le fond et la ralingue inférieure, un espace libre de 50 centimètres au moins de hauteur.

Art. 13. Sont prohibés tous les filets traînants, à l'exception du petit épervier jeté à la main et manœuvré par un seul homme.

Sont réputés traînants, tous filets coulés à fond au moyen de poids et promenés sous l'action d'une force quelconque. — Est pareillement prohibé l'emploi de lacets ou collets.

Art. 14. Il est interdit d'établir dans les cours d'eau des appareils ayant pour objet de rassembler le poisson dans des noues, boires, fossés ou rivières dont il ne pourrait plus sortir ou de le contraindre à passer par une issue garnie de piéges.

Art. 15. Il est également interdit :

1° D'accoler aux écluses, barrages, chutes naturelles, pertuis, vannages, coursiers d'usines et échelles à poissons, des nasses, paniers et filets à demeure;

2° De pêcher avec tout autre engin que la ligne flottante tenue à la main, dans l'intérieur des écluses, barrages, pertuis, vannages, coursiers d'usines et passages ou échelles à poissons, ainsi qu'à une distance moindre de 30 mètres en amont et en aval de ces ouvrages;

3º De pêcher à la main, de troubler l'eau et de fouiller au moyen de perches sous les racines ou autres retraites fréquentées par le poisson;

4º De se servir d'armes à feu, de poudre de mine, de dynamite ou de toute autre substance explosive.

Art. 16. Les préfets peuvent, après avoir pris l'avis des conseils généraux, interdire en outre, par des arrêtés spéciaux, d'autres engins, procédés ou modes de pêche de nature à nuire au repeuplement des cours d'eau.

Ils déterminent, conformément au paragraphe 6 de l'article 26 de la loi du 15 avril 1829, les espèces de poissons avec lesquelles il est interdit d'appâter les hameçons, nasses, filets ou autres engins.

Art. 17. Il est interdit de pêcher dans les parties des rivières, canaux ou cours d'eau dont le niveau serait accidentellement abaissé, soit pour y opérer des curages ou travaux quelconques, soit par suite du chômage des usines ou de la navigation.

Art. 18. Sur la demande des adjudicataires de la pêche des cours d'eau et canaux navigables et flottables, et sur la demande des propriétaires de la pêche des autres cours d'eau et canaux, les préfets peuvent autoriser, dans des emplacements déterminés et à des époques qui ne coïncideront pas avec les périodes d'interdiction, des manœuvres d'eau et des pêches extraordinaires pour détruire certaines espèces, dans le but d'en propager d'autres plus précieuses.

Art. 19. Des arrêtés préfectoraux, rendus sur les avis des conseils de salubrité et des ingénieurs, déterminent :

1º La durée du rouissage du lin et du chanvre dans les cours d'eau, et les emplacements où cette opération peut être pratiquée avec le moins d'inconvénient pour le poisson;

2º Les mesures à observer pour l'évacuation dans les cours d'eau des matières et résidus susceptibles de nuire au poisson et provenant des fabriques et établissements industriels quelconques.

Art. 20. Les arrêtés pris par les préfets en vertu des articles 2, 6, 10, 16 et 19 du présent décret, ne seront exécutoires qu'après l'approbation du ministre des travaux publics.

A la fin de chaque année, les préfets adressent au même ministre un relevé des autorisations accordées en vertu de l'article 18.

Art. 21. Les dispositions du présent décret ne sont applicables ni au lac Léman, ni à la Bidassoa, lesquels restent soumis aux lois et règlements qui les régissent spécialement.

Art. 22. Sont abrogés le décret du 25 janvier 1868 et toutes dispositions contraires au présent décret.

Art. 23. Le ministre des travaux publics est chargé de l'exécution du présent décret.

SECTION III.

COMMENTAIRE ET JURISPRUDENCE.

§ 1ᵉʳ. OBSERVATIONS GÉNÉRALES.

1. La pêche est le moyen d'acquérir, par l'emploi de divers modes en usage, le poisson qui n'appartient à personne.

De cette définition, il résulte que le fait de pêche existe indépendamment de la prise du poisson, et que la loi doit être appliquée au fait; que les poissons qui, d'après le droit naturel, appartiennent au premier occupant, sont, d'après le droit civil, susceptibles de devenir une propriété privée, selon les conditions dans lesquelles ils se trouvent placés.

2. La loi du 15 avril 1829 est venue réglementer la pêche fluviale : elle a emprunté ses principales dispositions au Code forestier : c'est cette loi qui est encore en vigueur. Elle est divisée en huit titres : le premier s'occupe du droit de pêche ; les deux suivants de l'administration, de la régie et des adjudications ; le quatrième de la conservation et de la police de la pêche ; les derniers de la poursuite en réparation des délits, des peines et jugements. Dans ce cadre qui paraît très-complet, il existait cependant une lacune, c'était de rechercher quels sont les sacrifices et les obligations que la loi peut imposer, non plus au premier pêcheur venu, mais à la propriété, dans l'intérêt commun de la conservation du poisson. C'est cette lacune que la loi du 31 mai 1865 est venue remplir. Il n'entre pas dans les limites d'un manuel d'étudier les principes généraux du droit sur lesquels repose cette loi, nous devons seulement la prendre telle qu'elle a été votée et étudier son application.

3. La loi du 31 mai 1865 renferme seulement douze articles ; les deux derniers se réfèrent entièrement à la loi de 1829 et au décret du 9 janvier 1852. Nous n'avons donc à nous préoccuper que des dix premiers.

4. Des décrets rendus au conseil d'Etat, après avis des conseils généraux de département, détermineront : 1° les parties des fleuves, rivières, canaux et cours d'eau réservées pour la reproduction et dans lesquelles la pêche des diverses espèces de poisson sera absolument interdite pendant l'année entière ; 2° les parties des fleuves, rivières, canaux et cours d'eau dans les barrages desquels il pourra être établi, après enquête, un passage appelé échelle, destiné à assurer la libre circulation du poisson. (*Art.* 1er.)

La défense de pêche pendant l'année entière doit donc être prononcée seulement pour une partie des fleuves, rivières, etc. ; elle ne peut comprendre la totalité du cours d'eau, mais comme la partie non défendue peut être aussi minime que possible, il est juste de considérer que l'administration a un droit entier de défense, non sur partie seulement, mais sur l'ensemble des fleuves, rivières, canaux, etc., d'après l'avis des conseils généraux.

L'établissement des échelles destinées à assurer la libre circulation du poisson à travers les barrages des fleuves, rivières, canaux, etc., ne pourra avoir lieu qu'après enquête de *commodo* et *incommodo*, avis du conseil général et décret rendu en conseil d'Etat, et sous réserve des indemnités dues au propriétaire, lesquelles sont réglées selon le mode déterminé par l'article 3 de la loi.

5. L'interdiction de la pêche pendant l'année entière ne pourra être prononcée pour une période de plus de cinq ans; cette interdiction pourra être renouvelée. (*Art.* 2.)

Il paraît évident que le renouvellement de l'interdiction doit être précédé de l'accomplissement des mêmes formalités qui ont déterminé la première défense. En cas d'inobservation des formalités ci-dessus spécifiées, les parties intéressées peuvent se pourvoir devant le conseil d'Etat pour obtenir la nullité des dispositions qui leur font grief.

6. Les indemnités auxquelles auront droit les propriétaires riverains qui seront privés du droit de pêche par application de l'article précédent, seront réglées par le conseil de préfecture, après expertise, conformément à la loi du 16 septembre 1807. Les indemnités auxquelles pourra donner lieu l'établissement d'échelles dans les barrages existants seront réglées dans les mêmes formes. (*Art.* 3.)

La question de règlement de l'indemnité est très-simplement établie, quant à la forme; la partie lésée nomme un expert, l'administration désigne le sien, chaque expert rédige son avis, et, en cas de désaccord, un tiers expert est légalement désigné, qui, lui aussi, fait un rapport. C'est sur l'ensemble de cette procédure que l'on plaide devant le conseil de préfecture et que ce tribunal statue. Mais le fonds, c'est-à-dire la quotité de l'indemnité, paraît bien plus difficile à fixer équitablement : pour un propriétaire riverain, la pêche est souvent un plaisir, auquel, selon le goût, il attache plus ou moins d'importance ; elle est aussi pour l'alimentation une ressource précieuse instantanée ou périodique dont l'importance varie selon les conditions de la personne ou de la famille du riverain. Comment évaluer tout ceci ? Quel prix, argent, compensera un plaisir très-vif chez celui-ci, inapprécié chez un autre ? Quel est le préjudice causé à l'alimentation de la famille ? De quelle dépréciation sera frappée une propriété rurale à laquelle on enlèvera un droit de pêche ? Voilà les très-graves questions qu'auront à apprécier les experts et les conseils de préfecture. Ils le feront avec conscience, avec toutes les lumières possibles, mais malheureusement, par la force des choses, avis et décisions seront arbitraires. Ce sont ces considérations qui nous effraient, qui au moins nous préoccupent chaque fois que le pouvoir législatif porte une restriction au droit suprême, celui de propriété.

7. A partir du 1ᵉʳ janvier 1866, les décrets rendus sur la proposition du ministre de la marine et de l'agriculture, du commerce et des travaux publics, régleront d'une manière uniforme, pour la pêche fluviale et pour la pêche maritime, dans les fleuves, rivières, canaux affluant à la mer, 1° les époques pendant lesquelles la pêche des diverses espèces de poissons sera interdite ; 2° les dimensions au-dessous desquelles certaines espèces ne pourront être pêchées. (*Art.* 4.)

8. Afin de ne pas scinder l'examen de la loi du 31 mai 1865, nous allons en continuer le commentaire : nos lecteurs voudront bien reconnaître avec nous que les autres articles de cette loi présentent aussi des dispositions générales, conformément au titre que nous avons donné à ce chapitre.

9. Dans chaque département il est interdit de mettre en vente, de vendre, d'acheter, de transporter, de colporter, d'exporter ou d'importer les diverses espèces de poissons pendant le temps où la pêche en est interdite, en exécution de l'artice 26 de la loi du 15 avril 1829. Cette disposition n'est pas applicable aux poissons provenant des étangs ou réservoirs définis en l'article 30 de la loi précitée. (*Art.* 5.)

Voici cette définition : sont considérés comme des étangs ou réservoirs les fossés ou canaux appartenant à des particuliers, dès que leurs eaux cessent naturellement de communiquer avec les rivières.

L'article 5 est la sanction indispensable des premières dispositions de la loi. La défense de pêcher serait presque illusoire, si l'on permettait le transport et la vente du poisson; en défendant le principe il faut interdire la conséquence. Il faut ajouter en outre que la surveillance s'opère bien plus facilement sur les marchés, halles, aux entrées des villes que le long des cours d'eau. Cette défense de transport et de vente en temps de prohibition de la pêche est empruntée à la législation sur la chasse; nous croyons que l'on en a recueilli de bons résultats, encore bien que la loi sur la chasse paraisse à certains esprits être insuffisante pour assurer la conservation du gibier.

10. L'administration pourra donner l'autorisation de prendre et transporter, pendant le temps de la prohibition, le poisson destiné à la reproduction. (*Art.* 6.)

Cette faculté d'autorisation de transport du poisson par l'administration en temps prohibé doit être sévèrement restreinte au cas de reproduction; elle ne peut donc par cela même être délivrée que pour le transport du poisson vivant. La loi sur la chasse ne contient pas de disposition analogue, mais la jurisprudence a comblé cette lacune, elle permet le transport en temps prohibé du gibier vivant ayant pour destination le repeuplement.

11. L'infraction aux dispositions de l'article premier et du premier paragraphe de l'article 5 de la présente loi sera punie des peines portées par l'article 27 de la loi du 15 avril 1829, et en outre le poisson sera saisi et vendu sans délai dans les formes prescrites par l'article 42 de la dite loi. La peine (art. 27) est une amende de 30 francs à 200 francs. (*Art.* 7.)

La saisie et la vente présentent des formalités très-compliquées, eu égard à la nature des objets à vendre et de leur prompte corruption. Voici ces formalités (art. 42) : Le poisson saisi sera vendu sans délai dans la commune la plus voisine du lieu de la saisie, à son de trompe et aux enchères publiques, en vertu d'ordonnance du juge de paix ou de ses suppléants, si la vente a lieu dans un chef-lieu de canton, ou, dans le cas contraire, d'après l'autorisation du maire de la commune : ces ordonnances ou autorisations seront délivrées sur la requête des agents ou gardes qui auront opéré la saisie, et sur la présentation du procès-verbal régulièrement dressé et affirmé par eux. Dans tous les cas, la vente aura lieu en présence du receveur des domaines, et à défaut, du maire, ou adjoint de commune, ou du commissaire de police.

Les agents ou gardes désignés en cet article sont ceux dénommés en l'article 10 de la loi.

12. L'amende sera double et les délinquants pourront être condamnés à un emprisonnement de dix jours à un mois :

1° Dans les cas prévus par les articles 69 et 70 de la loi du 15 avril 1829 ;

2° Lorsqu'il sera constaté que le poisson a été enivré ou empoisonné ;

3° Lorsque le transport aura lieu par bateaux, voitures ou bêtes de somme.

La recherche du poisson pourra être faite en temps prohibé, à domicile chez les aubergistes, chez les marchands de denrées, comestibles et dans les lieux ouverts au public. (*Art.* 7.)

D'après ce que nous venons d'énumérer sous la première partie de cet article, on voit que l'amende devant être portée au double, son minimum sera de soixante francs, sans qu'il soit possible au juge, dans les trois cas ci-dessus, de modérer cette partie de la peine; quant à l'emprisonnement, *il est facultatif* aux tribunaux de le prononcer, puisque la loi dit que les délinquants *pourront* être condamnés. Les articles 69 et 70 de la loi du 15 avril 1829 prévoient le cas de récidive et de pêche de nuit. Il y a récidive lorsque dans les douze mois précédents, il a été rendu contre les délinquants un premier jugement pour un délit en matière de pêche.

L'autorisation donnée aux agents de l'administration de rechercher les poissons transportés en contravention est la même et limitée aux mêmes conditions que la recherche du gibier enlevé en temps prohibé par l'article 4 de la loi du 3 mai 1844.

13. La loi du 15 avril 1829 sur la pêche fluviale établit une distinction fondamentale entre les actes de destruction de poissons, prévus et punis par son article 25, et les délits de pêche proprement dits réprimés par ses articles 26 et suivants, lesquels doivent trouver leur complément dans les ordonnances ou décrets déterminant les modes et engins de pêche défendus, ainsi que les temps et saisons où la pêche est interdite.

Le fait de foudroyer le poisson par l'explosion de cartouches de dynamite constitue le délit de destruction de poissons, passible des peines pécuniaires et corporelles édictées par l'article 25 ci-dessus visé.

On ne saurait y voir un simple délit de pêche avec engin prohibé, auquel seraient seulement applicables les articles 26 et 28 de la loi du 15 avril 1829, et ce, encore bien que l'article 15 n° 4 du décret réglementaire du 10 août 1875, ait rangé l'emploi de la dynamite parmi les modes et engins de pêche prohibés.

Ce décret, uniquement relatif aux délits de pêche, doit rester étranger aux délits de destruction de poissons, et, en tous cas, émanant seulement du pouvoir exécutif, il n'aurait pu ni modifier, ni abroger la disposition formelle de l'article 25.

Ces solutions résultent d'un arrêt important rendu le 8 août 1876, par la Cour de Nancy, et ainsi motivé :

« Attendu que la loi sur la pêche fluviale a fait une distinction fondamentale entre les actes de destruction de poissons et les délits de pêche proprement dits; que les premiers sont prévus et réprimés par l'art. 25 précité, qui se suffit à lui-même et renferme, quant à ce, toutes les dispositions prohibitives et pénales, tandis que les seconds, les délits de pêche proprement dits, sont l'objet des articles 26 et suivants, lesquels doivent trouver leur complément dans les ordonnances ou décrets déterminant les modes ou engins de pêche défendus et les temps et saisons où la pêche sera interdite;

« Attendu qu'il ressort de l'exposé des motifs et de la discussion de la loi du 15 avril 1829 que l'article 25 doit être interprété plutôt dans un sens large que restrictif; que les dispositions de cet article, loin d'être limitatives, ne s'appliquent pas seulement à l'emploi de drogues ou appâts, mais encore à celui de toutes substances de nature à détruire le poisson (voir Dalloz, *Pêche fluviale*, nos 112, 113);

« Attendu qu'il appartient aux tribunaux de décider, suivant les cas, si les substances jetées dans les eaux ont pu ou non produire l'effet prévu par la loi et si, dès lors, il y a eu ou il n'y a pas eu infraction audit article 25; que telle est la doctrine consacrée dans cette matière par la Cour de cassation (arrêt du 19 mai 1837);

« Attendu que la dynamite jetée dans une rivière sous forme de cartouches est, de tous les moyens propres à tuer le poisson, le plus puissant et le plus destructeur; que l'emploi de cette substance constitue donc un des cas de destruction réprimés par ledit article 25 et punis tout à la fois de peines pécuniaires et corporelles;

« Attendu qu'on objecterait vainement que, suivant l'article 15 n° 4 du décret du 10 août 1875, l'emploi de la dynamite ne constituerait qu'un mode de pêche ou un engin prohibé, ne rendant le délinquant passible que des peines édictées par l'article 28 de la loi du 15 avril 1829 ; que les décrets de 1868 et 1875 sont étrangers à la matière et doivent rester sans influence sur la solution de la question ; que, pris en exécution de l'article 26 de la loi de 1829, ils ne réglementent que les délits de pêche proprement dits et non les délits de destruction de poisson ; qu'en supposant, d'ailleurs, qu'il y ait quelque contradiction entre la loi de 1829 et le décret de 1875, ce ne serait pas un simple décret, émané du pouvoir exécutif, qui aurait pu modifier la loi ou l'abroger. »

14. Les dispositions relatives à la pêche ou au transport du poisson, s'appliquent au frai du poisson et à l'alevin. (*Art.* 8.)

On ne peut donc transporter le frai et l'alevin en temps prohibé qu'avec l'autorisation de l'administration. Mais quel est le fonctionnaire qu'il faut entendre sous cette dénomination, *l'administration* ; évidemment le préfet du département si le transport a lieu dans un seul département, et si le transport a lieu dans des départements différents les préfets de ces départements. Il y a là des difficultés d'autorisation que la pratique devra simplifier.

15. L'article 32 de la loi du 15 avril 1829 est abrogé en ce qui concerne la marque ou le plombage des filets.

Des décrets détermineront le mode de la vérification de la dimension des mailles des filets autorisés pour la pêche de chaque espèce de poisson, en exécution de l'article 26 de la loi du 15 avril 1829. (*Art.* 9.)

Aux termes de l'article 32 de la loi de 1829 aucun filet ou engin quelconque ne pouvait être employé à la pêche par aucun pêcheur, fût-il porteur de licence, associé, etc., sans avoir été préalablement soumis à la vérification de l'administration, vérification dont l'existence était constatée par le plombage du filet ou engin. Cette obligation du plombage est abrogée, mais non le fait de la vérification de la dimension des mailles des filets. Puisque la loi maintenait l'obligation de la vérification, on comprend difficilement pourquoi elle n'a pas aussi maintenu le plombage qui est une garantie pour tout le monde, pour le pêcheur surtout qui, par la représentation du plomb, fait toutes les jusfications désirables vis-à-vis des agents de surveillance.

16. Les infractions concernant la pêche, la vente, l'achat, le transport, le colportage, l'exportation ou l'importation du poisson, seront recherchées et constatées par les agents des douanes, les employés des contributions indirectes et des octrois, ainsi que par les autres agents autorisés par la loi du 15 avril 1829, et par le décret du 9 janvier 1852.

Des décrets détermineront la gratification qui sera accordée aux rédacteurs des procès-verbaux ayant pour objet de constater les délits. Cette gratification sera prélevée sur le produit des amendes. (*Art.* 10.)

17. La poursuite des délits et contraventions et l'exécution des jugements pour infraction à la présente loi, auront lieu conformément à la loi du 15 avril 1829 et au décret du 9 janvier 1852. (*Art.* 11.)

18. Les dispositions législatives antérieures sont abrogées en ce qu'elles peuvent avoir de contraire à la présente loi. (*Art.* 12.)

§ 2. DROIT DE PÊCHE.

19. Lorsque le vendeur d'un étang s'est réservé le droit de pêche dans cet étang, à perpétuité pour lui, ces héritiers et ayant cause, le juge du fait peut décider, sans encourir la censure de la Cour de cassation, que ce droit constitue un droit d'usage personnel, ayant pour but l'agrément plutôt que le profit et par conséquent limité à la vie du vendeur, et non un droit *in parte quâ*, sur le poisson renfermé dans l'étang. (*Cour de cassation,* 26 *juillet* 1865.)

20. Le droit de pêche existant au profit du propriétaire d'une usine, sur le bief qui en dépend, peut faire l'objet d'une action possessoire. (*Cour de cassation*, 9 *juin* 1873.)

21. Lorsqu'il est établi en fait, que le prix d'une permission de pêche, dans un cours d'eau privé est purement fictif, une semblable permission ne peut être assimilée à un bail.

En conséquence, le permissionnaire n'a pas qualité pour poursuivre les délits de pêche commis par des tiers. (*Cour de Dijon*, 12 *février* 1874.)

22. Est nulle comme entachée de féodalité la concession des droits de pêche sur un étang, accordée anciennement par un seigneur aux habitants d'une commune, à la charge de payer les droits seigneuriaux accoutumés. (*Cour de cassation*, 4 *avril* 1865.)

§ 3. MODES DE PÊCHE.

23. En matière de pêche fluviale, les engins non expressément prohibés, sont par cela même permis. (*Cour de cassation*, 8 *août* 1867.)

Il en est ainsi d'une nasse qui ne ferme pas un barrage de nature à empêcher le passage du poisson. (*Même arrêt*.)

24. La défense faite par un arrêté préfectoral pris en exécution de l'art. 26, n° 2 de la loi du 15 avril 1829, de « pêcher à la main et en plongeant » s'étend à toute pêche à la main, même excutée en plongeant, non le corps, mais simplement la main. (*Cour de cassation*, 13 *juillet* 1865.)

25. La défense de pêcher pendant la nuit ne peut être étendue au simple stationnement en rivière, pendant la nuit, d'un engin destiné, par sa nature, à rester dans l'eau le jour et la nuit. (*Cour de cassation*, 8 *août* 1867.)

26. Les poissons de grande espèce, tels que l'anguille et la lotte, ne pouvant être pêchés qu'au moyen de filets à mailles d'une largeur d'au moins 27 millimètres, le pêcheur qui a pris de tels poissons au moyen d'un filet destiné à la pêche des petites espèces doit les rejeter à l'eau alors même qu'ils atteindraient les dimensions fixées par les réglements; à défaut de quoi il est passible des peines pour pêche avec engins prohibés. (*Cour de Paris*, 31 *juillet* 1871.)

27. En cas de condamnation contre un pêcheur pour emploi, dans une autre pêche, de filets permis seulement pour la pêche du poisson de petite espèce, la confiscation des filets ne peut être prononcée, comme en cas de condamnation pour emploi d'engins prohibés d'une manière absolue. (*Tribunal de Tonnerre*, 5 *août* 1870.)

28. On ne peut, sans la permission du concessionnaire, pêcher même à la ligne flottante tenue à la main, dans un réservoir appartenant au domaine privé de l'Etat et destiné à l'alimentation d'un canal, si ce réservoir n'est lui-même ni navigable, ni flottable, ou s'il ne tire pas ses eaux des fleuves ou rivières navigables ou flottables.

La pêche à la ligne flottante dans un tel réservoir, sans capture de poisson, et en dehors d'une intention frauduleuse de l'agent, ne saurait être assimilée au vol prévu par l'art. 388 C. pén.; il n'y a là qu'un fait de pêche illicite, puni par l'art. 5 de la loi du 15 avril 1829. (*Cour de Dijon*, 11 *décembre* 1872.)

29. Les pêcheurs à la ligne ont le droit de passer sur le chemin de contre-halage, sans que les propriétaires riverains puissent s'y opposer. (*Justice de paix de Charleville*, 30 *juin* 1876.)

« Attendu que la pêche à la ligne flottante est permise à tout individu dans les fleuves et rivières navigables et flottables (loi du 14 floréal an X, titre 5, et loi du 15 avril 1829, titre Ier, art. 5);

« Attendu que le droit de pêche à la ligne ne peut être exercé qu'autant que le pêcheur pourra circuler sur la rive des rivières ou fleuves, car, sans cela, ce droit serait illusoire;

« Attendu que, d'après le titre V de la loi du 14 floréal an X et un avis du Conseil d'Etat, du 3 messidor an XIII, les pêcheurs de terre ont le droit de circuler sur toute la largeur des chemins de halage et de contre-halage.

30. L'interdiction que des décrets prononcent pour l'année entière contre la pêche dans les parties de cours d'eau du domaine public, réservées pour la reproduction du poisson, en vertu de l'art. 1er de la loi du 31 mai 1865, s'applique même à la pêche à la ligne flottante tenue à la main. (*Cour de cassation*, 5 *mars* 1870.)

§ 4. CONSERVATION ET POLICE DE LA PÊCHE.

31. La défense de pêcher sans permission préalable dans les cours d'eau navigables et flottables s'applique à la pêche du poisson mort aussi bien qu'à celle du poisson vivant. (*Cour de Bordeaux*, 13 *décembre* 1865.)

32. L'art. 5 de la loi du 15 avril 1829 qui punit la pêche, dans les rivières navigables, sans permission, s'applique seulement à la pêche du poisson et des autres produits vivants des eaux, propres à l'alimentation de l'homme.

Il est inapplicable à la pêche des moules d'eau douce ou anodontes. (*Cour de Pau*, 20 *février* 1874.)

33. Un étang qui ne communique d'ordinaire ni naturellement, ni artificiellement avec aucun des cours d'eau énumérés dans les articles 1, 2 et 3 de la loi du 15 avril 1829, relative à la pêche fluviale, n'est soumis à aucune des dispositions réglementaires édictées par cette loi.

Le propriétaire a donc le droit d'y pêcher en tout temps et par tous moyens, même pendant que les eaux en sont envahies momentanément par celles d'une rivière navigable, par le fait d'un débordement passager et sans d'ailleurs que le lit de cette rivière ait été déplacé. (*Cour de cassation*, 30 *mai* 1873.)

34. La communication même non permanente qui existerait entre des canaux et fossés appartenant à des particuliers et un cours d'eau du domaine public, pourvu qu'elle soit naturelle et ne soit pas due à un événement de force majeure, a pour effet, tant qu'elle dure, de soumettre ces canaux et fossés aux réglements de police sur la pêche fluviale. (*Cour de cassation*, 10 *janvier* 1874.)

35. Les étangs appartenant à des particuliers ne sont affranchis des dispositions réglementaires de la police de la pêche fluviale que lorsqu'ils ne communiquent point avec des rivières ou autres cours d'eau. (*Cour de cassation*, 6 *mars* 1867. — *Cour de Dijon*, 10 *novembre* 1865. — *Cour de cassation*, 14 *juillet* 1865. — *Cour d'Orléans*, 27 *novembre* 1865.)

36. Le propriétaire d'un lac a seul le droit de pêcher, même dans la partie des fonds riverains recouverte par les eaux au moment des crues ; ce droit ne saurait être exercé par les propriétaires de ces fonds. (*Cour de Chambéry*, 1er *février* 1870.)

37. La pêche est libre et peut être exercée sans autorisation sur les fleuves et rivières affluant à la mer et jusqu'aux limites de l'inscription maritime, même dans la partie non salée des eaux ; cette pêche est soumise aux règles de police et de conservation établies pour la pêche fluviale. (*Cour de cassation*, 29 *mai* 1869.)

§ 5. POURSUITES. — TRANSACTIONS.

38. Les gendarmes ont qualité pour dresser des procès-verbaux en matière de pêche fluviale. (*Cour de Montpellier*, 18 *juillet* 1867.)

39. Le droit de transaction attribué à l'administration forestière par la loi du 18 juin 1859, s'applique, à l'exclusion des délits de *pêche*, à tous les délits et contraventions en matière forestière et de *chasse*, dont la poursuite appartient à cette administration. (*Tribunal de Verdun*, 12 *mai* 1865.)

Contra. (*Cour de Metz*, 4 *juillet* 1866.)

§ 6. VENTE DE POISSON.

40. En matière de vente du poisson n'ayant pas la dimension exigée par les réglements, la bonne foi ne constitue pas une excuse légale. En conséquence, celui qui en met en vente ne peut invoquer qu'il a acheté ce poisson à la criée ou au marché d'une autre ville en présence des agents de la police locale.

Il faudrait qu'il prouvât que ce poisson provient d'étangs ou de réservoirs. (*Cour de cass.*, *22 juin* 1865.)

§ 7. COMPÉTENCE.

41. Il appartient à l'autorité judiciaire de statuer sur la demande en résiliation formée par le fermier de la pêche dans un cours d'eau navigable ou flottable.

Alors même que la demande serait fondée sur ce que le fermier aurait été privé de la jouissance de la chose louée par suite de l'exécution de travaux publics.

Le préfet, qui a proposé le déclinatoire, ne peut être, de ce chef, condamné aux dépens. (*Tribunal des conflits*, 11 *décembre* 1875.)

42. L'atteinte portée à une pêcherie indépendante du lit d'un étang ne peut être assimilée aux entreprises sur les cours d'eau, dont la connaissance a été attribuée aux juges de paix par l'art. 6 de la loi du 25 mai 1838. (*Cour de Pau*, 24 *décembre* 1872.)

43. C'est à l'autorité judiciaire qu'il appartient de statuer sur la demande en indemnité formée contre le ministre des travaux publics par l'adjudicataire d'un droit de pêche, à raison du préjudice que lui aurait causé un arrêté du ministre du commerce portant réquisition du poisson se trouvant dans un cantonnement, et la liberté absolue laissée à la pêche à partir de cet arrêté. (*Conseil d'Etat*, 29 *mai* 1874.)

44. L'article 5 de la loi du 25 mai 1838, qui attribue

compétence aux juges de paix pour connaître, en premier ressort, à quelque somme que la demande puisse s'élever, des dommages faits aux champs, fruits et récoltes, est inapplicable au cas où il s'agit de la destruction complète d'une pêcherie, alors même qu'on aurait signalé accessoirement le dommage causé aux francs-bords d'un canal. (*Cour de Pau*, 24 *décembre* 1872.)

§ 8. PRESCRIPTION.

45. L'acte par lequel un garde constate un délit de pêche dont il n'a pu s'assurer personnellement, et qui lui est dénoncé par la rumeur publique, ne peut faire courir la prescription d'un mois ou de trois mois établie pour les délits de pêche constatés par un procès-verbal. En conséquence, la prescription ordinaire de trois ans est seule applicable. (*Cour de Nancy*, 8 *novembre* 1871.)

46. Dans le cas où la prescription d'un mois ou de trois mois édictée en matière de délits de pêche a été interrompue par une citation au prévenu, si l'affaire reste toujours pendante devant le tribunal, ce n'est pas la prescription qui recommence à courir, mais la prescription de trois ans, établie par le Code d'instruction criminelle.

La prescription spéciale ne recommencerait à courir que si le tribunal avait été dessaisi. (*Cour d'Amiens*, 2 *janvier* 1873.)

DEUXIÈME PARTIE.

DICTIONNAIRE DES GARDES

A

ABANDON. La sécurité publique veut que l'on interdise l'abandon, sur les chemins ou dans les champs, de coutres, ferrements, leviers, échelles, qui peuvent faciliter les crimes ou délits. Les gardes champêtres doivent y veiller avec attention et signaler les contraventions.

ABROUTISSEMENT. Etat d'un bois détruit ou endommagé par la dent des bestiaux.

ABUS D'AUTORITÉ. Le garde qui excède ses pouvoirs ou en use pour vexer ses concitoyens, commet un abus d'autorité qui l'expose à la suspension, à la destitution et même à des poursuites judiciaires, selon la gravité du cas. Si l'abus d'autorité a lieu en refusant d'exécuter les lois et règlements, il est puni de la suspension ou de la destitution; si c'est en violant les droits des citoyens, il peut l'être d'une amende de 16 à 200 francs. S'il y a eu violence envers les personnes, la peine est d'un degré plus forte envers les fonctionnaires qu'envers les simples citoyens. Voyez les articles 184, 185, 186 et 198 du Code pénal, et remarquez que, d'après l'article 10 du même Code, la condamnation aux peines établies par la loi est toujours prononcée sans préjudice des restitutions et dommages-intérêts qui peuvent être dus aux parties. Les gardes champêtres, forestiers et autres, doivent donc apporter la plus grande modération dans l'exercice de leurs fonctions. Ils sont responsables de tout acte despotique. Mais, il faut le dire, si l'abus d'autorité est une atteinte répréhensible aux droits individuels, l'oubli d'en user, les concessions, les complaisances, les moyens termes que peut suggérer la faiblesse, ne sont pas moins féconds en inconvénients, et souvent même le fonctionnaire, quel que soit sont rang — cela s'applique à tout — fait plus de mal par son incurie que par ses actes répréhensibles. On évite ces deux écueils également dangereux en se renfermant dans ce que prescrivent les lois, règles uniques, et seules infaillibles que doivent suivre tous les fonctionnaires.

Nous ne parlerons point ici des complaisances à prix d'argent ou de présents quelconques; elles constituent le crime de *corruption* ou de *concussion*. (*Voyez* ces mots.)

ACCIDENTS. § 1er. Les accidents peuvent quelquefois présenter le caractère d'un délit, et dans ce cas les maires et commissaires de police doivent les constater par des procès-verbaux qu'ils transmettent au procureur de la République; tels sont les cas prévus par les articles 319 et 320 du Code pénal.

Mieux vaut encore empêcher les accidents que d'en assurer la punition. Le meilleur moyen de les prévenir consiste à faire exécuter les lois, ordonnances et règlements. Voici les principales dispositions que contiennent les règlements. Il est défendu :

Aux voituriers ou charretiers de quitter leurs chevaux. Les gardes champêtres qui rencontrent des voitures sans conducteur doivent en dresser procès-verbal, en ayant soin de prendre sur la plaque le nom du propriétaire.

Aux propriétaires ou entrepreneurs, d'encombrer la voie publique, soit avec des matériaux de construction, soit avec des débris de démolition, des terres ou des bois, ou tous autres objets. (*Voyez* à cet égard les articles 471, 475 et 479 du Code pénal, au mot CONTRAVENTION.)

Il doit être défendu aux propriétaires et maquignons d'exercer des chevaux dans les rues, chemins et autres lieux publics passagers, et généralement de faire dans ces lieux aucun exercice qui puisse nuire aux passants. Ainsi, les règlements du maire de chaque commune doivent prohiber les jeux d'arc, de fronde, de tir, de quilles, de paume et autres semblables dans l'intérieur des communes, et assigner les emplacements où ils peuvent être établis. Les gardes champêtres, après un avertissement préalable, doivent, en cas de résistance, dresser procès-verbal de la contravention.

Les puits publics doivent toujours être fermés.

Les chiens errants doivent être tués.

Les animaux atteints de maladies contagieuses doivent être abattus et enfouis loin des habitations, etc., etc.

Les fous furieux doivent être séquestrés.

Il suffit d'indiquer ici quelques espèces pour que tout officier municipal, soigneux des intérêts de la commune, puisse apercevoir de suite quelles mesures de précaution il doit prendre.

Les contraventions à ces règlements sont également constatées par des procès-verbaux.

Si le fait est assez grave pour constituer un délit, copie du procès-verbal qui le constate est également adressée au procureur impérial.

S'il résulte de l'accident un incendie, une inondation, le renversement d'une maison, ou de tout autre édifice, les maires ont le droit de requérir les secours et services de tous les citoyens; et s'ils s'y refusent, le tribunal de police devant lequel ils sont traduits prononce une amende, en exécution de l'article 475, n° 12 du Code pénal, qui est maintenant seul applicable.

Les accidents arrivés à la chasse par l'imprudence ou la maladresse des chasseurs doivent aussi être constatés parce qu'ils peuvent devenir la cause de poursuites en vertu des articles 319 et 320 du Code pénal, ou bien en vertu des articles 1382, 1383 et 1384 du Code civil; mais cette constatation est moins le fait du garde-chasse que d'hommes de l'art capables de bien préciser la nature ou la gravité des blessures. Le tribunal de Dieppe a rendu, le 4 février 1835, un jugement qui peut être un avertissement salutaire pour les gardes, pour les jeunes gens et pour leurs parents civilement responsables. Voici le texte de ce jugement :

« Attendu, en droit, que tout fait quelconque de l'homme qui cause à autrui du dommage, oblige celui par la faute duquel il est arrivé, à le réparer, et que le père est civilement responsable du tort causé par son fils mineur;

« Attendu, en fait, que le 20 septembre 1833, Daniel Rasp, atteint d'un coup de fusil parti à bout portant dans les mains d'Edouard de Médine, est tombé frappé à mort, et n'a survécu que quelques instants;

« Attendu qu'Edouard de Médine, par la faute duquel ce malheur est arrivé, en doit la réparation, et que comme il est mineur, son père est civilement responsable de la condamnation;

« Attendu, d'ailleurs, que de Médine père a à se reprocher d'avoir imprudemment confié une arme à feu à un jeune homme de 15 ans, d'un caractère violent et emporté, et de ne pas l'avoir fait surveiller non plus que le jeune Rasp, qui était confié à sa sollicitude, et que sous ce rapport la condamnation doit être prononcée personnellement contre lui;

« Attendu que dans ces sortes d'affaires, les tribunaux, pour réparer, autant qu'il est en eux, le préjudice éprouvé, doivent prendre en considération et la position de ceux qui se trouvent lésés dans leurs affections et leurs intérêts, et la position de ceux qui doivent la réparation;

« Attendu que le jeune Rasp qui, bien qu'appartenant à des parents peu aisés, avait reçu une éducation soignée, et qui, après avoir terminé ses études classiques, se livrait à des études spéciales pour entrer à l'école polytechnique, était, pour sa mère et pour sa sœur, un sujet de justes espérances; que toutes deux devaient envisager, dans un avenir assez rapproché, le fruit et la récompense des sacrifices faits pour une éducation coûteuse;

« Attendu qu'on ne peut évaluer à moins de 8,000 fr., les sommes dépensées pour l'éducation de Rasp;

« Mais que ce n'est pas cette somme seulement qui doit être touchée par madame Levaillant;

« Qu'elle doit encore, et sa fille comme elle, être indemnisée des ressources présumables que l'éducation de Rasp, et la profession qu'elle l'aurait mis à même d'embrasser, leur eussent procurées;

« Attendu qu'on doit aussi, dans l'arbitration des dommages-intérêts en semblable matière, apprécier, autant que possible, la perte morale d'affection;

« Que s'il est impossible de combler le vide que laissera toujours, dans le cœur d'une mère et dans celui d'une sœur, le cruel évènement qu'Edouard de Médine aura sans cesse à déplorer, au moins ne doit-on pas, dans l'évaluation du tort causé, perdre de vue ces liens d'amour maternel et de tendresse fraternelle qui se trouvent à jamais brisés;

« Que, sous ce double rapport d'intérêts matériels (autres que ceux d'éducation déjà évalués) et d'intérêts moraux, une somme de 15,000 fr. n'est pas excessive, surtout si, en pesant les fatales circonstances de l'affaire, on prend en considération la fortune personnelle dont jouit en ce moment Edouard de Médine, celle qui lui reviendra du chef de sa mère, et la fortune non moins considérable de son père;

« Le tribunal condamne le vicomte de Médine, tant comme tuteur d'Edouard de Médine, qu'en son nom personnel, et comme civilement responsable des faits de son fils mineur, en 23,000 francs de dommages-intérêts envers les demandeurs, avec les intérêts de droit, et aux dépens. »

ADJUDICATION DE LA CHASSE. 1re partie, p. 82 et suiv. — *de la pêche*, p. 135, nos 5 et suiv.

ADMINISTRATION FORESTIÈRE. 1re partie, p. 30 et suiv.

ADMISSION DES DIFFÉRENTS GARDES. 1re part., p. 3, no 6. — *des gardes champêtres*. 1re partie, p. 7, no 7. — *des gardes forestiers*, 1re partie, p. 13, no 1.

AFFICHES. Elles ne peuvent être apposées qu'avec autorisation de l'autorité locale. Elles doivent être timbrées, porter le nom et la demeure de l'imprimeur ; celles à la main, les noms et demeure de leur auteur. La contravention à cette disposition est punie d'emprisonnement d'après la *loi du 24 germinal an* IV, art. 1 et 2.

Le décret du 25 août 1852 complète les règles de l'affichage de la manière suivante :

Vu l'art. 30 de la loi du 8 juillet 1852, ainsi conçu :

A partir du 1er août 1852, toute affiche inscrite dans un lieu public, sur les murs, sur une construction quelconque, et même sur une toile au moyen de la peinture ou de tout autre procédé, donnera lieu à un droit d'affichage fixé à 50 centimes pour les affiches d'un mètre carré et au-dessous, et à 1 franc pour celles d'une dimension supérieure.

Un règlement d'administration publique déterminera le mode d'exécution du présent article.

Toute infraction à la présente disposition et toute contravention au règlement à intervenir pourront être punies d'une amende de 100 francs à 500 francs, ainsi que des peines portées à l'article 464 du Code pénal. »

Décrète :

Art. 1er. Tout individu qui voudra, au moyen de la

peinture ou de tout autre procédé, inscrire des affiches dans un lieu public, sur les murs, sur une construction quelconque, ou même sur une toile, sera tenu préalablement de payer le droit d'affichage établi par l'article 30 de la loi du 8 juillet 1852, d'obtenir de l'autorité municipale dans les départements, et à Paris, du préfet de police, l'autorisation ou permis d'afficher.

Le paiement du droit se fera au bureau de l'enregistrement dans l'arrondissement duquel se trouvent les communes où les affiches devront être placées.

Dans le département de la Seine, il se fera à un ou plusieurs bureaux d'enregistrement désignés à cet effet.

Art. 2. Le droit sera perçu sur la présentation, pour chaque commune, d'une déclaration en double minute, datée et signée, contenant :

1º Le texte de l'affiche ;

2º Les noms, prénoms, professions et domiciles de ceux dans l'intérêt desquels l'affiche doit être inscrite, et de l'entrepreneur de l'affichage ;

3º La dimension de l'affiche ;

4º Le nombre total des exemplaires à inscrire ;

5º La désignation précise des rues et places où chaque exemplaire devra être inscrit ;

6º Et le nombre des exemplaires à inscrire dans chacun de ces emplacements.

Un double de la déclaration restera au bureau pour servir de contrôle à la perception ; l'autre, revêtu de la quittance du receveur de l'enregistrement, sera rendu au déclarant.

Les droits régulièrement perçus ne seront point restituables, lors même que, par le fait des tiers, l'affichage ne pourrait avoir lieu.

Mais ces droits seront restitués si l'autorisation d'afficher est refusée par l'administration.

Art. 3. L'autorité municipale ou le préfet de police ne délivrera le *permis d'affichage* qu'au vu et sur le dépôt de la déclaration portant quittance, dont il est parlé dans l'article précédent, par ordre de date et de numéro.

Chaque permis sera enregistré sur un registre spécial et sans préjudice des droits des tiers.

Le numéro du permis devra être lisiblement indiqué au bas de chaque exemplaire de l'affiche, qui devra porter, en outre, son numéro d'ordre.

Art. 4. Aucun exemplaire de l'affiche ne pourra être d'une dimension supérieure à celle pour laquelle le droit aura été payé.

Art. 5. Les contraventions à l'article 30 de la loi du 8 juillet 1852, et aux dispositions du présent règlement, seront constatées par des procès-verbaux rapportés, soit par des préposés de l'administration de l'enregistrement et des domaines, soit par les commissaires, gendarmes, gardes champêtres et tous autres agents de la force publique.

Art. 6. Il sera accordé, à titre d'indemnité, aux gendarmes, gardes champêtres et autres agents de la force publique qui auront constaté les contraventions, un quart des amendes payées par les contrevenants.

Art 7. Les poursuites seront faites à la requête du ministère public et portées devant le tribunal de police correctionnelle dans l'arrondissement duquel la contravention aura été commise.

Art. 8. Les contraventions à l'art. 1er, au dernier alinéa de l'art. 3 et à l'art. 4 du présent règlement seront passibles des peines portées par l'article 30 de la loi du 8 juillet 1852.

Il sera dû une amende pour chaque exemplaire d'affiche inscrit sans paiement du droit ou d'une dimension supérieure à celle pour laquelle le droit aura été payé, et pour chaque exemplaire posé dans un emplacement autre que celui indiqué par la déclaration.

Dans tous les cas, les contrevenants devront rembourser les droits dont le trésor aura été frustré.

Art. 9. Ces droits, amendes et frais seront recouvrés

par l'administration de l'enregistrement et des domaines.

Art. 10. Les individus qui auront fait inscrire des affiches sur les murs antérieurement au 1er août 1852, auront un délai de deux mois, à compter de la même époque, pour acquitter le droit d'affichage et se faire délivrer un permis, en se conformant aux dispositions du présent règlement.

Ce délai expiré, l'administration aura la faculté de faire supprimer lesdites affiches.

AFFIRMATION. § 1er. Les procès-verbaux sur papier visé pour timbre en *débet*, quand il s'agit du gouvernement, des communes ou des établissements publics, et sur papier timbré quand il s'agit des intérêts particuliers, doivent être affirmés par les gardes rédacteurs, sous peine de nullité, au plus tard le lendemain de leur clôture.

S'il s'agissait d'une contravention de grande voirie, le délai serait de trois jours, aux termes d'une ordonnance du 8 novembre 1838, que rapporte la loi sur laquelle cette décision est fondée.

Toute affirmation a le caractère d'un serment; elle doit être reçue par le juge de paix du canton, ou l'un des suppléants.

§ 2. Les maires ou leurs adjoints reçoivent aussi l'affirmation, mais seulement pour les délits commis sur leur territoire, lorsqu'ils n'habitent pas la commune où réside le juge de paix ou son suppléant.

§ 3. Il est des cas où le premier conseiller municipal d'une commune peut suppléer le maire ou l'adjoint, lorsqu'il s'agit de perquisitions, par exemple, mais il ne le peut pas quand il s'agit d'affirmation. (Ainsi jugé le 18 novembre 1808.)

§ 4. L'acte d'affirmation reçu par un maire pour le juge de paix absent ou empêché, doit faire mention de cette circonstance : mais celui d'un adjoint remplaçant le maire, n'a pas besoin d'en contenir mention ; il y a présomption d'absence ou d'empêchement, par cela seul que c'est l'adjoint qui agit.

§ 5. L'affirmation doit être signée du garde et de celui qui la reçoit, à peine de nullité. (*Arrêt du 3 juillet* 1824 *et* 1er *avril* 1830.)

§ 6. Si c'est le juge de paix qui la reçoit, et si le procès-verbal est écrit par le garde, l'affirmation peut être ainsi conçue :

Par-devant nous, juge de paix du canton de... demeurant à... s'est présenté le Sr..., garde champêtre de la commune de..., lequel, sur l'heure de... nous a exhibé le présent procès-verbal entièrement écrit de sa main, et l'a affirmé sincère et véritable, et a signé avec nous.

Fait à... le... etc.

§ 7. Si le procès-verbal n'est pas écrit par le garde affirmant, il faut le dire, et ajouter après les mots : *le présent procès-verbal*, ceux-ci : *dont nous lui avons donné lecture.*

§ 8. Si le procès-verbal est présenté au maire à défaut du juge de paix et de ses suppléants, il faut qu'il porte :

Par-devant nous, maire de la commune de... pour l'absence du juge de paix du canton de... résidant en cette commune, et pour celle de ses suppléants, s'est présenté, etc. Il faut encore, dans ce cas, faire la distinction établie aux § 6 et 7.

L'affirmation d'un procès-verbal devant un fonctionnaire qui n'a pas qualité pour la recevoir, est nulle, et ce seul fait suffit pour faire renvoyer le prévenu des poursuites. (*Arrêt du* 24 *décembre* 1824.)

Il y aurait également nullité si l'affirmation n'était pas faite sous forme de serment. (*Arrêt du* 16 *avril* 1828.)

AFFIRMATION. Voir *Procès-Verbaux.* — *Voir* également 1re part., p. 15, n° 6.

AFFOUAGE. C'est le droit que possède une commune de couper dans un bois les portions destinées au chauffage des habitants et aux constructions qui intéressent la commune ou des particuliers. Les affouagers sont assimilés aux adjudicataires de ventes. (*Arrêt du 25 août* 1808.) Ils ne peuvent, quel que soit le titre justificatif de leurs droits, couper les bois sans en avoir obtenu la délivrance par un arrêté de l'administration forestière. (*Arrêt du 3 septembre* 1808. Voyez *Usage*, où cette matière est traitée selon la nouvelle loi forestière.) Le partage de ces bois doit être réglé par délibération du conseil municipal. Les règlements faits à cet égard ont le caractère de règlement de police, et donnent lieu à condamnation en cas de contravention. (*Arrêt du 26 mars* 1819.)

Les droits d'affouage des communes sont incessibles. La prohibition de vendre des bois qui en proviennent s'applique non-seulement aux ventes faites par les communes, mais encore à celles faites de particulier à particulier. (*Cour de cass., arrêt du 13 octobre* 1809.) (Voyez *Parcours*.)

Afin d'acquitter la redevance fixée par l'article 109 du Code forestier en faveur du trésor public, l'ordonnance d'exécution avait statué, article 86, que les adjudications des coupes affouagères auraient lieu par-devant les préfets et sous-préfets, dans les chefs-lieux d'arrondissement ; que toutefois les préfets pourraient permettre que les coupes, dont l'évaluation *n'excéderait pas* 500 fr., *fussent adjugées au chef-lieu des communes*, sous la présidence des maires. Une ordonnance du 29 octobre 1834 a autorisé le ministre des finances à permettre cette vente même au-dessus de 500 fr.

Cela ne s'applique qu'à la portion qui doit être distraite, aux termes de l'article 109 du Code forestier, pour faire face aux dépenses d'administration, mais ce n'est pas moins une mesure très-avantageuse pour les habitants, puisqu'elle leur donne une sorte de préférence sur des acquéreurs étrangers.

ALEVIN. Nom donné à tout menu poisson qui sert à peupler les étangs et pièces d'eau.

AMENDES. Elles sont prononcées au profit de l'Etat; les dommages-intérêts appartiennent au propriétaire; elles emportent contrainte par corps; elles sont doubles lorsque les délits ont été commis de nuit, avec scie ou feu, ou par des préposés de l'administration. Les remises d'amendes ne peuvent être accordées que par le ministre des finances, le conservateur entendu; c'est à ce fonctionnaire qu'il faut d'abord adresser la demande.

Si le condamné à l'amende ne peut payer pour cause d'indigence, il doit le faire certifier par le garde général; ce certificat est visé par le maire, et l'administration peut lui faire remise de l'amende.

Cela ne s'applique, bien entendu, qu'aux amendes forestières. Les autres amendes, celles de chasse, par exemple, se remettent aux délinquants sans que le conservateur soit consulté, lors même que les délits auraient été commis dans des forêts. La Cour de cassation a jugé, le 23 février 1839, que l'amende pour délit de chasse et l'indemnité du propriétaire devaient être prononcées lors même que le propriétaire n'aurait éprouvé aucun préjudice, et que le ministère public aurait refusé ou négligé de requérir.

ANIMAUX DOMESTIQUES. La loi du 2 juillet 1850 punit d'une amende de 5 à 15 francs ceux qui exercent *publiquement* et abusivement de mauvais traitements contre eux, soit dans les rues, soit sur les routes, soit dans les champs : ce qui impose aux gardes champêtres de nouveaux devoirs.

La peine de la prison est toujours applicable en cas de récidive. L'art. 463 du Code pénal est toujours applicable.

ANIMAUX NUISIBLES. Voir 1re partie, p. 128 et suiv.

APPATS. Il en est de permis, et d'autres sévèrement défendus, parce que ce sont de véritables poisons. La loi du 15 avril 1829 porte, art. 25 : « Quiconque aura jeté dans les eaux des drogues ou appâts qui sont de nature à enivrer le poisson ou à le détruire, sera puni d'une amende de trente francs à trois cents francs, et d'un emprisonnement d'un mois à trois mois. De là, la nécessité pour le garde-pêche de mentionner dans son procès-verbal ce qu'il a pu vérifier touchant la quantité de poisson enivré ou empoisonné, afin que le juge puisse, en connaissance de cause, faire l'application de la loi d'après la latitude qui lui est accordée entre le *minimum* et le *maximum*. (*Voir* 1re part., p. 145 et 171, no 13.)

Quant aux appâts naturels, la saisie n'en peut être faite qu'autant que le pêcheur n'a pas le droit de pêcher, soit parce qu'on est en temps prohibé, soit parce qu'il n'a pas la permission du propriétaire.

ARBRE DE LISIÈRE. Ce sont ceux qui servent de bornes aux forêts. L'élagage n'en est pas permis, et tout contrevenant serait puni comme s'il les avait abattus. (*Art. 150 et 192 du Code forestier.*) Si ces arbres ont été abattus par le propriétaire, ceux qui les remplacent peuvent être élagués conformément à l'art. 672 du Code Napoléon; mais seulement lorsque le propriétaire riverain le demande.

ARRESTATIONS. Les gardes ont le droit de conduire : devant le maire, le juge de paix ou le procureur de la République, les individus pris en flagrant délit de faits qualifiés crimes ou délits, sauf les délits de chasse; mais ils ne doivent effectuer d'arrestation qu'avec la plus grande circonspection.

Il a été jugé, le 22 novembre 1839, que la résistance opposée à une arrestation illégale ne constitue pas le délit de rébellion aux agents de la force publique, prévu par l'art. 209 du Code pénal.

Voir 1re part., p. 62, no 13.

ARRÊTÉS PRÉFECTORAUX en matière de chasse, *voir* 1re part., p. 80 et 81.

ATTRIBUTIONS. Celles de tous les gardes sont soigneusement spécifiées dans la 1re partie et sous les mots divers qui forment le dictionnaire.

Voir *Boissons. — Gardes champêtres. — Gardes-chasse. — Gardes forestiers. — Gardes-pêche.*

ATTROUPEMENTS. — RESPONSABILITÉ. Chaque commune est responsable des délits commis à force ouverte, ou par violence, sur son territoire, par des attroupements ou rassemblements armés ou non armés, soit envers les personnes, soit contre les propriétés nationales ou privées, ainsi que des dommages-intérêts auxquels ils donneront lieu. (Loi du 10 vendémiaire an IV. Titre IV, *art.* 1er.)

Dans le cas où les habitants de la commune auraient pris part aux délits commis sur le territoire par des attroupements et rassemblements, cette commune sera tenue de payer à l'Etat une amende égale au montant de la réparation principale. (*Art.* 2.)

Si les attroupements ou rassemblements ont été formés d'habitants de plusieurs communes, toutes seront responsables des délits qu'ils auront commis, et contribuables, tant à la réparation et dommages-intérêts, qu'au paiement de l'amende. (*Art.* 3.)

Les habitants de la commune ou des communes qui prétendraient n'avoir pris aucune part aux délits, et contre lesquels il ne s'élèverait aucune preuve de complicité ou participation aux attroupements, pourront exercer leur recours contre les auteurs et complices des délits. (*Art.* 4.)

Dans les cas où les rassemblements auraient été formés d'individus étrangers à la commune sur le territoire de laquelle les délits ont été commis, elle demeurera déchargée de toute responsabilité. (*Art.* 5.)

Lorsque dans une commune les cultivateurs tiendront leurs voitures démontées, ou n'exécuteront pas les réquisitions qui seront faites légalement pour transports ou charrois, les habitants de la commune seront responsables des dommages-intérêts en résultant. (*Art.* 9.)

Les attroupements même sans armes sont interdits lorsqu'ils portent trouble à la tranquillité publique. (*Décret du* 7 *juin* 1848).

AUTORITÉ MUNICIPALE. Les gardes champêtres peuvent être chargés de faire exécuter les arrêtés pris par elle (1re partie, p. 2, n° 2).

B

BALIVEAU. Arbre qu'on réserve à chaque coupe de taillis pour croître en futaie. Il y en a trois espèces : baliveaux de l'âge de la coupe, baliveaux modernes, baliveaux anciens.

Les premiers sont ceux de la coupe en exploitation, les modernes ceux de l'exploitation précédente, et les anciens ceux qu'on a réservés antérieurement à l'avant-dernière coupe. Les premiers ont conséquemment de 20 à 25 ans, les seconds de 40 à 50 ans, les autres de 60 à 80 ans. Dans les coupes de taillis on doit réserver 50 baliveaux de l'âge par hectare.

Les baliveaux anciens ou modernes ne peuvent être abattus que quand ils dépérissent.

Quand il faut procéder au balivage, les agents du triage et les gardes doivent être présents à l'opération.

La marque doit être frappée à la patte et le plus près de terre qu'il est possible.

Les procès-verbaux de balivage font mention du nombre et des espèces d'arbres marqués en réserve, en désignant ceux de l'âge, les modernes et les anciens; le tout en exécution des articles 77, 78 et 79 de l'ordonnance forestière.

BAN DE VENDANGE. Le maire, avant de le publier, fait examiner l'état des vignes; c'est sur le rapport que font les examinateurs sur la maturité, l'avancement ou le retard de la vigne, selon la saison, que le maire prend un arrêté qui fixe l'ouverture des vendanges.

Si le vignoble est considérable, on peut nommer des gardes auxiliaires qui concourent, avec les gardes-champêtres, à assurer la conservation du raisin. Les procès-verbaux des uns et des autres sont faits dans la même forme, ont même valeur devant le tribunal de police et peuvent donner lieu à des condamnations à une amende de 6 à 10 francs, conformément à l'art. 475, n° 1er du Code pénal, qui porte : « Seront punis d'amende depuis 6 francs jusqu'à 10 francs inclusivement, ceux qui auront contrevenu aux bans de vendanges ou autres bans autorisés par les règlements. »

Cet arrêté peut interdire l'entrée dans les vignes à partir de telle époque, et fixer celle où le grapillage sera permis. Toute vendange partielle opérée hors du terme fixé est une contravention qui doit être constatée et punie.

Elle se constate soit par un rapport, soit par un procès-verbal qui doit être fait dans les trois jours, y compris celui où ils ont reconnu le fait.

BARRAGE. Le barrage des rivières, à l'effet de pêcher, ayant pour résultat de les dépeupler complétement, est interdit par la loi, et ceux qui en pratiquent doivent être poursuivis sur les rapports ou les procès-verbaux des gardes-pêche.

La cour de Limoges a décidé, le 4 décembre 1838, qu'il y a excès de pouvoir dans le règlement d'un préfet qui pose en principe qu'il y aura présomption de délit de pêche contre le propriétaire riverain, dans le fait seul de l'existence d'un barrage; en conséquence, le propriétaire ne peut être condamné à l'amende, si l'on ne prouve pas que le barrage a été construit par son ordre et dans son intérêt.

BATELEURS. Ce sont ces hommes que l'on voit sur les places publiques, sur les foires et marchés, se livrant à des tours de force ou d'adresse pour attirer et amuser le peuple.

La police ne saurait les surveiller de trop près; elle sait que la plupart de ces fainéants éhontés sont des repris de justice. Elle peut, elle doit leur interdire tous costumes, toutes attitudes contraires à la pudeur, et tous discours contraires aux mœurs, à la religion, aux autorités publiques. Elle peut également faire saisir, en vertu de l'article 481 du Code pénal, les instruments et costumes servant à leurs exercices. (*Voyez* aussi l'article 479, n° 7, du Code pénal.)

BATIMENTS. Il doit être ici question de ceux qu'il s'agit d'élever ou de ceux qui tombent en ruine. Quant aux premiers, le maire doit donner l'alignement; il peut charger le garde champêtre de surveiller la construction, et s'il voit qu'on ne se conforme pas à l'alignement, il doit en dresser procès-verbal.

Quant aux autres, la loi du 22 juillet 1791 et une jurisprudence constante ont donné aux maires le droit de faire réparer par le propriétaire ou de faire démolir tout bâtiment qui pourrait compromettre la sûreté publique. Les gardes champêtres n'ont pas besoin d'ordres particuliers pour signaler ceux qui se trouvent en cet état; ils doivent le faire aussitôt qu'ils s'en aperçoivent. Les contraventions à cet égard sont prévues et punies par l'article 471, n° 5, d'une amende de 1 franc à 5 francs et des frais. S'il en est résulté du dommage, il y a lieu, d'après l'article 479, n° 4, à une amende de 11 à 15 francs, indépendamment des dommages-intérêts, et même à la prison s'il y a récidive. (*Art.* 482.)

BÉTAIL. Mot qui désigne toutes les espèces de quadrupèdes dont l'homme se sert soit pour sa nourriture, soit pour la culture des terres. On distingue les bestiaux en bêtes à cornes, tels que bœufs et vaches, et en bêtes à laine, tels que moutons, brebis, boucs, chèvres. Il y a ensuite les porcs, les ânes, les chevaux. Lorsqu'un garde dresse un procès-verbal pour délits faits par des bestiaux, il ne doit pas se borner à déclarer qu'il a pris tant de têtes de bétail, il faut dire tant de vaches, tant de bœufs, de porcs, de moutons, etc. S'il n'y a qu'une seule bête et même plusieurs sans conducteur, il faut encore dire sous quel poil, et désigner le propriétaire s'il est connu.

Les personnes qui laissent à l'abandon des bestiaux, s'exposent à les voir saisir par le propriétaire sur le terrain duquel ils pénètrent ; il peut les garder pendant vingt-quatre heures, et si le dommage n'est pas payé dans ce délai, il est permis de les vendre jusqu'à concurrence de la valeur du préjudice causé.

BLÉ. Les dégâts causés dans les blés en vert par les animaux, dans les blés en épis par les hommes, doivent être constatés avec la plus grande exactitude. C'est surtout à l'époque de la maturité des blés que les gardes doivent multiplier leurs tournées de jour et de nuit.

BOISSONS. Les gardes champêtres sont chargés par la loi du 21 juin 1873, art. 2, de constater les contraventions aux dispositions sur la circulation des boissons.

BOIS DE DÉLIT. Bois abattus en contravention aux lois.

BRIS DE CLOTURE. *Voir* 1re partie, p. 60, n° 5.

BRUITS NOCTURNES. Les articles 479, n° 3, et 480, n° 5, du Code pénal punissent les auteurs des bruits ou tapages injurieux et nocturnes d'une amende de 11 à 15 francs, et même, selon les circonstances, d'un emprisonnement de cinq jours au plus.

Doit-on considérer les charivaris, les sérénades et autres choses semblables comme des tapages injurieux dans le sens de la loi? Cela dépend des circonstances; on pourrait toujours en poursuivre les auteurs si la réunion avait quelque chose d'hostile, et qu'elle participât de l'attroupement : mais en général les sérénades et charivaris ne peuvent être punis d'office des peines de police qu'autant qu'ils ont eu lieu par violation des réglements; ils doivent toujours l'être s'il y a plainte et qu'elle soit fondée sur des injures, des vexations, outrages par gestes, chansons et autres moyens indirects d'indiquer du mépris pour les personnes en raison de leurs actions.

C

CABARETS. D'après la loi du 24 août 1790, les gardes champêtres sont chargés de maintenir l'ordre dans les endroits où se font des rassemblements d'hommes, tels que spectacles, cafés, cabarets, etc., et celle du 22 juillet 1791 leur permet en conséquence d'entrer en tout temps dans les lieux publics, afin de vérifier s'il ne s'y passe rien de contraire aux lois et réglements; et comme les cabarets sont les lieux de rassemblements où se commettent le plus de délits, le décret du 29 décembre 1851 contient des dispositions fort sévères contre ceux qui en ouvrent sans la permission du préfet ou malgré sa défense.

CAFÉS, BILLARDS. Ce qu'on vient de dire des cabarets s'applique aux cafés et aux billards.

CANTONNEMENT. L'attribution en toute propriété, aux usagers, d'une portion de la forêt soumise à l'usage, en compensation du droit d'usage dont ils sont privés.

CARRIÈRE. L'article 81 de la loi du 21 avril 1810 soumet l'exploitation des carrières à la surveillance de la police locale. L'article 93 de la même loi veut que les contraventions soient constatées comme celles en matière de voirie et de police, où, les gardes champêtres étant compétents pour ces dernières, doivent l'être également pour les autres. Ils doivent donc, dans l'intérêt particulier comme dans l'intérêt public, signaler tout ce qu'ils jugent contraire aux lois et réglements, décrire les excavations par leur largeur et profondeur, noter le défaut de barrières, d'étais, ou de toutes autres précautions prescrites par la prudence et par les réglements.

CHABLIS. On donne ce nom aux arbres que les ouragans, la neige, les pluies ont déracinés ou renversés, et qui ne peuvent plus se relever. Les gardes en doivent constater la reconnaissance et envoyer copie du procès-verbal à l'agent forestier, dans les dix jours. (*Ordonn.*, *art.* 26 *et* 101.)

CHASSE. *Voir* 1re part., p. 58 et suiv.

CHAUDIÈRES A VAPEUR. *Voir* Etablissements insalubres.

CHEMINS. C'est surtout en matière de chemins vicinaux que la surveillance des gardes champêtres doit être de tous les instants. S'agit-il de les créer ou les réparer, ils doivent : veiller à ce que les ouvriers travaillant à la prestation suivent l'alignement fixé ; tenir note de l'arrivée et du départ de ceux qui sont requis ou payés ; signaler au maire et aux commissaires du corps municipal les abus qu'ils découvrent ; veiller à la conservation des matériaux, et verbaliser contre ceux qui les détourneraient.

§ 1er. S'agit-il de chemins construits, ils sont chargés de constater les empiétements des voisins ; la praticabilité des chemins ; de verbaliser contre les voyageurs qui, quand les chemins sont praticables, passent dans les terres sans une nécessité absolue.

§ 2. Quant aux empiétements ou anticipations, si elles sont nouvelles, il n'y a pas de difficultés ; il suffit de se reporter à l'état de classement des chemins de la commune, de voir si celui sur lequel on a anticipé est de 1re, 2e ou 3e classe. S'il est de 1re classe, il doit avoir 6 mètres de largeur ; s'il est de seconde classe, il lui faut 5 mètres ; s'il est de troisième classe, on doit lui laisser 4 mètres, sauf toutefois les accidents du sol ou des circonstances de force majeure qui ont pu le réduire ; sauf aussi la qualité du chemin ; ceux de grande communication pouvant, d'après la législation nouvelle, être d'une largeur supérieure aux chemins ordinaires communaux de première classe. (*Voyez* ci-après, § 6.)

§ 3. Si le chemin n'a plus la largeur voulue, le garde champêtre doit en informer le maire qui vérifie le fait et prend un arrêté tendant à ce que, en vertu de l'article 479, n° 11 du Code pénal, le contrevenant soit cité au tribunal de police. Cet article est ainsi conçu : « Seront punis d'une « amende de 11 à 15 francs ceux qui auront dégradé ou « détérioré de quelque manière que ce soit les chemins « publics, ou usurpé sur leur largeur. »

Pour mieux assurer l'exécution de cet article, les maires qui comprennent bien l'étendue de leurs devoirs doivent prendre un arrêté général annonçant l'application de cet article, et quinze jours après, faire citer tous les contrevenants qui n'auraient pas présenté de motifs ou d'excuses de leur inexécution de l'arrêté.

§ 4. Un arrêté du 23 messidor an v portait que l'emplacement des chemins vicinaux reconnus inutiles serait rendu à l'agriculture.

Dans les communes où l'on a négligé cet objet, lorsque les maires trouvent qu'il existe sur leur territoire des chemins auxquels cette disposition est applicable, ils peuvent demander au sous-préfet une convocation extraordinaire du corps municipal, qui entend les personnes intéressées au maintien des chemins de cette nature. Lorsque la suppression a été autorisée, les propriétaires riverains peuvent acheter l'emplacement, qui, en cas de refus de leur part, est adjugé dans la forme prescrite pour l'aliénation des biens communaux.

Les préfets sont compétents pour déclarer la vicinalité d'un chemin ; et lorsque la partie croit avoir à se plaindre de la décision, elle peut recourir au Conseil d'État.

S'il s'agissait de statuer sur des contraventions commises sur un chemin vicinal, le conseil de préfecture serait seul compétent ; mais s'il s'agissait de contestation sur la propriété du sol, les tribunaux devraient en connaître. (*Ord. du 20 février* 1822.)

S'il s'agit de remplacer un chemin vicinal, c'est au préfet qu'il appartient d'apprécier l'utilité communale, sauf les droits des tiers à l'indemnité préalable qui doivent être réservés. (*Ord. du 1er mai* 1822.)

§ 5. Lorsqu'une commune et un particulier soutiennent dans une contestation judiciaire, l'un qu'un chemin est vicinal, l'autre qu'il n'est qu'un simple sentier, les tribunaux doivent, en se réservant, s'il y a lieu, le jugement du fond, renvoyer à l'autorité administrative, pour y faire statuer sur la question préjudicielle de l'existence et de la vicinalité du chemin. (*Ord. du 18 juillet* 1821.)

Les contraventions en matière de petite voirie sont de la compétence des tribunaux de police, à l'exclusion de l'administration. (*Arrêté du 22 mars* 1822.)

Le tribunal de police qui condamne à exécuter un réglement en matière de petite voirie, est aussi compétent pour ordonner la démolition de ce qui a été fait en contravention à ce réglement. (*Arrêt du 12 avril* 1822.)

Les tribunaux civils doivent juger si, par suite d'un alignement donné par l'administration, un propriétaire doit abandoner une portion de son héritage, et quelles sont la superficie et la valeur de la portion de terrain cédée à la voie publique. (*Ord. du 8 mai* 1822.)

§ 6. Des plaintes aussi nombreuses que fondées s'étant élevées sur le mauvais état des chemins communaux et sur l'insuffisance de la législation, le ministère de 1824 essaya de satisfaire à tant de réclamations, et présenta aux Chambres une loi puisée dans celle du 14 octobre 1791. On partit de ce principe, que les chemins communaux sont des propriétés des communes ; que tous les habitants ont un droit égal à s'en servir; que tous les détériorent plus ou moins; qu'ainsi la charge doit être en principe une obligation de tous.

On a tenté de s'attribuer et d'accréditer un système de

prestation en nature en usage en Angleterre, et s'apercevant que cette prestation pouvait s'appeler l'ancienne corvée, on a fait voir qu'il n'y avait aucune ressemblance entre la corvée nouvelle et l'ancienne corvée. Cette loi fut décrétée : elle reconnaît en principe l'utilité de la prestation ; elle en trace les règles propres à écarter l'arbitraire ; elle prévoit l'insuffisance de ce moyen, et permet la perception de centimes additionnels au principal des contributions directes, après délibération des conseils municipaux augmentés d'autant de contribuables les plus imposés que chaque conseil compte de membres.

La loi du 28 juillet 1824 consacre enfin les principes suivants :

Les chemins reconnus par un arrêté du préfet, sur une délibération du conseil municipal, pour être nécessaires à la communication des communes, sont à la charge de celles sur le territoire desquelles ils sont établis, sauf le cas prévu par l'article 9. (*Art.* 1er.)

Lorsque les revenus des communes ne suffisent point aux dépenses ordinaires de ces chemins, il y est pourvu par des prestations en argent ou en nature, à la volonté des contribuables. (*Art.* 2.)

Lorsqu'un même chemin intéresse plusieurs communes, et en cas de discord entre elles sur la proportion de cet intérêt, et des charges à supporter, ou en cas de refus de subvenir auxdites charges, le préfet prononce en conseil de préfecture sur la délibération des conseils municipaux, assistés des plus imposés. (*Art.* 9.)

Les acquisitions, aliénations et échanges, ayant pour objet les chemins communaux, seront autorisés par arrêté des préfets en conseil de préfecture, après délibération des conseils municipaux intéressés ; et après enquête de *commodo* et *incommodo*, lorsque la valeur des terrains à acquérir ou à échanger n'excèdera pas 3,000 francs. (*Art.* 10.)

La loi du 28 juillet 1824 contient encore des dispositions réglementaires, mais elles sont insuffisantes. Elles ont été complétées par celles du 21 mai 1836, qui renferme les dispositions suivantes :

LOI SUR LES CHEMINS VICINAUX.

(21 mai 1836).

Chemins vicinaux en général.

Art. 1er. Les chemins vicinaux légalement reconnus sont à la charge des communes, sauf les dispositions de l'article 7 ci-après.

Art. 2. En cas d'insuffisance des ressources ordinaires des communes, il sera pourvu à l'entretien des chemins vicinaux à l'aide soit de prestations en nature, dont le maximum est fixé à trois journées de travail, soit de centimes spéciaux en addition au principal des quatre contributions directes, et dont le maximum est fixé à cinq.

Le conseil municipal pourra voter l'une ou l'autre de ces ressources, ou toutes les deux concurremment.

Le concours des plus imposés ne sera pas nécessaire dans les délibérations prises pour l'exécution du présent article.

Art. 3. Tout habitant, chef de famille ou d'établissement, à titre de propriétaire, de régisseur, de fermier ou de colon partiaire, porté au rôle des contributions directes, pourra être appelé à fournir, chaque année, une prestation de trois jours :

1° Pour sa personne et pour chaque individu mâle, valide, âgé de dix-huit ans au moins et de soixante ans au plus, membre ou serviteur de la famille et résidant dans la commune;

2° Pour chacune des charrettes ou voitures attelées, et, en outre, pour chacune des bêtes de somme, de trait, de selle, au service de la famille ou de l'établissement dans la commune.

Art. 4. La prestation sera appréciée en argent, conformément à la valeur qui aura été attribuée annuellement pour la commune à chaque espèce de journée par le conseil général, sur les propositions des conseils d'arrondissement.

La prestation pourra être acquittée en nature ou en argent, au gré du contribuable. Toutes les fois que le contribuable n'aura pas opté dans les délais prescrits, la prestation sera de droit exigible en argent.

La prestation non rachetée en argent pourra être convertie en tâches, d'après les bases et évaluations de travaux préalablement fixés par le conseil municipal.

Art. 5. Si le conseil municipal, mis en demeure, n'a pas voté, dans la cession désignée à cet effet, les prestations et centimes nécessaires, ou si la commune n'en a pas fait emploi dans les délais prescrits, le préfet pourra, d'office, soit imposer la commune dans les limites du maximum, soit faire exécuter les travaux.

Chaque année, le préfet communiquera au conseil général l'état des impositions établies d'office en vertu du présent article.

Art. 6. Lorsqu'un chemin vicinal intéressera plusieurs communes, le préfet, sur l'avis des conseils municipaux, désignera les communes qui devront concourir à sa construction ou à son entretien, et fixera la proportion dans laquelle chacune d'elles y contribuera.

Chemins vicinaux de grande communication.

Art. 7. Les chemins vicinaux peuvent, selon leur importance, être déclarés chemins vicinaux de grande communication par le conseil général, sur l'avis des conseils municipaux, des conseils d'arrondissement, et sur la proposition du préfet.

Sur les mêmes avis et proposition, le conseil général détermine la direction de chaque chemin vicinal de grande communication, et désigne les communes qui doivent contribuer à sa construction ou à son entretien.

Le préfet fixe la largeur et les limites du chemin, et détermine annuellement la proportion dans laquelle chaque commune doit concourir à l'entretien de la ligne vicinale dont elle dépend; il statue sur les offres faites par les particuliers, associations de particuliers ou de communes.

Art. 8. Les chemins vicinaux de grande communication, et, *dans des cas extraordinaires*, les autres chemins vicinaux, pourront recevoir des subventions sur les fonds départementaux.

Il sera pourvu à ces subventions au moyen de centimes facultatifs ordinaires du département, et de centimes spéciaux votés annuellement par le conseil général.

La distribution des subventions sera faite, en ayant égard aux ressources, *aux sacrifices et aux besoins des communes*, par le préfet, qui en rendra compte, chaque année, au conseil général.

Les communes acquitteront la portion des dépenses mise à leur charge au moyen de leurs revenus ordinaires, et, en cas d'insuffisance, au moyen de deux journées de prestations sur les trois journées autorisées par l'article 2, et des deux tiers des centimes votés par le conseil municipal en vertu du même article.

Art. 9. Les chemins vicinaux de grande communication sont placés sous l'autorité du préfet. Les dispositions des articles 4 et 5 de la présente loi leur sont applicables.

Dispositions générales.

Art. 10. Les chemins vicinaux reconnus et maintenus comme tels sont imprescriptibles.

Art. 11. Le préfet pourra nommer des agents-voyers.

Leur traitement sera fixé par le conseil général.

Ce traitement sera prélevé sur les fonds affectés aux travaux.

Les agents-voyers prêteront serment: ils auront le

droit de constater les contraventions et délits, et d'en dresser des procès-verbaux.

Art. 12. Le maximum des centimes spéciaux qui pourront être votés par les conseils généraux, en vertu de la présente loi, sera déterminé annuellement par la loi de finances.

Art. 13. Les propriétés de l'État, productives des revenus, contribueront aux dépenses des chemins vicinaux dans les mêmes proportions que les propriétés privées, et d'après un rôle spécial dressé par le préfet.

Les propriétés de la couronne contribueront aux mêmes dépenses, conformément à l'article 13 de la loi du 2 mars 1832.

Art. 14. Toutes les fois qu'un chemin vicinal, entretenu à l'état de viabilité par une commune, sera habituellement ou temporairement dégradé par des exploitations de mines, de carrières, de forêts, ou de toute entreprise industrielle appartenant à des particuliers, à des établissements publics, à la couronne ou à l'État, il pourra y avoir lieu à imposer aux entrepreneurs ou propriétaires, suivant que l'exploitation ou les transports auront eu lieu pour les uns ou les autres, des subventions spéciales, dont la quotité sera proportionnée à la dégradation extraordinaire qui devra être attribuée aux exploitations.

Ces subventions pourront, aux choix des subventionnaires, être acquittées en argent ou en prestations en nature, et seront exclusivement affectées à ceux des chemins qui y auront donné lieu.

Elles seront réglées annuellement, sur la demande des communes, par les conseils de préfecture, après des expertises contradictoires, et recouvrées comme en matière de contributions directes.

Les experts seront nommés suivant le mode déterminé par l'article 17 ci-après.

Ces subventions pourront être aussi déterminées par

abonnement : elles seront réglées, dans ce cas, par le préfet en conseil de préfecture.

Art. 15. Les arrêtés du préfet portant reconnaissance et fixation de la largeur d'un chemin vicinal, attribuent définitivement au chemin le sol compris dans les limites qu'ils déterminent.

Le droit des propriétaires riverains se résout en une indemnité qui sera réglée à l'amiable ou par le juge de paix du canton sur le rapport d'experts nommés conformément à l'article 17.

Art. 16. Les travaux d'ouverture et de redressement des chemins vicinaux seront autorisés par arrêté du préfet.

Lorsque pour l'exécution du présent article, il y aura lieu de recourir à l'expropriation, le jury spécial chargé de régler les indemnités ne sera composé que de quatre jurés. Le tribunal d'arrondissement, en prononçant l'expropriation, désignera, pour présider et diriger le jury, l'un de ses membres ou le juge de paix du canton. Ce magistrat aura voix délibérative en cas de partage.

Le tribunal choisira sur la liste générale prescrite par l'article 29 de la loi du 7 juillet 1833, quatre personnes pour former le jury spécial et trois jurés supplémentaires. L'administration et la partie intéressée auront respectivement le droit d'exercer une récusation péremptoire.

Le juge recevra les acquiescements des parties.

Son procès-verbal emportera translation définitive de propriété.

Le recours en cassation, soit contre le jugement qui prononcera l'expropriation, soit contre la déclaration du jury qui réglera l'indemnité, n'aura lieu que dans les cas prévus et selon les formes déterminées par la loi du 7 juillet 1833.

Art. 17. Les extractions de matériaux, les dépôts ou enlèvements de terre, les occupations temporaires de terrains, seront autorisés par arrêté du préfet, lequel désignera les lieux; cet arrêté sera notifié aux parties intéressées au moins dix jours avant que son exécution puisse être commencée.

Si l'indemnité ne peut être fixée à l'amiable, elle sera réglée par le conseil de préfecture, sur le rapport d'experts nommés l'un par le sous-préfet, et l'autre par le propriétaire.

En cas de désaccord, le tiers-expert sera nommé par le conseil de préfecture.

Art. 18. L'action en indemnité des propriétaires pour les terrains qui auront servi à la confection des chemins vicinaux et pour extraction de matériaux, sera prescrite par le laps de deux ans.

Art. 19. En cas de changement de direction ou d'abandon d'un chemin vicinal, en tout ou partie, les propriétaires riverains de la partie de ce chemin qui cessera de servir de voie de communication, pourront faire leur soumission de s'en rendre acquéreurs, et d'en payer la valeur qui sera fixée par des experts nommés dans la forme déterminée par l'article 17.

Art. 20. Les plans, procès-verbaux, certificats, significations, jugements, contrats, marchés, adjudications de travaux, quittances et autres actes ayant pour objet exclusif la construction, l'entretien et la réparation des chemins vicinaux, seront enregistrés moyennant le droit fixe de 1 fr.

Les actions civiles intentées par les communes ou dirigées contre elles, relativement à leurs chemins, seront jugées comme affaires sommaires et urgentes, conformément à l'article 405 du Code de procédure civile.

Art. 21. Dans l'année qui suivra la promulgation de la présente loi, chaque préfet fera, pour en assurer l'exécution, un règlement qui sera communiqué au conseil général et transmis, avec ses observations, au ministre de l'intérieur, pour être approuvé, s'il y a lieu.

Ce règlement fixera, dans chaque département, le maximum de la largeur des chemins vicinaux; il fixera, en outre, les délais nécessaires à l'exécution de chaque mesure, les époques auxquelles les prestations en nature devront être faites, le mode de leur emploi ou de leur conversion en tâches, et statuera, en même temps, sur tout ce qui est relatif à la confection des rôles, à la comptabilité, aux adjudications et à leur forme, aux alignements, aux autorisations de construire le long des chemins, à l'écoulement des eaux, aux plantations, à l'élagage, aux fossés, à leur curage, et à tous autres détails de surveillance et de conservation.

Art. 22. Toutes les dispositions de lois antérieures demeurent abrogées en ce qu'elles auraient de contraire à la présente loi.

Voir également l'ordonnance du 8 août 1845, les lois des 8 juin 1864, 11 juillet 1868, 21 juillet 1870, et 25 juillet 1873 et le décret du 10 juillet 1875.

CHEMINÉES. Le garde champêtre peut, dans beaucoup de communes, suppléer le maire dans la visite des cheminées; si, avant cette visite, il aperçoit quelques dangers d'incendie par vice de construction ou pour toute autre cause, il en avertit le maire. S'il y a des réglements empêchant certaines pratiques dangereuses, telle que celle de sécher dans les fours ou cheminées des récoltes de chanvre, de blé, de pois et autres denrées combustibles, il doit dresser procès-verbal contre les contrevenants, après les avoir avertis officieusement.

CHENILLES. Ces inconcevables insectes qui paraissent au printemps, font de tels ravages, que si on ne les détruisait pas, ils rendraient superflus tous les soins que prend l'homme pour cultiver les plantes et les arbres. Il faut donc écheniller tous les ans les arbres et les haies qui avoisinent les jardins. La loi en fait un devoir. L'intérêt de l'homme le lui conseille impérieusement, et les gardes champêtres doivent verbaliser contre ceux qui, par négligence, exposent les propriétés voisines. Il faut aussi veiller à ce que les bourses ou coques dans lesquelles la chenille enveloppe ses chrysalides ou ses œufs, soient brûlées, autrement, il en échapperait beaucoup. Ceux qui les jettent à l'eau n'en détruisent qu'un petit nombre; la coque étant couverte d'une matière glutineuse, l'eau n'y pénètre pas; elle vogue et s'attache au bord des ruisseaux, et quand vient le moment d'éclore, le papillon sort vainqueur de l'incurie de l'homme, et se propage comme si on eût laissé la coque dans la haie ou sur l'arbre fruitier; il en est de même des œufs qui éclosent partout quand ils ne sont pas brûlés ou écrasés.

CHIEN. Celui qui tue ou blesse un chien de garde, commet un délit qui doit être constaté par procès-verbal, soit d'office, soit sur la plainte du propriétaire.

Les chiens enragés et ceux qui ont été mordus par des chiens inconnus, peuvent être tués par toute personne sur les propriétés de laquelle ils vaguent.

Ils peuvent aussi l'être sur la voie publique; ils doivent l'être quand l'autorité administrative le prescrit pour sûreté publique.

Mais un chien qui s'introduirait dans une maison ne peut être tué par le propriétaire de cette maison, qu'autant qu'il commet des dégâts, ou que l'on a des raisons de craindre qu'il ne soit malade. La Cour de cassation a jugé, le 21 avril 1840, que la responsabilité dont parle l'art. 1382 du Code civil ne s'étend pas au propriétaire dont le garde aurait tué un chien étranger dans un parc où il s'était introduit; qu'il faut, pour qu'il y ait responsabilité, *une faute* de la part de celui qui a tué.

La loi qui a mis un impôt sur les chiens, fait aux gardes champêtres un devoir d'avertir le maire ou le commissaire de police des fraudes qui parviennent à leur connaissance. (Voir : *Loi du 2 mai* 1855, *Décrets des* 4 *août* 1855 *et* 3 *août* 1861.)

CITATION. C'est un des actes les plus importants des attributions des gardes. L'article 173 du Code forestier les assimile à cet égard aux huissiers des justices de paix.

L'administration pouvant les rendre responsables des nullités qui se trouveraient dans ces actes, il est de leur intérêt de ne rien négliger pour en assurer la régularité. Il leur suffit pour cela, de suivre à la lettre les modèles que leur donnent les agents forestiers et de remettre eux-mêmes à personne ou à domicile, et après avoir rempli le parlant à..... la citation avec copie de leur procès-verbal et de l'affirmation, autrement la citation serait nulle, aux termes de l'art. 172 du Code forestier.

Il faut que la copie soit parfaitement conforme à l'original, et que la copie du procès-verbal mentionne la signature du garde qui l'a dressé. Si l'on ne trouve pas le prévenu à domicile, ni aucun serviteur ou parent, il faut remettre la copie à un voisin qui voudra signer l'original, sinon au maire ou à l'adjoint de sa commune, qui visera l'original. Le garde doit en faire mention tant sur l'original que sur la copie. Le garde doit aussi mentionner le coût de la citation, pour ne pas s'exposer à l'amende lors de l'enregistrement.

CLAMEUR PUBLIQUE. On doit entendre par là, non pas des cris vagues et dénués de toute espèce de preuve, mais une sorte d'accusation populaire portée contre un individu comme coupable d'un crime ou d'un délit.

Toute personne doit secours et main-forte à l'autorité agissant dans le cas de clameur publique, sous peine d'amende. (*Art.* 475 n° 12 du C. P.)

Toute personne poursuivie par la clameur publique doit être arrêtée par la gendarmerie. (*Loi du* 26 *germinal an* VI, *et Ordonnance du* 29 *octobre* 1820.)

La garde nationale n'avait pas besoin de réquisition particulière pour saisir les individus qui troublaient l'ordre et la paix publique.

CLAVEAU. Une instruction du 6 thermidor an X fait connaître aux maires les précautions qui peuvent écarter le claveau de leurs communes; elle leur trace en même temps la marche qu'ils auraient à suivre si cette maladie, la plus meurtrière de toutes celles des bêtes à laine, venait à se manifester dans quelque troupeau. Un maire attentif diminuera le danger en ne laissant introduire dans les foires de sa commune aucune espèce de bestiaux sans les avoir fait inspecter par un vétérinaire digne de confiance. (*Voyez* les art. 459, 460 et 461 du C. P.)

CLOTURES. On entend en général par clôture les murs qui entourent une maison, un parc, une cour; les haies vives ou sèches, les fossés et les palissades dont un terrain, un bois, une ferme, sont environnés. Ceux qui auraient comblé des fossés, détruit des clôtures, sont punis par l'art. 456 du Code pénal.

L'enlèvement de tout ou partie d'une clôture dépendant d'une maison d'habitation pour y commettre un vol, constitue une effraction, aux termes de l'article 373 du Code pénal, et doit être constaté par un procès-verbal circonstancié.

Si le vol n'a pas été commis, et qu'il n'y ait d'autre fait que le bris de la clôture, ce fait ne suffit pas pour donner lieu à une action criminelle. (*Arrêts des 24 octobre 1806, 29 octobre 1813 et 31 janvier 1822.*)

Voilà des principes qu'un garde champêtre ne peut pas ignorer s'il veut être au niveau de ses fonctions et faire respecter son autorité. Mais, indépendamment de ces clôtures, il en est d'autres qui ne méritent pas moins son attention et qui appellent une plus grande surveillance : ce sont les fossés, les levées, les haies de fagotins ou de bourrées, les simples défenses attachées aux bords des champs pour en interdire l'entrée. Plus ces clôtures, qui méritent à peine ce nom, sont fragiles et faciles à franchir, plus les gardes champêtres doivent s'attacher à ce qu'elles ne soient méconnues ni par les hommes, ni par les animaux.

COLPORTEUR. Cette classe de petits commerçants est utile en ce qu'elle étend les moyens de consommation; mais elle est souvent nuisible en ce qu'elle colporte des marchandises de contrebande, des effets volés, ou en ce qu'elle trompe souvent les gens des campagnes. Les colporteurs sont partout l'objet d'une surveillance active.

Ils doivent représenter aux maires des lieux où ils passent, la patente à laquelle ils sont sujets.

COLPORTAGE. Deux circulaires du ministre de la police générale, sous la date des 28 juillet et 12 septembre 1852, complètent les règlements sur le colportage. Celle du 28 juillet impose aux colporteurs l'obligation de ne vendre que des volumes revêtus de l'estampille de la direction de la librairie ou celle des préfectures pour les départements. Les maires ont le droit de demander aux colporteurs leur autorisation spéciale, et de vérifier si tous les volumes sont estampillés.

Les maires et les commissaires de police et gardes champêtres ont aussi le droit de se faire représenter les marchandises d'or, d'argent ou de plaqué qu'ils vendent, afin d'en vérifier la marque. (*Voir* pour transport du gibier en temps prohibé, 1re part. p. 120 et suiv., du poisson, p. 68, nos 9, 10.)

COMESTIBLES. Les maires peuvent faire, à l'égard des comestibles exposés en vente dans leur commune, tous les règlements que leur suggère leur zèle pour leurs administrés; ils doivent être exécutés à peine d'amende, de saisie et de destruction des objets nuisibles.

Les commissaires de police et gardes champêtres ont la faculté de faire constater l'insalubrité des comestibles, de dresser des procès-verbaux en cas de contestation, et de citer les contrevenants au tribunal de police, pour être condamnés à une amende, soit en vertu de règlements locaux maintenus par l'art. 484 du Code pénal, soit conformément aux art. 475, n° 6, et 318 du même Code.

COMMISSAIRES CANTONAUX. Ces fonctionnaires créés par le décret du 28 mars 1852 avaient la surveillance des gardes champêtres, et ceux-ci leur étaient subordonnés pour tout ce qui touche la police du canton.

Ils ont été supprimés par l'arrêté ministériel du 10 septembre 1870.

CONCUSSION. Elle existe chaque fois qu'un fonctionnaire, abusant de l'autorité dont il est revêtu, exige ou reçoit ce qu'il sait n'être pas dû, pour droits, taxes, contributions, deniers, revenus, salaires ou traitements.

Tout fonctionnaire, officier public, commis ou préposé, tout percepteur des droits, taxes, contributions, deniers, revenus publics ou communaux, et leurs préposés, qui se seraient rendus coupables de ce crime, sont punis, savoir : les fonctionnaires ou officiers publics, de la peine de la réclusion, et leurs commis ou préposés d'un emprisonnement de deux ans au moins, et de cinq ans au plus. Les coupables sont, de plus, condamnés à une amende dont le *maximum* est le quart des restitutions et des dommages-intérêts, et le *minimum* le douzième. (*Voir* 1re part., p. 61, n° 8.)

CONDAMNÉS. Si les individus condamnés, soit à la réclusion, soit aux travaux forcés, s'évadent et sont repris, les maires délivrent au capteur un certificat, d'après lequel celui-ci reçoit, sur l'ordonnance du préfet, une gratification de 100 fr. ou de 50 fr., selon que le condamné est pris dans la ville ou hors la ville où il était détenu, et ce, conformément à l'arrêté du 18 ventôse an XII.

Les maires doivent veiller à ce que les affiches prescrites par l'article 36 du Code pénal soient apposées. C'est un frein utile pour ceux qui seraient tentés de se livrer au crime, et un avertissement important pour ceux qui pourraient avoir des intérêts à discuter avec les condamnés.

CONDUCTEURS DE BESTIAUX. Le Code rural du 28 septembre 1791, titre II, art. 25 et suivants, défend aux conducteurs de bestiaux de les laisser paître sur les terres des particuliers, sous peine d'amende et de réparation du dommage. Les gardes champêtres doivent dresser, pour ces délits, des procès-verbaux qu'ils sont tenus d'affirmer, dans les vingt-quatre heures, devant le maire ou le juge de paix. (Voyez l'article 475, n° 7, du Code pénal, et *Procès-verbaux*.)

CONFISCATION. Celle des biens est abolie; mais celle des objets qui servent à commettre des crimes ou délits ne l'est pas, non plus que celle qui résulte des lois sur les impôts indirects.

D'après l'art. 47 de la loi du 22 juillet 1791, les objets confisqués par jugement du tribunal de police doivent rester au greffe et être vendus, au plus tard, dans la quinzaine, au plus offrant et dernier enchérisseur, suivant les formes ordinaires, et le prix en doit être employé au paiement des menus frais du tribunal de police, des frais de bureaux de paix, ainsi qu'au soulagement des pauvres de la commune.

Tout garde champêtre, greffier, employé, concierge, qui se permettrait d'en disposer, commettrait un véritable vol.

CONSERVATION DES BOIS. Les communes et établissements publics entretiendront, pour la conservation de leurs bois, le nombre de gardes particuliers qui sera déterminé par le maire et les administrateurs des établissements, sauf l'approbation du préfet, sur l'avis de l'administration forestière. (Art. 94, voyez *Gardes forestiers*.)

L'ordonnance d'exécution du Code forestier contient une foule de dispositions qu'il importe de consulter. (Voyez les art. 128 à 135.)

CONTRAVENTION. C'est l'infraction que la loi punit de peines de simple police ; on donne aussi ce nom à des faits qui emportent des peines correctionnelles, mais c'est par exception en matière de douanes, d'octrois, de contributions indirectes, etc., etc. Nous nous occupons ici de celles qui sont prévues par le Code pénal, et qui doivent plus particulièrement fixer l'attention des gardes champêtres.

Les art. 464 à 471 de ce Code s'occupent des peines qui sont : l'emprisonnement, l'amende et la confiscation de certains objets saisis ; mais l'art. 471 s'occupe des contraventions de 1re classe; l'art. 475 de celles de 2e classe, et l'art. 479 de celles de 3e classe. Il est intéressant de mettre sous les yeux des gardes champêtres celles des contraventions qu'ils ont à surveiller.

Première classe.

471. Seront punis d'amende, depuis un franc jusqu'à cinq francs inclusivement :

1º Ceux qui auront négligé d'entretenir, réparer ou nettoyer les fours, cheminées ou usines où l'on fait usage du feu ;

2º Ceux qui auront violé la défense de tirer, en certains lieux, des pièces d'artifice ;

3º Les aubergistes et autres qui, obligés à l'éclairage, l'auront négligé; ceux qui auront négligé de nettoyer les rues ou passages, dans les communes où ce soin est laissé à la charge des habitants ;

4º Ceux qui auront embarrassé la voie publique, en y déposant ou y laissant sans nécessité des matériaux ou des choses quelconques qui empêchent ou diminuent la liberté ou la sûreté du passage ; ceux qui, en contravention aux lois et règlements, auront négligé d'éclairer les matériaux par eux entreposés ou les excavations par eux faites dans les rues et places ;

5º Ceux qui auront négligé ou refusé d'exécuter les règlements ou arrêtés concernant la petite voirie, ou d'obéir à la sommation émanée de l'autorité administrative, de réparer ou démolir les édifices menaçant ruine ;

6º Ceux qui auront jeté ou exposé, au-devant de leurs

édifices, des choses de nature à nuire par leur chute ou par des exhalaisons insalubres;

7° Ceux qui auront laissé dans les rues, chemins, places, lieux publics, ou dans les champs, des coutres de charrue, pinces, barres, barreaux ou autres machines, ou instruments ou armes dont puissent abuser les voleurs et autres malfaiteurs;

8° Ceux qui auront négligé d'écheniller dans les campagnes ou jardins où ce soin est prescrit par la loi ou les règlements;

9° Ceux qui, sans autre circonstance prévue par les lois, auront cueilli ou mangé, sur le lieu même, des fruits appartenant à autrui.

10° Ceux qui, sans autre circonstance, auront glané, râtelé ou grapillé dans les champs non encore entièrement dépouillés et vidés de leurs récoltes ou avant le moment du lever ou après celui du coucher du soleil;

11° Ceux qui, sans avoir été provoqués, auront proféré contre quelqu'un des injures, autres que celles prévues depuis l'article 367 jusque et y compris l'article 378;

12° Ceux qui, imprudemment, auront jeté des immondices sur quelque personne;

13° Ceux qui, n'étant ni propriétaires, ni usufruitiers, ni locataires, ni fermiers, ni jouissant d'un terrain ou d'un droit de passage, ou qui, n'étant agents ni préposés d'aucune de ces personnes, seront entrés et auront passé sur ce terrain ou sur une partie de ce terrain, s'il est préparé ou ensemencé;

14° Ceux qui auront laissé passer leurs bestiaux ou leurs bêtes de trait, de charge ou de monture, sur le terrain d'autrui, avant l'enlèvement de la récolte;

15° Ceux qui auront contrevenu aux règlements légalement faits par les autorités administratives, et ceux qui ne se seront pas conformés aux règlements ou arrêtés publiés par l'autorité municipale en vertu des articles 3 et 4, titre XI de la loi des 16-24 avril 1790 et de 'art. 46 du titre 1er de la loi du 22 juillet 1791.

472. Seront, en outre, confisqués, les pièces d'artifice saisies dans le cas du N° 2 de l'art. 471, les coutres, les instruments et les armes mentionnés dans le N° 7 du même article.

473. La peine d'emprisonnement, pendant trois jours au plus, pourra de plus être prononcée, selon les circonstances, contre ceux qui auront tiré des pièces d'artifice, contre ceux qui auront glané, râtelé ou grapillé en contravention au N° 10 de l'article 471.

474. La peine d'emprisonnement contre toutes personnes mentionnées en l'art. 471, aura toujours lieu, en cas de récidive, pendant trois jours au plus.

Deuxième classe.

475. Seront punis d'amende, depuis six francs jusqu'à dix francs inclusivement :

1° Ceux qui auront contrevenu aux bans de vendanges ou autres bans autorisés par les règlements ;

2° Les aubergistes, hôteliers, logeurs ou loueurs de maisons garnies, qui auront négligé d'inscrire de suite et sans aucun blanc, sur un registre tenu régulièrement, les noms, qualités, domicile habituel, dates d'entrée et de sortie de toute personne qui aurait couché ou passé une nuit dans leurs maisons ; ceux d'entre eux qui auraient manqué à représenter ce registre aux époques déterminées par les règlements, ou lorsqu'ils en auraient été requis, aux maires, adjoints, officiers ou commissaires de police, ou aux citoyens commis à cet effet ; le tout sans préjudice des cas de responsabilité mentionnés à l'article 73 du présent Code, relativement aux crimes ou aux délits de ceux qui, ayant logé ou séjourné chez eux, n'auraient pas été régulièrement inscrits ;

3° Les rouliers, charretiers, conducteurs de voitures quelconques ou de bêtes de charge, qui auraient contrevenu aux règlements par lesquels ils sont obligés de se tenir constamment à portée de leurs chevaux, bêtes de trait ou de charge et de leurs voitures, et en état de les guider et conduire; d'occuper un seul côté des rues, chemins ou voies publiques; de se détourner ou ranger devant toutes autres voitures, et, à leur approche, de leur laisser libre au moins la moitié des rues, chaussées, routes et chemins;

4° Ceux qui auront fait ou laissé courir des chevaux, bêtes de trait, de charge ou de monture, dans l'intérieur d'un lieu habité, ou violé les règlements contre le chargement, la rapidité ou la mauvaise direction des voitures;

5° Ceux qui contreviendront aux dispositions des ordonnances et règlements ayant pour objet :

La solidité des voitures publiques;

Leur poids;

Le mode de leur chargement;

Le nombre et la sûreté des voyageurs;

L'indication dans l'intérieur des voitures, des places qu'elles contiennent et du prix des places;

L'indication à l'extérieur du nom du propriétaire.

6° Ceux qui auront établi ou tenu dans les rues, chemins, places ou lieux publics, des jeux de loterie ou d'autres jeux de hasard;

7° Ceux qui auront vendu ou débité des boissons falsifiées; sans préjudice des peines plus sévères qui seront prononcées par les tribunaux de police correctionnelle, dans le cas où elles contiendraient des mixtions nuisibles à la santé;

8° Ceux qui auraient laissé divaguer des fous ou des furieux étant sous leur garde, ou des animaux malfaisants ou féroces; ceux qui auront excité ou n'auront pas retenu leurs chiens lorsqu'ils attaquent ou poursuivent les passants, quand même il n'en serait résulté aucun mal ni dommage;

9° Ceux qui auraient jeté des pierres ou d'autres corps durs ou des immondices contre les maisons, édifices et clôtures d'autrui, ou dans les jardins ou enclos, et ceux aussi qui auraient volontairement jeté des corps durs ou des immondices sur quelqu'un ;

10° Ceux qui, n'étant propriétaires, usufruitiers, ni jouissant d'un terrain ou d'un droit de passage, y sont entrés et y ont passé dans le temps où ce terrain était chargé de grains en tuyau, de raisins ou autres fruits mûrs ou voisins de la maturité ;

11° Ceux qui auraient fait ou laissé passer des bestiaux, animaux de trait, de charge ou de monture, sur le terrain d'autrui, ensemencé ou chargé d'une récolte, en quelque saison que ce soit, ou dans un bois taillis appartenant à autrui ;

12° Ceux qui auraient refusé de recevoir les espèces et monnaies nationales non fausses ni altérées, selon la valeur pour laquelle elles ont cours ;

13° Ceux qui, le pouvant, auront refusé ou négligé de faire les travaux, le service ou de prêter le secours dont ils auront été requis, dans les circonstances d'accidents, tumultes, naufrage, inondation, incendies ou autres calamités, ainsi que dans le cas de brigandages, pillages, flagrant délit, clameur publique ou d'exécution judiciaire ;

14° Les personnes désignées aux articles 284 et 288 du présent Code ;

15° Ceux qui exposent en vente des comestibles gâtés, corrompus ou nuisibles ;

16° Ceux qui dérobent, sans aucune des circonstances prévues par l'art. 388, des récoltes ou autres productions utiles de la terre, qui, avant d'être soustraites, n'étaient pas encore détachées du sol.

476. Pourra, suivant les circonstances, être prononcé, outre l'amende portée en l'article précédent, l'emprisonnement pendant trois jours au plus, contre les rouliers, charretiers, voituriers ou conducteurs en contravention; contre ceux qui auront contrevenu aux règlements ayant pour objet soit la rapidité, la mauvaise direction ou le chargement des voitures ou des animaux, soit la solidité

des voitures publiques, leur poids, le mode de leur chargement, le nombre et la sûreté des voyageurs; contre les vendeurs et débitants de boissons falsifiées; contre ceux qui auraient jeté des corps durs ou des immondices.

477. Seront saisis et confisqués : 1° les tables, instruments, appareils des jeux ou des loteries établis dans les rues, chemins et voies publiques, ainsi que les enjeux, les fonds, denrées, objets ou lots proposés aux joueurs, dans le cas de l'art. 476; 2° les boissons falsifiées, trouvées appartenir au vendeur et débitant : ces boissons seront répandues; 3° les écrits ou gravures contraires aux mœurs : ces objets seront mis sous le pilon; 4° les comestibles gâtés, corrompus ou nuisibles : ces comestibles seront détruits.

478. La peine de l'emprisonnement pendant cinq jours au plus sera toujours prononcée, en cas de récidive, contre toutes les personnes mentionnées dans l'art. 475. Les individus mentionnés au n° 5 du même article qui seraient repris pour le même fait en état de récidive seront traduits devant le tribunal de police correctionnelle, et punis d'un emprisonnement de six jours à un mois, et d'une amende de 16 à 200 francs.

Troisième classe.

479. Seront punis d'une amende de 11 à 15 fr. inclusivement·

1° Ceux qui, hors les cas prévus depuis l'art. 434 jusques et compris l'art. 462, auront volontairement causé du dommage aux propriétés mobilières d'autrui;

2° Ceux qui auront occasionné la mort ou la blessure des animaux ou bestiaux appartenant à autrui, par l'effet de la divagation des fous ou furieux, ou d'animaux malfaisants ou féroces, ou par la rapidité ou la mauvaise direction ou le chargement excessif des voitures, chevaux, bêtes de trait, de charge ou de monture;

3° Ceux qui auront occasionné les mêmes dommages par l'emploi ou l'usage d'armes sans précaution ou avec maladresse, ou par jet de pierres ou d'autres corps durs;

4° Ceux qui auront causé les mêmes accidents par la vétusté, la dégradation, le défaut de réparation ou d'entretien des maisons ou édifices, ou par l'encombrement ou l'excavation, ou telles autres œuvres, dans ou près les rues, chemins, places ou voies publiques, sans les précautions ou signaux ordonnés ou d'usage;

5° Ceux qui auront de faux poids ou de fausses mesures dans leurs magasins, boutiques, ateliers ou maisons de commerce ou dans les halles, foires ou marchés, sans préjudice des peines qui seront prononcées par les tribunaux de police correctionnelle, contre ceux qui auraient fait usage de ces faux poids ou de ces fausses mesures;

6° Ceux qui emploieront des poids ou des mesures différents de ceux qui sont établis par les lois en vigueur; les boulangers et bouchers qui vendront le pain et la viande au-delà du prix fixé par la taxe légalement faite et publiée;

7° Les gens qui font le métier de deviner et de pronostiquer, ou d'expliquer les songes;

8° Les auteurs ou complices de bruits ou tapages injurieux ou nocturnes, troublant la tranquillité des habitants;

9° Ceux qui auront incessamment enlevé ou déchiré les affiches apposées par l'ordre de l'administration;

10° Ceux qui mèneraient sur les terrains d'autrui les bestiaux de quelque nature qu'ils soient, et notamment dans les prairies artificielles, dans les vignes, oseraies, dans les plants de capriers, dans ceux d'oliviers, de mûriers, de grenadiers, d'orangers et d'arbres de même genre; dans tous les plants ou pépinières d'arbres fruitiers ou autres, faits de main d'hommes.

Cette disposition abroge l'art. 24 de la loi du 6 octobre 1791, qui prononçait une amende indéterminée, et ce n'est plus à la police correctionnelle que doivent être cités les délinquants. (*Arrêt du* 30 *août* 1834.)

11° Ceux qui auront dégradé ou détérioré, de quelque manière que ce soit, les chemins publics, ou usurpé sur leur largeur ;

12° Ceux qui, sans y être autorisés, auraient enlevé des chemins publics, du gazon, terre ou pierres, ou qui, dans les lieux appartenant aux communes, auraient enlevé des terres ou matériaux, à moins qu'il n'existe un usage général qui l'autorise.

480. Pourra, selon les circonstances, être prononcée la peine d'emprisonnement pendant cinq jours au plus :

1° Contre ceux qui auront occasionné la mort ou la blessure des animaux ou bestiaux appartenant à autrui, dans les cas prévus par le n° 3 du précédent article ; 2° contre les possesseurs de faux poids et de fausses mesures ; 3° contre ceux qui emploient des poids ou des mesures différents de ceux que la loi en vigueur a établis ; 4° contre les bouchers et boulangers, dans les cas prévus par le paragraphe 6 de l'article précédent ; 5° contre les interprètes de songes ; 6° contre les auteurs ou complices de bruits ou tapages injurieux ou nocturnes.

481. Seront, de plus, saisis et confisqués, 1° les faux poids, les fausses mesures, ainsi que les poids et mesures différents de ceux que la loi a établis ; 2° les instruments, ustensiles et costumes servant ou destinés à l'exercice du métier de devin, pronostiqueur ou interprète de songes.

482. La peine d'emprisonnement pendant cinq jours aura toujours lieu, pour récidive, contre les personnes et dans les cas mentionnés en l'art. 479.

Disposition commune aux trois Sections ci-dessus.

483. Il y a récidive dans tous les cas prévus par le présent livre, lorsqu'il a été rendu contre le contrevenant, dans les douze mois précédents, un premier jugement pour contravention de police commise dans le res-

sort du même tribunal. L'art. 463 du présent Code sera applicable à toutes les contraventions ci-dessus indiquées.

Dispositions générales.

484. Dans toutes les matières qui n'ont pas été réglées par le présent Code, et qui sont régies par des lois et réglements particuliers, les cours et les tribunaux continueront de les observer.

CORRUPTION. C'est le crime que commet tout fonctionnaire ou tout agent de l'autorité publique qui agrée des offres ou promesses, ou reçoit des dons ou présents pour faire un acte de ses fonctions non sujet à salaire, ou pour ne pas faire un acte qui entre dans l'ordre de ses devoirs.

La peine est celle de la dégradation civique et d'une amende double de la valeur de la promesse agréée ou des choses reçues, laquelle ne peut être moindre de 200 francs. (*Code pénal, art.* 177.)

Le garde champêtre qui a menacé un individu de l'arrêter, sous le faux prétexte que son passeport n'est pas en règle, et s'est abstenu de l'arrêter moyennant une somme d'argent, est coupable de corruption. (*Arrêt du 1er octobre* 1813.)

Le garde forestier qui a dissimulé, moyennant argent ou présent, des délits qu'il était de son devoir de constater, doit être poursuivi criminellement. (*Arrêt du* 12 *novembre* 1812.)

Le fait d'un garde qui reçoit du bois de chauffage abattu en délit dans une forêt confiée à sa garde, pour s'abstenir de faire un procès-verbal, constitue le crime de corruption. (*Arrêt du* 16 *janvier* 1812.)

Il en est de même pour tous les autres gardes dans des cas analogues.

Voir 1re part., p. 5, n° 6.

COUPES DE BOIS. Elles sont à *tire* et *aire*, ou *jardinatoires*.

COURS D'EAU. La surveillance des cours d'eau exige de fréquentes visites pour constater les empiétements, les obstacles, les contraventions de toute nature.

CRIEURS PUBLICS. Ils ne peuvent exercer sans l'autorisation, par écrit, de l'autorité municipale (loi du 16 janvier 1834). Leur apparition dans les rues ou les cabarets doit être signalée aux maires et commissaires de police.

D

DÉFENSABLE (Bois). Quel que soit l'âge des bois, les usagers ne peuvent y mener leurs troupeaux en pâturage ou panage, que dans les cantons qui ont été déclarés défensables, c'est-à-dire capables de se défendre contre la dent des bestiaux. (*Art. 67, Code forestier.*)

Ainsi, le seul fait d'introduction de bestiaux dans un canton non déclaré défensable, constitue une contravention, quand bien même elle serait le fait d'un usager. (*Arrêts des 3 avril et 8 mai 1830.*)

Lorsque des habitants se fondent sur des concessions faites à la commune, ils sont sans qualité pour réclamer contre ces arrêtés de défends, publiés par l'administration forestière, et la circonstance que le pâturage était permis ou toléré les années précédentes, ne peut excuser les délinquants. (*Ordonnance du 10 janvier 1827. Arrêt du 7 avril même année. Arrêt du 27 février 1834.*)

Il faut avoir soin d'interdire aux porcs l'entrée des parties sur lesquelles doivent être assises les coupes de l'année et de l'année suivante, pour ne pas les priver des moyens de reproduction, à moins que les glands ou faînes ne soient en très-grande abondance. (*Circulaire de l'administration forestière.*)

DÉGRADATIONS. Les dégradations d'édifices et de monuments, les usurpations sur les rues et chemins publics, les mutilations d'arbres, destructions de greffes, sont constatées par les gardes champêtres et forestiers, les commissaires de police ou les employés des ponts-et-chaussées, chacun dans le cercle de ses attributions. (Voy. *art. 434, 437, 444, 445 du Code pénal.*)

Si les délits entraînent une peine au-dessus de trois jours d'emprisonnement, les procès-verbaux sont remis au procureur de la République du tribunal de l'arrondissement; dans le cas contraire, l'adjoint poursuit les délinquants devant le tribunal de simple police.

Toute dégradation, destruction ou mutilation de monuments, statues, ou d'autres objets destinés à l'utilité ou à la décoration publique, sera punie d'un emprisonnement d'un mois à deux ans, et d'une amende de 100 à 500 fr. (*Art. 257 du Code pénal.*)

DÉLITS. Les infractions aux lois se nomment *délits*, quand elles sont punies de peines correctionnelles. Il en est cependant qui ont des caractères bien différents : les délits forestiers, ceux de pêche, de chasse, les coups, les vols, etc.

Les délits sont de la compétence des tribunaux de première instance; l'appel est porté aux cours d'appel, et dans certains cas aux tribunaux de chefs-lieux judiciaires.

Les maires, les procureurs de la République, leurs substituts, les officiers de gendarmerie ont le droit de faire arrêter et de faire traduire devant le juge d'instruction toute personne indiquée par la clameur publique comme coupable ou complice d'un délit.

Tous les délits peuvent être dénoncés aux maires, aux juges de paix, aux commissaires de police, aux gardes champêtres, et peuvent donner lieu à la rédaction de procès-verbaux, à des visites domiciliaires, même à l'arrestation provisoire des individus signalés comme auteurs.

Les cafés, les billards, les jeux de hasard, les maisons de débauche, sont presque partout les causes premières des délits; et c'est surtout lorsqu'on y reste, malgré les réglements, qu'on s'y prépare plus ou moins directement à de mauvaises actions.

Si les mendiants et gens sans aveu, les colporteurs, étaient soumis à une surveillance active, on tarirait aussi par là plusieurs sources de délits.

Les délits de toute nature semblent prévus par le Code pénal et par la loi du 6 octobre 1791 ; mais ce serait une grande erreur que de le croire ; il en est beaucoup d'autres prévus par les lois spéciales. Occupons-nous d'abord des délits prévus par le Code pénal, qui tous peuvent être constatés par les gardes champêtres ; viendront ensuite les délits ruraux, qui sont plus particulièrement de leur ressort, puisqu'ils sont les seuls agents qui puissent les poursuivre.

Art. 444. Quiconque aura dévasté des récoltes sur pied, ou des plants venus naturellement ou faits de mains d'homme, sera puni d'un emprisonnement de deux ans au moins, de cinq ans au plus.

Les coupables pourront de plus être mis, par l'arrêt ou le jugement, sous la surveillance de la haute police pendant cinq ans au moins et dix ans au plus.

445. Quiconque aura abattu un ou plusieurs arbres qu'il savait appartenir à autrui, sera puni d'un emprisonnement qui ne sera pas au-dessous de six jours, ni au-dessus de six mois, à raison de chaque arbre, sans que la totalité puisse excéder cinq ans.

446. Les peines seront les mêmes à raison de chaque arbre mutilé, coupé ou écorcé de manière à le faire périr.

447. S'il y a eu destruction d'une ou de plusieurs greffes, l'emprisonnement sera de six jours à deux mois, à raison de chaque greffe, sans que la totalité puisse excéder deux ans.

448. Le *minimum* de la peine sera de vingt jours dans les cas prévus par les articles 445 et 446, et de dix jours dans le cas prévu par l'article 447, si les arbres étaient

plantés sur les places, routes, chemins, rues ou voies publiques ou vicinales, ou de traverse.

449. Quiconque aura coupé des grains ou des fourrages qu'il savait appartenir à autrui, sera puni d'un emprisonnement qui ne sera pas au-dessous de six jours, ni au-dessus de deux mois.

450. L'emprisonnement sera de vingt jours au moins et de quatre mois au plus, s'il a été coupé du grain en vert.

Dans les cas prévus par le présent article et les six précédents, si le fait a été commis en haine d'un fonctionnaire public et en raison de ses fonctions, le coupable sera puni du *maximum* de la peine établie par l'article auquel le cas se référera.

Il en sera de même, quoique cette circonstance n'existe point, si le fait a été commis pendant la nuit.

451. Toute rupture, toute destruction d'instruments d'agriculture, de parcs, de bestiaux, de cabanes de gardiens, sera punie d'un emprisonnement d'un mois au moins, d'un an au plus.

452. Quiconque aura empoisonné des chevaux ou autres bêtes de voiture, de monture ou de charge, des bestiaux à cornes, des moutons, chèvres ou porcs, ou des poissons dans les étangs, viviers ou réservoirs, sera puni d'un emprisonnement d'un an à cinq ans, et d'une amende de 16 fr. à 300 fr. Les coupables pourront être mis, par l'arrêt ou le jugement, sous la surveillance de la haute police pendant deux ans au moins et cinq ans au plus.

453. Ceux qui, sans nécessité, auront tué l'un des animaux mentionnés au précédent article, seront punis ainsi qu'il suit :

Si le délit a été commis dans les bâtiments, enclos et dépendances, ou sur les terres dont le maître de l'animal tué était propriétaire, locataire, colon ou fermier, la peine sera un emprisonnement de deux mois à six mois ;

S'il a été commis dans les lieux dont le coupable était propriétaire, locataire, colon ou fermier, l'emprisonnement sera de six jours à un mois;

S'il a été commis dans tout autre lieu, l'emprisonnement sera de quinze jours à six semaines.

Le *maximum* de la peine sera toujours prononcé en cas de violation de clôture.

454. Quiconque aura, sans nécessité, tué un animal domestique dans un lieu dont celui à qui cet animal appartient est propriétaire, locataire, colon ou fermier, sera puni d'un emprisonnement de six jours au moins et de six mois au plus.

S'il y a eu violation de clôture, le *maximum* de la peine sera prononcé.

455. Dans les cas prévus par les articles 444 et suivants, jusqu'au précédent article inclusivement, il sera prononcé une amende qui ne pourra excéder le quart des restitutions et dommages-intérêts, ni être au-dessous de 16 fr.

456. Quiconque aura, en tout ou en partie, comblé des fossés, détruit des clôtures, de quelques matériaux qu'elles soient faites, coupé ou arraché des haies vives ou sèches; quiconque aura déplacé ou supprimé des bornes, ou pieds corniers, ou autres arbres plantés ou reconnus pour établir les limites entre différents héritages, sera puni d'un emprisonnement qui ne pourra être au-dessous d'un mois ni excéder une année, et d'une amende égale au quart des restitutions et des dommages-intérêts, qui, dans aucun cas, ne pourra être au-dessous de 50 fr.

457. Seront punis d'une amende qui ne pourra excéder le quart des restitutions et des dommages-intérêts, ni être au-dessous de 50 fr., les propriétaires ou fermiers, ou toute personne jouissant de moulins, usines ou étangs, qui, par l'élévation du déversoir de leurs eaux au-dessus de la hauteur déterminée par l'autorité

compétente, auront inondé les chemins ou les propriétés d'autrui.

S'il est résulté du fait quelques dégradations, la peine sera, outre l'amende, un emprisonnement de six jours à un mois.

458. L'incendie des propriétés mobilières ou immobilières d'autrui, qui aura été causé par la vétusté ou le défaut, soit de réparation, soit de nettoyage des fours, cheminées, forges, maisons ou usines prochaines, ou par des feux allumés dans les champs, à moins de 100 mètres des maisons, édifices, forêts, bruyères, bois, vergers, plantations, haies, meules, tas de grains, pailles, foins, fourrages, ou de tout autre dépôt de matières combustibles, ou par des feux ou lumières portés ou laissés sans précaution suffisante, ou par des pièces d'artifice allumées ou tirées par négligence ou imprudence, sera punie d'une amende de 50 fr. au moins, et de 500 fr. au plus.

459. Tout détenteur ou gardien d'animaux ou de bestiaux soupçonnés d'être infectés de maladie contagieuse, qui n'aura pas averti sur le champ le maire de la commune où ils se trouvent, et qui même, avant que le maire ait répondu à l'avertissement, ne les aura pas tenus renfermés, sera puni d'un emprisonnement de six jours à deux mois, et d'une amende de seize francs à deux cents francs.

460. Seront également punis d'un emprisonnement de deux mois à six mois, et d'une amende de 100 fr. à 500 fr., ceux qui, au mépris des défenses de l'administration, auront laissé leurs animaux ou bestiaux infectés communiquer avec d'autres.

461. Si, de la communication mentionnée au précédent article, il est résulté une contagion parmi les autres animaux, ceux qui auront contrevenu aux défenses de l'autorité administrative seront punis d'un emprisonnement de deux ans à cinq ans, et d'une amende de 100 fr. à 1,000 fr.; le tout sans préjudice de l'exécution des lois et

règlements relatifs aux maladies épizootiques, et de l'application des peines y portées.

462. Si les délits de police correctionnelle dont il est parlé au présent chapitre ont été commis par des gardes champêtres ou forestiers, ou des officiers de police, à quelque titre que ce soit, la peine d'emprisonnement sera d'un mois au moins et d'un tiers au plus en sus de la peine la plus forte qui serait appliquée à un autre coupable du même délit.

Dispositions principales du titre II de la loi du 6 octobre.

§ 1er. La police des campagnes est spécialement sous la juridiction des juges de paix et des officiers municipaux, et sous la surveillance des gardes champêtres et de la gendarmerie. (*Art.* 1er.)

Il a été jugé par la Cour de cassation, le 8 septembre 1837, que le délit résultant de ce que des bestiaux ont été trouvés dans une pièce de terre ensemencée, sans y avoir été introduits par ceux à qui ils appartenaient ni par leurs préposés, n'étant pas prévu par le Code pénal, tombe sous l'application de la loi de 1791. C'est maintenant un point de doctrine constant; nous ne citons que le dernier arrêt, mais il y en a plusieurs autres rapportés par Dalloz.

Il a aussi été décidé par la même Cour, que le fait d'avoir été trouvé gardant à vue un troupeau dans un champ chargé de récoltes qui ont été mangées en partie, constitue une contravention passible d'une amende indéterminée, et qui par cela seul est de la compétence des tribunaux correctionnels et non de ceux de simple police. Cet arrêt se fonde particulièrement sur ce que l'art. 479 du Code pénal n'a pas dérogé en ce point à la loi de 1791.

Les moindres amendes seront de la valeur d'une journée de travail au taux du pays, déterminé par le directoire du département. Toutes les amendes ordinaires, qui n'excéderont pas la somme de trois journées de travail, seront doublées en cas de récidive dans l'espace d'une année, ou si le délit a été commis avant le lever ou après le coucher du soleil ; elles seront triplées quand les deux circonstances précédentes se trouveront réunies ; elles seront versées dans la caisse de la municipalité du lieu. (*Art.* 4.)

§ 2. Les maris, pères, mères, tuteurs, maîtres, entrepreneurs de toute espèce, seront civilement responsables des délits commis par leurs femmes et enfants, pupilles, mineurs n'ayant pas plus de vingt ans et non mariés, domestiques, ouvriers, voituriers et autres subordonnés. L'estimation du dommage sera toujours faite par le juge de paix et ses assesseurs, ou par des experts par eux nommés. (*Art.* 7.)

Les domestiques, ouvriers, ou voituriers, ou autres subordonnés, seront à leur tour responsables de leurs délits envers ceux qui les emploient. (*Art.* 8.)

§ 3. Les officiers municipaux veilleront généralement à la tranquillité, à la salubrité et à la sûreté des campagnes ; ils seront tenus particulièrement de faire, au moins une fois par an, la visite des fours et cheminées de toutes maisons et de tous bâtiments éloignés de moins de 200 mètres d'autres habitations ; ces visites seront préalablement annoncées huit jours d'avance.

Après la visite ils ordonneront la réparation ou la démolition des fours et des cheminées qui se trouveront dans un état de délabrement qui pourrait occasionner un incendie ou d'autres accidents : il pourra y avoir lieu à une amende au moins de 6 fr., et au plus de 24 fr. (*Art.* 9.)

§ 4. Toute personne qui aura allumé du feu dans les champs, plus près que 100 mètres des maisons, bois, bruyères, vergers, haies, meules de grain, de paille ou de foin, sera condamnée à une amende égale à la valeur de douze journées de travail, et paiera en outre le dommage que le feu aurait occasionné. Le délinquant pourra de plus, suivant les circonstances, être condamné à la détention de police municipale. (*Art*. 10.)

§ 5. Celui qui achètera des bestiaux hors des foires et marchés, sera tenu de les restituer gratuitement au propriétaire en l'état où ils se trouveront, dans le cas où ils auraient été volés. (*Art*. 11.)

Les dégâts que les bestiaux de toute espèce laissés à l'abandon feront sur les propriétés d'autrui, soit dans l'enceinte des habitations, soit dans un enclos rural, soit dans les champs ouverts, seront payés par les personnes qui ont la jouissance des bestiaux ; si elles sont insolvables, ces dégâts seront payés par celles qui en ont la propriété. Le propriétaire qui éprouvera les dommages aura le droit de saisir les bestiaux, sous l'obligation de les faire conduire dans les vingt-quatre heures au lieu de dépôt qui sera désigné à cet effet par la municipalité.

Il sera satisfait aux dégâts par la vente des bestiaux, s'ils ne sont pas réclamés, ou si le dommage n'a point été payé dans la huitaine du jour du délit.

Si ce sont des volailles, de quelque espèce que ce soit, qui causent le dommage, le propriétaire, le détenteur ou le fermier qui l'éprouvera pourra les tuer, mais seulement sur le lieu, au moment du dégât. (*Art*. 12.)

§ 6. Les bestiaux morts seront enfouis dans la journée à 1^m.299 de profondeur par le propriétaire, et dans son terrain, ou voiturés à l'endroit désigné par la municipalité, pour y être également enfouis, sous peine par le délinquant de payer une amende de la valeur d'une journée de travail, et les frais de transport et d'enfouissement.

§ 7. Ceux qui détruiront les greffes des arbres fruitiers ou autres, et ceux qui écorceront ou couperont en tout ou en partie des arbres sur pied qui ne leur appartiendront pas, seront condamnés à une amende double du dédommagement dû au propriétaire, et à une détention de police correctionnelle qui ne pourra excéder six mois.

La Cour de cassation a décidé, le 22 février 1839, que le fait d'avoir enlevé une grande partie de branches vertes de saules plantées sur le terrain d'un particulier, est de la compétence du tribunal correctionnel, comme constituant un délit rural punissable d'amende et même d'emprisonnement.

§ 8. Personne ne pourra inonder l'héritage de son voisin, ni lui transmettre volontairement les eaux d'une manière nuisible, sous peine de payer le dommage et une amende qui ne pourra excéder la somme du dédommagement. (*Art.* 15.)

Les propriétaires ou fermiers des moulins et usines construits ou à construire, seront garants de tous dommages que les eaux pourraient causer aux chemins ou aux propriétés voisines, par la trop grande élévation du déversoir ou autrement. Ils seront forcés de tenir les eaux à une hauteur qui ne nuise à personne, et qui sera fixée par la directoire de département, d'après l'avis du directoire du district. En cas de contravention, la peine sera une amende qui ne pourra excéder la somme du dédommagement. (*Art.* 16.)

Il est défendu à toute personne de recombler les fossés, de dégrader les clôtures, de couper des branches de haies vives, d'enlever des bois secs des haies, sous peine d'une amende de la valeur de trois journées de travail. Le dédommagement sera payé au propriétaire; et suivant la gravité des circonstances, la détention pourra avoir lieu, mais au plus pour un mois. (*Art.* 17.)

§ 9. Dans les lieux qui ne sont sujets ni au parcours, ni à la vaine pâture, pour toute chèvre qui sera trouvée sur l'héritage d'autrui contre le gré du propriétaire de l'héritage, il sera payé une amende de la valeur d'une journée de travail par le propriétaire de la chèvre. (*Art.* 18.)

Dans les pays de parcours et de vaine pâture, où les

chèvres ne sont pas rassemblées et conduites en troupeau commun, celui qui aura des animaux de cette espèce ne pourra les mener aux champs qu'attachés, sous peine d'une amende de la valeur d'une journée de travail par tête d'animal.

En quelque circonstance que ce soit, lorsqu'elles auront fait du dommage aux arbres fruitiers ou autres, haies, vignes, jardins, l'amende sera double, sans préjudice du dédommagement dû au propriétaire. (*Ibid.*)

§ 10. Les propriétaires ou les fermiers d'un même canton ne pourront se coaliser pour faire baisser ou fixer à vil prix la journée des ouvriers ou les gages des domestiques, sous peine d'une amende du quart de la contribution mobilière des délinquants, et même de la détention de police municipale, s'il y a lieu. (*Art.* 19.)

Les moissonneurs, les domestiques et ouvriers de campagne, ne pourront se liguer entre eux pour faire hausser et déterminer le prix des gages ou des salaires, sous peine d'une amende qui ne pourra excéder la valeur de douze journées de travail, et en outre de la détention de police municipale. (*Art.* 20.)

§ 11. Les glaneurs, les râteleurs et les grapilleurs, dans les lieux où les usages de glaner, de râteler ou de grapiller sont reçus, n'entreront dans les champs, prés et vignes récoltés et ouverts, qu'après l'enlèvement entier des fruits. En cas de contravention, les produits du glanage, du râtelage et du grapillage, seront confisqués, et suivant les circonstances, il pourra y avoir lieu à la détention de police municipale. Le glanage, le râtelage et le grapillage sont interdits dans tout enclos rural, tel qu'il est défini à l'article 6 de la quatrième section du premier titre du présent décret. (*Art.* 21.)

Dans les lieux de parcours ou de vaine pâture, comme dans ceux où ces usages ne sont point établis, les pâtres et les bergers ne pourront mener les troupeaux d'aucune espèce dans les champs moissonnés et ouverts, que deux jours après la récolte entière, sous peine d'une amende de la valeur d'une journée de travail : l'amende sera double si les bestiaux d'autrui ont pénétré dans un enclos rural. (*Art.* 22.)

§ 12. Un troupeau atteint de maladie contagieuse, qui sera rencontré au pâturage sur les terres du parcours ou de la vaine pâture, autres que celles qui auront été désignées pour lui seul, pourra être saisi par les gardes champêtres, et même par toute personne; il sera ensuite mené au lieu de dépôt qui sera indiqué à cet effet par la municipalité.

Le maître de ce troupeau sera condamné à une amende de la valeur d'une journée de travail par tête de bête à laine, et à une amende triple par tête d'autre bétail.

Il pourra, en outre, suivant la gravité des circonstances, être responsable du dommage que son troupeau aura occasionné, sans que cette responsabilité puisse s'étendre au-delà des limites de la municipalité.

A plus forte raison, cette amende et cette responsabilité auront lieu si ce troupeau a été saisi sur les terres qui ne sont pas sujettes au parcours et à la vaine pâture. (*Art.* 23.)

Il est défendu de mener sur le terrain d'autrui des bestiaux d'aucune espèce, et en aucun temps, dans les prairies artificielles, dans les vignes, oseraies, dans les plants de câpriers, dans ceux d'oliviers, de mûriers, de grenadiers, d'orangers et arbres du même genre; dans tous les plants ou pépinières d'arbres fruitiers ou autres, faits de main d'homme.

L'amende encourue pour le délit sera une somme de la valeur du dédommagement dû au propriétaire; l'amende sera double si le dommage a été fait dans un enclos rural; et, suivant les circonstances, il pourra y avoir lieu à la détention de police municipale. (*Art.* 24.)

§ 13. Les conducteurs des bestiaux revenant des foires, ou les menant d'un lieu à un autre, même dans les pays de parcours ou de vaine pâture, ne pourront les laisser pacager sur les terres des particuliers, ni sur les communaux, sous peine d'une amende de la valeur de deux journées de travail, en outre du dédommagement : l'amende sera égale à la somme du dédommagement, si le dommage est fait sur un terrain ensemencé, ou qui n'a pas été dépouillé de sa récolte, ou dans un enclos rural.

A défaut de paiement, les bestiaux pourront être saisis et vendus jusqu'à concurrence de ce qui sera dû pour l'indemnité, l'amende et autres frais relatifs ; il pourra même y avoir lieu, envers les conducteurs, à la détention de police municipale, suivant les circonstances. (*Art.* 25.)

§ 14. Quiconque sera trouvé gardant à vue ses bestiaux dans les récoltes d'autrui, sera condamné, en outre du paiement du dommage, à une amende égale à la somme du dédommagement, et pourra l'être, suivant les circonstances, à une détention qui n'excédera pas une année. (*Art.* 26.)

Celui qui entrera à cheval dans les champs ensemencés, si ce n'est le propriétaire ou ses agents, paiera le dommage et une amende de la valeur d'une journée de travail ; l'amende sera double si le délinquant y entre en voiture. Si les blés sont en tuyau, et que quelqu'un y entre même à pied, ainsi que dans toute autre récolte pendante, l'amende sera au moins de la valeur de trois journées de travail, et pourra être d'une somme égale à celle due pour dédommagement au propriétaire. (*Art.* 27.)

Ces prescriptions, quoique justes, souffrent cependant quelques exceptions ; ainsi, le droit conféré à l'adjudicataire de l'entretien d'une route, de ramasser des cailloux sur les champs voisins, emporte nécessairement le droit de passer sur les champs même ensemencés, et avec des voitures pour opérer l'extraction ou l'enlèvement des cailloux, sans que ce fait constitue une contravention. (*Arrêt du* 27 *janvier* 1838.)

§ 15. Si quelqu'un, avant leur maturité, coupe ou détruit de petites parties de blé en vert, ou d'autres productions de la terre, sans intention manifeste de les voler, il paiera en dédommagement, au propriétaire, une somme égale à la valeur que l'objet aurait dans sa maturité ; il sera condamné à une amende égale à la somme du dédommagement, et il pourra l'être à la détention de police municipale. (*Art.* 28.)

Quiconque sera convaincu d'avoir dévasté les récoltes sur pied, ou abattu les plants venus naturellement ou faits de main d'homme, sera puni d'une amende double du dédommagement dû au propriétaire, et d'une détention qui ne pourra excéder deux années. (*Art.* 29.)

§ 16. Toute personne convaincue d'avoir, de dessein prémédité, méchamment, sur le terrain d'autrui, blessé ou tué des bestiaux ou chiens de garde, sera condamné à une amende de la somme du dédommagement. Le délinquant pourra être détenu un mois si l'animal n'a été que blessé, et six mois si l'animal est mort de sa blessure, ou en est resté estropié : la détention pourra être du double si le délit a été commis la nuit, ou dans une étable, ou dans un enclos rural. (*Art.* 30.)

§ 17. Toute rupture ou destruction d'instrument de l'exploitation des terres qui aura été commise dans les champs ouverts, sera punie d'une amende égale à la somme du dédommagement dû au cultivateur, et d'une détention qui ne sera jamais de moins d'un mois, et qui pourra être prolongée jusqu'à six suivant la gravité des circonstances.

§ 18. Quiconque aura déplacé ou supprimé des bornes, ou pieds corniers, ou autres arbres plantés ou reconnus pour établir les limites entre les différents héritages, pourra, en outre du paiement du dommage et des frais de replacement des bornes, être condamné à une amende de la valeur de douze journées de travail, et sera puni par une détention dont la durée, proportionnée à la gravité des circonstances, n'excédera pas une année : la détention cependant pourra être de deux années, s'il y a transposition de bornes à fin d'usurpation. (*Art.* 32.)

Celui qui, sans la permission du propriétaire ou fermier, enlèvera des fumiers, de la marne ou tous autres engrais portés sur les terres, sera condamné à une amende qui n'excédera pas six journées de travail, en outre du dédommagement, et pourra l'être à la détention de police municipale.

L'amende sera de douze journées, et la détention pourra être de trois mois, si le délinquant a fait tourner à son profit lesdits engrais.

§ 19. Quiconque maraudera, dérobera des productions de la terre qui peuvent servir à la nourriture des hommes, ou d'autres productions utiles, sera condamné à une amende égale au dédommagement dû au propriétaire ou fermier; il pourra aussi, suivant les circonstances du délit, être condamné à la détention de police municipale. (*Art.* 94.)

Pour tout vol de récolte fait avec des paniers ou des sacs, ou à l'aide des animaux de charge, l'amende sera du double du dédommagement, et la détention, qui aura toujours lieu, pourra être de trois mois, suivant la gravité des circonstances. (*Art.* 35.)

Le maraudage ou enlèvement de bois, fait à dos d'homme dans les bois taillis ou futaies, ou autres plantations d'arbres des particuliers ou communautés, sera puni d'une amende double du dédommagement dû au propriétaire. La peine de la détention pourra être la même que celle portée en l'article précédent. (*Art.* 36.)

Le vol dans les bois taillis, futaies et autres plantations d'arbres des particuliers ou communautés, exécuté à charge de bête de somme ou de charrette, sera puni par une détention qui ne pourra être de moins de trois jours, ni excéder six mois; le coupable paiera en outre une amende triple de la valeur du dédommagement dû au propriétaire. (*Art.* 37.)

§ 20. Les dégâts faits dans les bois taillis des particuliers ou des communautés, par des bestiaux ou troupeaux, seront punis de la manière suivante :

Il sera payé d'amende pour une bête à laine, 1 franc; pour un cochon, 1 fr.; pour une chèvre, 2 fr.; pour un cheval, ou autre bête de somme, 2 fr.; pour un bœuf, une vache, un veau, 3 fr.

Si les bois taillis sont dans les six premières années de leur croissance, l'amende sera du double.

Si les dégâts sont commis en présence du pâtre, et dans les bois taillis de moins de six années, l'amende sera triple.

S'il y a récidive dans l'année, l'amende sera double; et, s'il y a réunion des deux circonstances précédentes, ou récidive avec une des deux circonstances, l'amende sera quadruple.

Le dédommagement dû au propriétaire sera estimé de gré à gré ou à dire d'experts (*Art.* 38.)

Conformément au décret sur les fonctions de la gendarmerie, tout dévastateur des bois, des récoltes, ou chasseur masqué, pris sur le fait, pourra être saisi par tout gendarme, sans aucune réquisition d'officier civil. (*Art.* 39.)

§ 21. Les cultivateurs ou tous autres qui auront dégradé ou détérioré, de quelque manière que ce soit, des chemins publics, ou usurpé sur leur largeur, seront condamnés à la réparation ou à la restitution, et à une amende qui ne pourra être moindre de 3 fr., ni excéder 24 fr. (*Art.* 40.)

Tout voyageur qui déclora un champ pour se faire un passage dans sa route, paiera le dommage fait au propriétaire; de plus, une amende de la valeur de trois journées de travail, à moins que le juge de paix du canton ne décide que le chemin public était impraticable; et alors les dommages et les frais de clôture seront à la charge de la communauté. (*Art.* 42.)

Le voyageur qui, par la rapidité de sa voiture ou de sa monture, tuera ou blessera des bestiaux sur les chemins, sera condamné à une amende égale à la somme du dédommagement dû au propriétaire des bestiaux. (*Art.* 42.)

DÉLITS (commis par des gardes). *Voir* 1re part., p. 12, n° 11. — 1re part., p. 61, n° 11.

DÉNONCIATION. *Voir* 1re part., p. 62, n° 12.

DÉSERTEURS. Ce sont les soldats qui abandonnent leurs drapeaux, ou qui refusent de s'y rendre quand la loi du recrutement les y appelle. Les maires sont tenus, sous leur responsabilité personnelle, de coopérer de tout leur pouvoir à assurer l'effet des mesures que prend la gendarmerie pour l'arrestation des militaires, déserteurs et prisonniers de guerre évadés. (*Arrêté du 3 fructidor an* VII.)

DESTITUTION. *Voir* 1re partie, p. 7, n° 1; p. 10, n° 9.

DIMANCHE. *Dies Domini*, jour du Seigneur. Cette journée est employée au repos de tous les fonctionnaires : beaucoup d'actes publics faits le dimanche ou le jour de Noël, de l'Ascension, de l'Assomption, de la Toussaint, seraient déclarés nuls, parce que la loi de germinal an X et l'arrêté du 29 du même mois ont assimilé ces fêtes au dimanche.

DISPUTES. Si elles prennent quelque gravité, et que la police ait lieu de craindre qu'on en vienne aux coups ou violences, elle doit interposer son autorité pour les faire cesser; cela est d'autant plus important, que les rixes, n'ayant ordinairement lieu qu'entre des personnes ivres ou grossières, se terminent presque toujours par des excès qui troublent la tranquillité publique, et quelquefois même par des meurtres ou des assassinats.

Si l'autorité publique était méconnue, elle devrait employer la force, et si elle était outragée, elle pourrait ordonner l'arrestation des coupables.

DIVAGATION (d'animaux). *Voir* 1re partie, p. 60, n° 5.

DYNAMITE. Il est interdit de foudroyer le poisson avec la dynamite. *Voir* 1re part., p. 171, n° 13.

E

ÉCHENILLAGE. L'échenillage des arbres est prescrit par une loi du 16 mars 1796 et par l'article 471, n° 8, du Code pénal.

Les gardes champêtres sont tenus de surveiller l'exécution de la loi dans leurs arrondissements respectifs; ils sont responsables des négligences qui y sont découvertes.

L'échenillage doit être fait, sous les peines portées par l'article ci-dessus du Code pénal, avant le 20 février de chaque année.

Dans le cas où quelques propriétaires ou fermiers auraient négligé de le faire pour cette époque, les maires ou adjoints le font faire à leurs frais; l'exécutoire des dépenses qu'aura occasionnées cette opération, leur sera délivré par le juge de paix, sur les quittances des ouvriers, contre les contrevenants, et le paiement de ces frais ne les dispense pas de l'amende prononcée par le Code pénal.

Le Code pénal ne permet pas de douter que le tribunal de simple police ne soit seul compétent pour statuer sur les délits de ceux qui n'auront pas échenillé. Il résulte de la combinaison de l'article 8 de la loi avec l'article 471 du Code pénal, que, pour que la loi sur l'échenillage soit obligatoire dans une commune, il faut, ou que l'exécution en soit ordonnée par un arrêté du maire, ou que la publication en soit faite chaque année comme le veut le dernier article de la loi. Les gardes champêtres sont chargés de constater par procès-verbaux les contraventions à cet arrêté.

Il résulte aussi des articles 1 et 7, que l'échenillage est une charge de la jouissance des héritages, et que dès lors le propriétaire n'en est pas tenu, mais le fermier.

ÉCHOPES. La surveillance des échopes appartient à la police, sous le rapport de la voirie et de la sûreté publique. Un arrêté du 26 vendémiaire an VIII défend aux boulangers forains de débiter dans les marchés sans y avoir des échopes.

Le maire peut, par un arrêté de police, prescrire la démolition d'échopes construites sans son autorisation, sur une place publique; et les tribunaux de police doivent en assurer l'exécution. (*Arrêt du 11 germinal an* XI.)

ÉCLAIRAGE. Toute personne qui dépose des matériaux ou décombres dans les rues, ou sur les places publiques, celles qui creusent des fondations, les entrepreneurs de pavage, les fontainiers et autres ouvriers qui embarrassent la voie publique, sont tenus de placer le soir et pour toute la nuit, une lumière près des objets déposés, ou des excavations faites, sous peine d'amende et dommages-intérêts. (C. P., art. 471 et 479, n° 4; C. Nap., art. 1382, 1383 et 1386.)

Il en est de même des voituriers ou aubergistes qui laissent pendant la nuit des voitures sur la voie publique. Ils doivent être cités, quand ils contreviennent aux réglements de police sur cette matière, et les tribunaux de police ne peuvent suspendre ni modifier ces réglements, en décidant que l'éclairage était suppléé par une lumière intérieure, ou rendu inutile par le clair de lune. (*Trois arrêts des* 11 *mai* 1810, 17 *mai* 1811, 13 *juin suivant.*)

ÉCLUSES. C'est un ouvrage pratiqué sur une rivière ou un canal pour retenir les eaux, et faciliter le roulage des usines ou le passage de bois ou bateaux.

Les lois et ordonnances défendent aux particuliers de faire des écluses dans les fleuves ou rivières navigables ou flottables; les maires et les commissaires de police doivent constater les infractions avec d'autant plus de soin, que les obstacles qu'on oppose au cours de l'eau sont souvent cause d'accidents funestes.

EMBRIGADEMENT (des Gardes). *Voir* 1re partie, p. 4, n° 1.

ÉMEUTES. § 1er. D'après les dispositions des lois des 25 août 1790, 3 août 1791, les maires sont chargés de dissiper les émeutes populaires, et sont autorisés à requérir, au besoin, la force armée pour maintenir ou rétablir la tranquillité publique.

§ 2. L'article 6 de la loi du 27 germinal an IV enjoint à tous ceux qui se trouveront dans les rassemblements qui prendront le caractère de la sédition, de se retirer aussitôt qu'ils en auront été sommés par le maire ou le commandant de la force armée. (Voyez l'ordonnance de *la Gendarmerie*, art. 304, dans le *Manuel des Maires*, faisant partie de l'*Encyclopédie-Roret*.) Cette sommation n'est pas celle légale dont nous parlerons § 4. Il est bon d'en tenter l'effet avant d'arriver à cette dernière, qui ne doit être faite que dans des cas graves et avec une sorte de solennité.

§ 3. Les articles 231 et 232 de la loi du 28 germinal an VI, et l'art. 179 de l'ordonnance sur le service de la gendarmerie, du 29 octobre 1820, prescrivent des mesures pour les cas d'émeutes populaires. Ces mesures peuvent très-bien se concilier avec la loi sur les émeutes et attroupements dont on va parler, car elle ne défend pas, elle semble même indiquer que le magistrat civil ou judiciaire qui fait la sommation qu'elle prescrit, doit être accompagné de la force armée.

§ 4. Ces dispositions n'ayant pas paru suffisantes en 1831, il fut rendu une loi qui se coordonne avec les précédentes et avec le Code pénal, et dont voici les principales dispositions :

Art. 1er. Toutes personnes qui formeront des attroupements sur les places ou sur la voie publique, seront tenues de se disperser à la première sommation des préfets, sous-préfets, maires, adjoints de maires et tous magistrats et *officiers civils* chargés de la police judiciaire.

D'après cette disposition, les sommations peuvent également être faites par les commissaires de police, les procureurs et leurs substituts, les juges de paix, les commissaires généraux de police, les juges d'instruction et les officiers de gendarmerie.

L'article 1er ajoute que si l'attroupement ne se disperse pas, la première sommation sera renouvelée trois fois. Chacune de ces trois sommations sera précédée d'un roulement de tambour ou d'un son de trompette ; si les sommations sont inutiles, il pourra être fait emploi de la force, conformément à la loi du 3 août 1791.

Les magistrats chargés de faire la sommation devront être décorés d'une écharpe tricolore.

Les personnes qui, après une première sommation, continueront de faire partie d'un attroupement, pourront être arrêtées, et seront traduites, *sans délai*, devant les tribunaux de police, pour y être punies des peines portées contre les contraventions au chapitre 1er du livre IV du Code pénal. (*Art.* 2).

Les expressions *sans délai* laissent aux magistrats une très-grande latitude ; mais il serait imprudent de procéder au jugement durant l'émeute ; il faut le temps de constater le fait, d'assigner les témoins. Cet article doit d'ailleurs s'interpréter par l'article 10, qui veut une justice régulière pour les cas plus graves, et qui aurait une sorte de justice exceptionnelle pour les cas punissables de peines de simple police. (*Voyez* les articles 464 et suivants du Code pénal.)

Après la seconde sommation, la peine sera de trois mois d'emprisonnement au plus, et, après la troisième, si le rassemblement ne s'est pas dissipé, la peine pourra être élevée jusqu'à un an de prison. (*Art.* 3.)

La peine sera celle d'un emprisonnement de trois mois à deux ans : 1° contre les chefs et les provocateurs de l'attroupement, s'il ne s'est pas entièrement dispersé après la troisième sommation ; 2° contre tous individus porteurs d'armes apparentes ou cachées, s'ils ont continué à faire partie de l'attroupement après la première sommation.

Si les individus condamnés en vertu des deux articles

précédents n'ont pas leur domicile dans le lieu où l'attroupement a été formé, le jugement ou l'arrêt qui les condamnera, pourra les obliger, à l'expiration de leur peine, à s'éloigner de ce lieu à un rayon de dix myriamètres, pendant un temps qui n'excédera pas une année, si mieux ils n'aiment retourner à leur domicile. (*Art.* 4.)

Toutes personnes qui auraient continué à faire partie d'un attroupement après les trois sommations, pourront, par ce seul fait, être déclarées civilement et solidairement responsables des condamnations pécuniaires qui seront prononcées pour réparation des dommages causés par l'attroupement. (*Art.* 9.)

La connaissance des délits énoncés aux articles 3 et 4 de la présente loi est attribuée aux tribunaux de police correctionnelle, excepté le cas où l'attroupement ayant un caractère politique, les prévenus devraient être, aux termes de la Charte constitutionnelle et de la loi du 8 octobre 1830, renvoyés devant la Cour d'assises. (*Art.* 10.)

Les peines portées par la présente loi seront prononcées sans préjudice de celles qu'auraient encourues, aux termes du Code pénal, les auteurs et les complices des crimes et délits commis par l'attroupement. Dans le cas du concours de deux peines, la plus grave seule sera appliquée. (*Art.* 11.) (*Voyez*, à cet égard, les art. 209 à 221 du Code pénal, qui prononcent, suivant les distinctions qui y sont établies, la prison, la réclusion, et même les travaux forcés.)

ENGINS. C'est le nom qu'on donne aux filets, nasses, guideaux et autres instruments de pêche. On l'étend aussi à certains instruments de chasse en raison de l'analogie qu'il y a entre eux. Les engins sont permis ou prohibés selon le temps, les lieux et la nature du poisson.

ENGINS PROHIBÉS. D'après une ordonnance du 15 novembre 1830, les engins prohibés sous les peines portées par l'art. 28 de la loi sur la pêche fluviale, sont : 1° les filets traînants; 2° ceux dont les mailles carrées sans accrues et non tendues ni tirées en losange ont moins de 30 millimètres de chaque côté après que le filet a séjourné dans l'eau ; 3° les bires, nasses ou autres engins dont les verges en osier seraient écartées de moins de 30 millimètres. Cette ordonnance donnant aux préfets le droit de faire des règlements locaux, les pêcheurs doivent les observer, à peine d'amende et de confiscation.

Deux arrêts de la Cour de Nancy, du 17 avril 1839, ont décidé que les filets ou engins prohibés par l'art. 25 de la loi du 15 avril 1829, sur la pêche fluviale, ne sont pas ceux-là seulement qui barrent sur toute sa largeur le lit de la rivière sur laquelle ils sont placés, et qu'on doit considérer comme appareil prohibé un filet qui, bien que disposé de manière à laisser un certain espace libre à côté de chaque rive, a cependant pour effet d'empêcher entièrement le passage du poisson, soit parce que l'espace réservé ne renferme qu'une trop faible quantité d'eau, soit parce qu'il est obstrué par des roseaux, ou par un autre objet quelconque. (*Voyez* BARRAGE.)

Aux termes de la loi du 15 avril 1829 (art. 32 et 53), tous les engins et filets devaient être marqués au moment où l'on en faisait usage. La loi de 1865 a supprimé cette obligation.

ENREGISTREMENT. § 1er. L'enregistrement est sans doute une mesure prescrite autant dans l'intérêt du fisc que dans celui des parties intéressées. Mais il faut convenir que si elle a l'inconvénient d'être coûteuse, elle a aussi de grands avantages. Le premier de tous c'est de donner une date certaine aux actes et d'ôter à tout le monde la faculté, la velléité même de les supprimer. Une fois que l'existence d'un acte est constatée par l'enregistrement, il appartient à l'autorité publique, et la loi prononce des peines sévères contre quiconque le supprimerait ou le lacérerait.

Cependant, comme les agents de l'autorité publique sont hors d'état de faire les avances des frais d'enregistrement qui s'élèvent à 2 fr. par chaque acte, on opère l'enregistrement en *débet*, sauf, en cas de condamnation, à poursuivre le recouvrement des frais d'enregistrement avec les frais de timbre et autres.

§ 2. D'après l'art. 10 de la loi du 16 juin 1824, l'enregistrement des procès-verbaux des gardes champêtres et particuliers doit être effectué dans les quatre jours de leur date, à peine de 5 fr. 50 c. d'amende ; cette disposition n'implique pas la nullité, et la Cour de cassation a consacré cette doctrine par un grand nombre d'arrêts. Le délai ne court que du lendemain de la date du procès-verbal ; ainsi un procès-verbal du 10 peut être enregistré le 15 ; mais s'il était du 10 à midi, il ne pourrait pas être enregistré le 15, à quatre heures du soir.

§ 3. Une ordonnance du 22 février 1838 décide que les procès-verbaux constatant des contraventions à la police du roulage, ne sont pas astreints à la formalité de l'enregistrement, et que la loi du 22 frimaire an VII est abrogée, sous ce rapport, par le décret du 23 juin 1806

Voir 1re partie, p. 3, n° 6.

ÉPIZOOTIE. On nomme ainsi les maladies contagieuses des animaux.

Un arrêté du 27 messidor an V, pris en vertu de la loi du 6 octobre 1791, trace les règles de la matière et fait revivre d'anciens réglements, des arrêts du Conseil et des arrêts du Parlement de 1745, 1746 et 1784. Les mêmes réglements sont maintenus par une ordonnance du 27 janvier 1815 et par l'article 461 du Code pénal. Ce code contient aussi des dispositions spéciales sur les maladies des animaux.

Tout détenteur ou gardien d'animaux soupçonnés d'être infectés de maladies contagieuses, qui n'aurait pas averti sur-le-champ le maire de la commune où ils se trouvent, et qui même, avant que le maire ait répondu à l'avertissement ne les aurait pas tenus renfermés, encourrait la peine d'un emprisonnement de six jours à deux mois, et d'une amende de 16 fr. à 200 fr. (C. P., art. 459.) Mais il faut se bien persuader que les devoirs des maires ne sont pas seulement de constater les infractions à la loi, leur mission est avant tout d'employer tous les moyens préventifs. Ils peuvent même, sans qu'il existe aucun fait de maladie constatée et sur de simples appréhensions qu'il leur appartient d'apprécier, prendre des arrêtés dans la vue de prévenir ces fléaux calamiteux, et les tribunaux de police doivent les faire exécuter. (*Arrêt du 1er février* 1822.)

Seront punis d'un emprisonnement de deux mois à six mois, et d'une amende de 200 fr. à 500 fr., ceux qui, au mépris des défenses de l'administration, auront laissé leurs animaux infectés communiquer avec d'autres. (*Ibid.*, art. 460.)

Si de la communication il est résulté une contagion pour tous les autres animaux, la contravention ci-dessus sera punie d'un emprisonnement de deux ans à cinq ans, et d'une amende de 100 fr. à 1,000 fr., le tout sans préjudice de l'exécution des lois et règlements relatifs aux maladies épizootiques, et de l'application des peines y portées. (*Ibid.* art. 461.)

Si ces délits ont été commis par des gardes champêtres ou forestiers, ou par des officiers de police, à quelque titre que ce soit, la peine d'emprisonnement sera d'un mois au moins, et d'un tiers au plus en sus de la peine la plus forte qui serait appliquée à un autre, coupable du même délit. (*Ibid.*, art. 462.)

Nous avons, dans notre *Répertoire Municipal*, traité à fond la question des épizooties; on y parle du caractère et du traitement des maladies, des moyens de les prévenir, de la désinfection des étables, écuries et de l'exécution des ordres de l'autorité, mais tout cela est hors du sujet que nous traitons aujourd'hui.

Voir pour les indemnités accordées en pareil cas, la loi du 30 juin 1866.

ESSIEUX. Les atteintes portées aux règlements de police sur la largeur des chargements et sur la longueur des essieux, doivent être constatées par procès-verbaux des gardes champêtres et jugées par les tribunaux de simple police, et non pas par les conseils de préfecture. (*Ordonnance du 22 février* 1838.) (*Voy.* MOYEUX.)

ÉTABLISSEMENTS INSALUBRES. Toute manufacture, tout atelier qui répand une odeur insalubre ou même incommode, ne peut être élevé qu'avec une autorisation de l'administration. (*Décret du* 15 *décembre* 1810.) (*Voir* également les décrets des 31 décembre 1866 et 31 janvier 1872, et pour les chaudières à vapeur le décret du 25 janvier 1865.)

Quels que soient les termes de l'autorisation, les établissements de toute nature sont soumis aux règlements généraux de police sur la propreté et la salubrité; et le maire qui jugerait convenable, dans l'intérêt général, de faire un règlement particulier sur l'écoulement des eaux, sur la direction des tuyaux de cheminées, leur élévation et autres moyens d'empêcher l'infection de l'air et l'exhalaison des miasmes ou d'odeurs nuisibles, le pourrait, sans néanmoins entraver la marche de l'établissement autorisé. Ce règlement serait exécutoire, et les contraventions passibles d'amendes, sauf au propriétaire de l'établissement d'en provoquer la réformation devant l'autorité supérieure. (*Arrêts des* 20 *pluviôse an* XII, 23 *août* 1818, 26 *janvier* 1821 *et* 2 *octobre* 1824.)

ÉTALAGE. Exposition de marchandises à vendre. Les règlements généraux de police s'opposent à ce que les étalages embarrassent la voie publique. C'est à l'autorité municipale qu'il appartient de déterminer les emplacements destinés aux marchands étalagistes les jours de foires, de marchés ou de fêtes. Chaque maire peut à cet égard faire les règlements que réclament les localités et les circonstances, et les gardes champêtres comme auxiliaires de police peuvent verbaliser contre les contraventions à ces arrêtés.

Ceux qui contreviennent aux règlements publiés à cet égard, doivent être poursuivis devant le tribunal de police et condamnés à une amende qui ne peut être ni au-dessous d'un franc ni au-dessus de cinq francs, sans préjudice de peines plus fortes en cas de tapage ou de rébellion. (*Loi du* 21 *juillet* 1791 ; *art.* 471 *du C. P.*)

EXPLOITATIONS FORESTIÈRES. *Voir* 1re part., p. 50 et 51.

EXHUMATIONS. Il en est de deux espèces : les unes, ordonnées par la justice lorsqu'elle recherche les traces d'un crime, sont faites avec toutes les précautions convenables pour conserver le respect dû à la cendre des morts; les autres, faites clandestinement, soit pour se venger, soit pour se procurer des cadavres ou des effets qu'on sait être dans les bières, sont de véritables délits, passibles de trois mois à un an d'emprisonnement, et de 16 à 200 francs d'amende, aux termes de l'article 360 du Code pénal.

D'après l'arrêté du 23 prairial (*art.* 17), les autorités locales sont spécialement chargées de maintenir l'exécution des lois et règlements qui prohibent les exhumations non autorisées, et d'empêcher qu'il ne se commette dans les lieux de sépultures aucun désordre, ou qu'on s'y permette aucun acte contraire au respect dû à la mémoire des morts.

F

FAGOTS. La loi n'ayant pas déterminé la grosseur des fagots et punissant l'enlèvement des bois à raison de 2 francs par fagot, il s'ensuit que l'enlèvement de deux fagots doit entraîner une amende de 4 francs, quand bien même il serait prouvé que les deux fagots ensemble n'excèdent pas le volume ou le poids d'une charge d'homme. (*Arrêts de* 1828, 1832 *et notamment du* 18 *juillet* 1834.)

FAITS DE CHASSE. *Voir* 1re part., p. 97 et suiv.

FERMETURE DE LA CHASSE, *Voir* 1re part., p. 79 et suiv.

FERMIERS DE LA CHASSE, *Voir* 1re part., p. 82 et suiv.
— de la pêche, p. 135 et suiv.

FEU. Les gardes champêtres et autres doivent, aux termes de l'article 458 du Code pénal, veiller à ce qu'il ne soit pas allumé de feu dans les champs plus près que cent mètres des maisons, bois, bruyères, vergers, haies, meules de grains, de paille ou de foin. Toute contravention à cet égard est punie des peines de police. (Voyez les articles 471, nos 1, 2; 475, no 12; 95 et 434 du *Code pénal.*)

FILETS. Les filets pour la chasse ne peuvent être employés sans le consentement du propriétaire des bois, terres, prés où on prétend en faire usage. S'ils sont employés en temps prohibé, l'usage constitue un délit qui peut être poursuivi d'office sans qu'il y ait plainte du propriétaire. (*Arrêt de Cassation du 3 novembre 1831, et circulaire administrative du 31 juillet 1832.* Voyez *Carrelets, Engins prohibés, Epervier, Guideau, Troubles, Verveux.*)

FLAGRANT DÉLIT. Cette expression s'applique à toute action criminelle ou correctionnelle, à toute contravention qui se commet ou qui vient de se commettre. Il existe non-seulement lorsqu'on saisit le coupable au moment de la perpétration du fait, mais encore lorsque le prévenu est poursuivi par la clameur publique, ou qu'il est saisi porteur d'effets, d'armes ou instruments faisant soupçonner qu'il est auteur ou complice; mais il faut que ce soit dans un temps voisin du crime ou du délit. Tout acte d'un maire, d'un garde champêtre ou forestier, ou d'un commissaire de police, qui aurait pour objet l'arrestation d'un citoyen sous prétexte de flagrant délit, serait un acte arbitraire s'il s'était écoulé un temps suffisant pour qu'il eût été possible d'avertir le procureur de la République, et d'obtenir un mandat de justice.

D'un autre côté, la loi n'ayant pas dit ce qu'elle entend par un *temps voisin du délit*, il ne faut pas conclure de cette expression qu'il n'y ait lieu à flagrant délit que dans l'heure ou les deux heures qui suivent l'action. Cela dépend des circonstances, de l'importance du fait, du plus ou du moins de facilité d'opérer l'arrestation, et du plus ou du moins de garantie que présente le prévenu ou celui qu'on désigne comme tel. Les maires et officiers de police mettront, dans tous les cas, leur responsabilité à couvert en faisant conduire sur-le-champ devant le procureur de la République, l'homme accusé et les preuves qu'on aura pu saisir sur lui.

Les gardes champêtres et autres gardes ne doivent jamais arrêter les personnes connues qui commettent de simples contraventions; il suffit, même en cas de flagrant délit, de leur déclarer procès-verbal.

Voir la loi du 20 mai 1863 sur l'instruction des flagrants délits devant les tribunaux correctionnels.

FORÇATS LIBÉRÉS. Ce sont des individus qui, ayant été condamnés pour crimes aux travaux forcés à temps, rentrent dans la société à l'expiration de leur peine; ou ceux qui, condamnés aux travaux forcés perpétuels, ont obtenu des lettres de grâce ou de commutation. Les gardes champêtres doivent les surveiller constamment.

FORÊTS. Le soin de veiller à la conservation des forêts de l'État est confié à une administration particulière; cependant quand les maires ont connaissance d'abus et de dilapidations, ou même de négligence de la part des préposés, ils doivent en rendre compte au sous-préfet.

Ce devoir est d'autant plus important que les forêts prennent chaque jour plus de valeur, et que leur conservation intéresse autant les particuliers que le gouvernement lui-même. Si, comme il y a lieu de le croire, la population va toujours en augmentant, et si l'on ne s'occupe pas de replanter les parties de terrain qui ont été défrichées sur les hauteurs, le bois ne tardera pas à devenir plus rare encore qu'il ne l'est à présent. L'administration municipale et départementale ne saurait donc porter ses regards sur un objet qui méritât mieux de fixer son attention.

Les communes propriétaires de bois doivent aussi les faire garder avec soin, et planter toutes les portions qui se dégarnissent : elles y ont au moins autant d'intérêt que les grands propriétaires.

Lorsqu'un maire est requis d'accompagner les gardes forestiers et autres préposés dans les perquisitions, il ne peut s'y refuser ; il doit, au contraire, les assister, leur faire prêter main-forte, mais avoir soin de se conformer aux dispositions du décret du 4 août 1806, d'après lesquelles ces perquisitions ne peuvent avoir lieu avant six heures du matin, ni après six heures du soir, depuis le 1er octobre jusqu'au 31 mars ; et avant quatre heures du matin, ni après six heures du soir, depuis le 1er avril jusqu'au 30 septembre. (*Voyez* PERQUISITION.)

Voir page 13, la section des gardes forestiers pour tout ce qui est relatif aux poursuites et aux peines en matière de délits forestiers.

FOSSÉ. On appelle ainsi la tranchée faite sur le bord d'un héritage rural ou d'une forêt pour les séparer des chemins ou des propriétés voisines, et pour en défendre l'entrée aux hommes, aux voitures et aux animaux.

L'article 456 du Code pénal prononce, contre ceux qui ont comblé des fossés en totalité, ou seulement en partie, un emprisonnement d'un mois à une année, et une amende égale aux restitutions et aux dommages-intérêts, lesquels ne peuvent dans aucun cas être au-dessous de 50 francs.

Depuis le 1er janvier 1827, le curage et l'entretien des fossés qui font partie de la propriété des routes nationales et départementales, sont opérés par les soins de l'administration publique et sur les fonds affectés au maintien de la viabilité desdites routes. (*Article* 2 *de la loi du* 12 *mai* 1825.) Mais cela n'affranchit pas les maires de la surveillance qui leur est recommandée par les art. 58 et 59 du décret du 16 décembre 1811. Les gardes champêtres ne doivent pas moins surveiller ceux qui combleraient ces fossés sous un prétexte quelconque.

Les gardes forestiers sont également chargés de veiller à la conservation des fossés et des chaussées destinés à la garde et à l'exploitation des bois. Ils doivent même, lorsque les adjudicataires font pratiquer les fossés qui séparent les ventes, veiller à ce que les ouvriers leur donnent l'ouverture et la profondeur indiquées au cahier des charges.

FOURRIÈRE. On met en fourrière quand on séquestre des bestiaux pris en délit. Ils sont nourris aux dépens de leur maître, et gardés, afin d'obliger le propriétaire à payer le dommage qu'ils ont causé.

Il doit être satisfait aux réclamations par la vente des bestiaux, si le dommage n'a point été payé dans la huitaine du jour du délit.

Si ce sont des volailles qui causent le dommage, celui qui l'éprouvera pourra les tuer sur le lieu au moment du dégât.

Les séquestres et gardiens des animaux en fourrière en sont responsables par corps, conformément à l'art. 3 de la loi du 15 germinal an VI.

FUTAIE. C'est le nom qu'on donne à un bois qu'on a laissé croître au-delà de 40 ans. Un bois de 40 à 60 ans se nomme futaie sans taillis. Entre 60 et 120 ans, c'est une haute futaie; au-dessus, c'est une vieille futaie.

Bien des *boitiers* ou maraudeurs des bois s'imaginent qu'en coupant un ou deux brins d'un taillis, ils ne font aucun tort à la future futaie, parce que, disent-ils, la sève de celui qu'ils enlèvent se porte sur les autres; c'est une mauvaise excuse, car on ne peut pas prévoir dans l'état du taillis, ce que pourra devenir telle ou telle partie de la souche. Les gardes doivent donc poursuivre avec vigueur ces délinquants, quelle que soit la grosseur du bois coupé.

G

GARDES (en Général). Fonctions communes à tous les gardes, *Voir* 1re part., p. 1 à 3. — Devoirs réciproques des gardes entre eux, *Voir* 1re part., p. 3 à 7.

GARDES CHAMPÊTRES. Leurs attributions, *Voir* 1re part., p. 7 à 12. — Dispositions communes aux gardes champêtres et à la gendarmerie, *Voir* 1re part., p. 13.

GARDES-CHASSE. Leurs attributions, 1re partie, *Voir* p. 58 et suiv.

GARDES DES BOIS COMMUNAUX. Ils sont aux frais des communes; c'est de leur fidélité, de leur intelligence que dépend souvent la conservation des forêts communales, d'autant plus exposées que chacun s'imagine avoir le droit d'y prendre. Voir le chapitre III, première partie, des GARDES FORESTIERS.

GARDES FORESTIERS. Leurs attributions et leur responsabilité, *Voir* 1re part., p. 13 et suiv.

GARDES PARTICULIERS. *Voir* 1re part., p. 22 et suiv.

GARDES-PÊCHE. Leurs attributions, *Voir* 1re partie, p. 135 et suiv.

GENDARMERIE. Voir *Gardes champêtres*, p. 125, n° 239. — 1re partie, p. 4, n° 2, p. 5, n° 4, p. 9, nos 7 et suiv.

GLANAGE. Le glanage est une servitude sur la propriété ouverte, en faveur de l'indigence. Il ne peut avoir lieu dans les enclos. C'est un droit qui s'exerce d'une manière souvent abusive. Aussi dans les communes bien administrées, ce droit est-il réglementé, et les gardes champêtres doivent veiller scrupuleusement à ce que les réglements soient bien exécutés.

GRATIFICATION. Les lois fiscales en accordent quelquefois aux gardes champêtres et forestiers, notamment pour la saisie des tabacs vendus en fraude et pour la constatation de délit de chasse; mais tout don, ou promesse d'argent ou d'effets, denrées, faits par des particuliers, sont interdits ; et lorsqu'ils ont pour objet de porter ces agents à ne pas remplir leurs devoirs, ils constituent le crime de corruption ou de concussion. Il y a lieu à poursuivre, lors même que le maire aurait autorisé l'acceptation du don. (*Arrêt de la Cour d'Orléans, du 5 mai 1840. Voir* 1re part., p. 10, n° 8, p. 126 et suiv.)

H

HAIE. Clôture de biens ruraux ou de jardins, faite soit en épine, charmille, ormeau, etc., ce qu'on appelle haie vive ; soit en échalas, fagots, bourrées, et alors elles sont appelées haies sèches. Qu'elles soient vives ou sèches, c'est une clôture qu'on ne peut violer impunément, et un vol commis par-dessus une haie est considéré comme un vol à l'aide d'escalade.

Les haies doivent être échenillées tous les ans au mois de février, et les gardes doivent verbaliser contre ceux qui sur ce point ne se conforment pas aux arrêtés de l'autorité municipale.

Les maires doivent, d'un autre côté, enjoindre aux propriétaires de boucher les trous, d'élaguer et d'écheniller les haies ou les tocs ou têtards qui s'y trouvent ; ils doivent aussi veiller à ce que les propriétaires voisins de chemins vicinaux ou de rues dans les villages, laissent entre les haies la distance voulue par les réglements.

L'article 456 du Code pénal punit la dégradation ou l'enlèvement des haies, d'amende et de prison ; ainsi, c'est un délit qui doit être constaté par des procès-verbaux comme tous les autres délits.

Les haies établies en faveur de la propriété sont souvent un obstacle à la fréquentation des chemins qui en sont bordés. Les maires doivent, tous les ans, les faire élaguer, et les gardes champêtres doivent verbaliser contre ceux qui ne se conforment pas aux réglements à cet égard.

HALAGE. Les chemins de halage ne sont pas moins nécessaires que les routes et les chemins vicinaux ; ils réclament la même protection, la même surveillance. Tous les propriétaires d'héritages aboutissant aux rivières navigables, doivent laisser le long des bords 7 mètres 80 centimètres pour le trait des chevaux, et ceux aboutissant sur les rivières flottables 1 mètre 30 centimètres pour le passage des flotteurs. En cas de contravention, les arbres doivent être arrachés, les fossés comblés, les ouvrages détruits, et les localités réparées aux frais des contrevenants, sans préjudice des dommages-intérêts qui peuvent être demandés devant les tribunaux, s'il en est résulté des pertes ou accidents pour les mariniers ou flotteurs, ou pour les propriétaires des flottes ou bateaux. (*Art. 7 du titre XXVIII de l'ordonnance de* 1669, *et décret du* 22 *janvier* 1808.)

Les chemins de halage sont les servitudes établies pour l'utilité publique ou communale, aux termes de l'art. 650 du Code civil ; et tout ce qui concerne cette espèce de servitude est déterminé par des lois ou des règlements particuliers.

HUMUS. Couche de terre végétale qui couvre les champs et les forêts. C'est elle qui produit les fruits de toute nature. Les gardes doivent veiller à ce qu'on ne l'enlève pas pour la transporter dans d'autres propriétés qu'on veut fertiliser. Les gardes forestiers, surtout, doivent s'y opposer, parce que l'enlèvement de cette terre entraîne celui des plants et des graines destinés à la reproduction des arbres.

I

INCENDIE. § 1er. Les gardes champêtres doivent signaler tout ce qui peut faire redouter l'incendie. S'il éclate, ils doivent courir pour préserver les objets sauvés, arrêter les voleurs, qui ne manquent pas d'accourir et de profiter de la circonstance : les maires peuvent prendre des arrêtés pour défendre de reconstruire ou réparer les toits des maisons situées dans les bourgs ou villages avec de la paille ou des roseaux et autres matières combustibles, et les tribunaux de police condamner les contrevenants, et même ordonner la démolition des ouvrages faits en contravention. (*Arrêts des* 23 *avril* 1819 *et* 29 *décembre* 1820.)

Les maires ont le droit de faire faire des rondes de nuit par les citoyens imposés, afin de prévenir les tentatives des incendiaires; et les tribunaux de police doivent punir les contrevenants, même lorsqu'ils prétendraient être dans des cas d'exception, l'autorité administrative étant seule compétente pour apprécier leurs excuses. (*Arrêt du* 22 *juillet* 1819.)

Si, malgré toutes les précautions, un incendie éclate, ils peuvent même violer le droit de propriété en faisant abattre des maisons ou parties de maisons, des bois, des champs de blé, pour empêcher le feu de s'étendre.

C'est donc pour un maire ou un adjoint un devoir impérieux de sa charge de prendre toutes les précautions qui peuvent garantir sa commune des incendies, qui sont souvent le résultat de la négligence; ils doivent surveiller les pompes, réservoirs, les seaux à incendies et les machines destinées à arrêter l'action du feu. Ils doivent surtout veiller à ce que ceux des habitants qui, par état, sont obligés de serrer chez eux des matières combustibles, tiennent ces marchandises en des lieux écartés des cheminées, fours, fourneaux.

Défendre d'entrer dans les écuries, bergeries, granges, greniers à fourrages, bûchers et autres bâtiments où se trouvent des pailles et du bois, avec des lumières qui ne seraient pas dans des lanternes bien closes.

Ils doivent défendre aussi aux fermiers, aubergistes, d'avoir dans leurs écuries, remises et autres bâtiments où sont des fourrages, des lanternes à claire-voie, des lampes ou chandelles, de quelque manière qu'elles soient placées.

§ 2. Le maire fait, tous les ans, la visite des fours et cheminées de toutes les maisons et bâtiments éloignés de moins de 195 mètres des autres habitations; il empêche qu'il soit allumé du feu dans les champs, à moins de 100 mètres des bois, bruyères, haies, *meules de grains, de paille ou de foin.*

Il ordonne aux maçons, couvreurs, charpentiers, plombiers et autres ouvriers, de se transporter, sur la réquisition des officiers de police, aux lieux où il y aurait incendie, sous peine d'amende.

Si l'incendie des propriétés mobilières ou immobilières d'autrui a eu pour cause la vétusté ou le défaut de réparation et de nettoyage des fours, cheminées, forges, maisons, ou usines prochaines, ou des feux allumés dans les champs, à moins de 100 mètres des maisons, édifices, forêts, bruyères, bois, haies, meules, etc., ou des feux et lumières portés ou laissés sans précaution suffisante, ou des pièces d'artifice allumées et tirées par imprudence, la peine est d'une amende de 50 francs au moins et 500 francs au plus. (*Code pénal, art.* 458.)

L'art. 475, n° 12 du même Code, porte que ceux qui, le pouvant, auront refusé ou négligé de faire les travaux, de servir ou de prêter le secours dont ils auront été requis en cas d'incendie, seront punis d'une amende de 6 à 10 francs; et l'art. 478 prononce, en cas de récidive, une peine de cinq jours d'emprisonnement.

L'arrêté d'un préfet, qui, pour prévenir les incendies, défend de placer des meules de grains et de fourrages à moins de 100 mètres des bâtiments d'habitation et d'exploitation, est obligatoire pour les tribunaux de police, qui ne peuvent en suspendre l'exécution, et qui doivent condamner les contrevenants. (*Arrêt du 20 septembre* 1822.)

INDEMNITÉ. § 1er. La nécessité de stimuler le zèle des

gardes champêtres, et celle de reconnaître les services qu'ils peuvent rendre à l'autorité publique, ont porté le gouvernement à allouer des gratifications pour services extraordinaires. Ainsi, tout garde champêtre qui arrête un réfractaire, un déserteur, des repris de justice évadés, ou constate un délit de chasse, obtient la même gratification que la gendarmerie, laquelle s'élève à 5, 25, 50, 100 francs, selon les circonstances. Il en est de même pour celui qui constate les contraventions sur les grandes routes, soit relativement aux arbres, aux fossés, soit relativement à la largeur des jantes; il a, aux termes des instructions et décrets des 16 décembre 1811 et 10 mai 1812, un tiers de l'amende prononcée par le conseil de préfecture.

§ 2. Il est cependant des choses qui doivent frapper les regards des gardes champêtres, et relativement auxquelles ils ne doivent éprouver aucun embarras. L'article 23 du décret du 23 juin 1806 les charge de constater les contraventions sur la longueur des essieux, sur l'emploi des clous à tête de diamant pour le ferrement des roues, et sur les plaques dont les voitures doivent être pourvues. Leurs procès-verbaux doivent être remis au maire, et s'il y a condamnation, le garde champêtre a droit au quart des amendes prononcées. (*Art.* 32 *du même décret.*)

§ 3. Le décret de 1806, en ce qui concerne la longueur des essieux, est abrogé par l'ordonnance du 29 octobre 1828, qui l'est elle-même par la loi sur le roulage. (Voir Roulage.)

INONDATION. Elle est, comme l'incendie, un cas de force majeure qui autorise les maires, adjoints et la force publique à entrer dans les maisons qui se trouvent submergées ou sur le point de l'être, sans réquisition de l'intérieur, et même pendant la nuit.

Toute personne qui refuse de donner du secours en cas d'inondation, doit être poursuivie en vertu de l'art. 475, n° 12, du Code pénal. Ce refus doit être constaté par un procès-verbal.

§ 1. Si une inondation est le résultat d'une manœuvre frauduleuse, ou de quelque imprudence de la part d'un propriétaire voisin, ce n'est point à l'administration qu'il appartient de statuer sur les dommages-intérêts qui peuvent être dus. Le tribunal de police ne serait compétent qu'autant que le mal serait arrivé par désobéissance aux règlements; dans tout autre cas, la réparation devrait être suivie devant les tribunaux civils, correctionnels ou criminels, suivant les conséquences qu'aurait eues l'inondation. (*Arrêt du* 18 *juillet* 1806.)

L'art. 457 du Code pénal ne s'applique qu'aux propriétaires ou fermiers d'usines ou moulins qui, par l'élévation du déversoir de leurs eaux, ont inondé les chemins ou les propriétés d'autrui; il prononce une amende de 50 francs au moins, et, en cas de dégradation, un emprisonnement de six jours à un mois outre cette amende; mais s'il s'agissait d'individus qui auraient méchamment percé des digues, levé des vannes ou causé des inondations de toute autre manière, ils se trouveraient passibles des peines portées en l'article 437, qui prononce la réclusion, les travaux forcés et même la peine de mort selon la gravité du cas. (*Voyez* cet article et deux arrêts des 2 février 1816 et 23 janvier 1819.)

Les gardes champêtres doivent prévenir l'autorité locale de tout ce qu'ils découvrent près des moulins, des étangs, des usines qui pourrait faire redouter une inondation; ils doivent aussi avertir les personnes suspectes d'entreprises telles qu'il peut en résulter des accidents, et rédiger des procès-verbaux si elles résistent aux avis donnés ou aux arrêtés de l'administration.

Les rédacteurs du Code civil ont senti qu'il était très-difficile de donner des règles générales sur les irrigations; c'est pour cela que, par l'art. 645, ils ont prescrit l'observation des règlements particuliers, et que, du reste, ils s'en sont rapportés à l'équité du juge pour concilier les intérêts de l'agriculture avec le droit de propriété. Dans tous les cas, dit cet article, *les règlements locaux doivent être observés.*

Or, ces règlements locaux ne peuvent être faits que d'un commun accord, entre tous les intéressés, ou par l'autorité locale, sauf le droit qu'aurait tout propriétaire de les contester, et même d'y résister, s'ils étaient contraires à des droits acquis par titres ou par prescription, et s'ils n'étaient pas fondés sur une loi.

§ 2. La ligne de démarcation entre ce qui est du ressort des tribunaux et ce qui dépend du pouvoir administratif est assez difficile à saisir; grand nombre d'arrêts le prouvent. Mais si les plaideurs ont de la peine à s'entendre à cet égard, les administrateurs impassibles peuvent, avec un peu d'attention, reconnaître les limites de leurs attributions. Ils peuvent consulter l'arrêté du 9 ventôse an VI, et notamment la loi du 9 floréal an X, qui porte:

Art. 1er. Que les contraventions relatives aux canaux, fleuves et rivières navigables, seront réprimées par voie administrative.

Art. 2. Les contraventions seront constatées concurremment par les maires et adjoints, les ingénieurs, etc.

§ 3. Ces lois ne décident rien relativement aux rivières *non navigables*, mais par cela même elles laissent aux autorités locales le droit de faire des règlements, et la jurisprudence du Conseil d'État respecte constamment ces règlements : elle a décidé que les tribunaux pouvaient les prendre pour base de leurs décisions, et que les préfets étaient incompétents pour élever le conflit dans les contestations d'intérêt privé sur l'application des règlements administratifs au cours d'une rivière non navigable ni flottable. *Voyez* l'ordonnance du 20 février 1822, rapportée par M. Macarel dans sa jurisprudence du Conseil d'État. *Voyez* aussi un décret du 12 avril 1812, mentionnant un avis du Conseil d'Etat qui n'est point au bulletin des lois, et qui porte que « les contraventions aux règlements de police sur les rivières non navigables, canaux et autres petits cours d'eau, doivent être portées suivant leur nature, devant les tribunaux de police municipale ou correctionnelle; et les contestations qui intéressent les propriétaires, devant les tribunaux civils. »

Il suit de ce qu'on vient de lire, que les gardes-pêche, les gardes champêtres et les gardes particuliers doivent constater les faits par des procès-verbaux, soit d'office, quand il s'agit de voies de fait, de violence constitutives de délits, soit sur la plainte des particuliers dont les intérêts ont été lésés.

INSIGNES DES GARDES. Le garde champêtre et le garde particulier, présentés, acceptés, assermentés doivent être munis d'une plaque en métal indiquant leur qualité.

Les gardes forestiers portent une bandoulière et une plaque de métal blanc avec les mots *forêts de l'Etat*.

Tous les gardes sans exception ne peuvent verbaliser qu'autant qu'ils sont revêtus de leurs insignes.

J

JARDINATOIRE. (Coupe). On appelle ainsi celle qui a lieu dans les bois résineux, où l'exploitation se fait par pieds d'arbres au lieu de s'opérer par contenance et par lots mesurés sur le sol; il faut dans les coupes jardinatoires, que le martelage soit appliqué aux arbres qui doivent être abattus, tant au corps qu'à la racine, de manière que la dernière serve de contrôle. Il a été jugé par la Cour de cassation, le 17 mai 1834, qu'il y a même délit de la part d'un adjudicataire, quand, dans une coupe ordinaire, dite à *tire* et *aire*, il abat des arbres frappés du marteau; et quand dans une coupe *jardinatoire*, il en abat qui n'ont pas été frappés. Ce délit donne lieu à l'application des articles 33 et 34 du Code forestier; ainsi les gardes doivent le constater avec soin.

JUGEMENTS (Exécution des). *Voir* 1re part., p. 57, 58.

L

LANDES. Les terres incultes auxquelles on donne ce nom, sont de dangereux voisins pour les forêts, en ce que les délinquants, sous prétexte d'aller y chercher des genêts, des genévriers et autres menus bois, se glissent dans les grands bois pour y commettre des délits dont ils enlèvent le fruit pendant la nuit; en ce que le feu qu'on met aux landes pour améliorer la terre, peut se communiquer aux forêts; et en ce que les moutons et les chèvres passent souvent les limites des landes malgré toutes les défenses de la loi et toute la surveillance des gardes.

L'ordonnance de 1669 et le nouveau Code forestier ont proscrit tous ces moyens d'arriver aux délits, et le devoir des gardes chargés de les constater est de dresser des procès-verbaux des contraventions de cette nature.

LAPINS. *Voir* 1re part., p. 116, nos 196 et suiv.

LÉGISLATION. De la chasse, *Voir* 1re part., p. 62 et suiv. De la pêche, *Voir* 1re part., p. 140 et suiv.

LITRE. *Voyez* POIDS ET MESURES.

Toutes les boissons doivent être vendues au litre, à ses multiples ou ses divisions : hectolitre, décalitre, décilitre, etc.

LOUVETERIE. Deux ordonnances des 15 et 20 août 1814 ont réglé ce qui est relatif à la louveterie. Elle se compose de lieutenants de louveterie, fonctions purement honorifiques, qui sont commissionnés pour la chasse des loups et autres animaux nuisibles.

Ces commissions sont renouvelées tous les ans.

Les dispositions qui peuvent être faites par suite des différents arrêtés concernant les animaux nuisibles, appartiennent à ces attributions.

Les lieutenants de louveterie recevaient les instructions et les ordres du grand-veneur, pour tout ce qui concernait la chasse des loups.

Ils sont tenus d'entretenir à leurs frais un équipage de chasse, composé au moins d'un piqueur, deux valets de limiers, un valet de chiens, dix chiens courants et quatre limiers.

Ils sont tenus de se procurer les piéges nécessaires pour la destruction des loups, renards et autres animaux nuisibles, dans la proportion des besoins.

Voir 1re part., p. 128 et suiv.

M

MAISON. Art. 184. La maison de chaque citoyen est un asile où la gendarmerie ne peut pénétrer sans se rendre coupable d'abus de pouvoir, sauf les cas déterminés ci-après :

1º Pendant le jour, elle peut y entrer pour un objet formellement exprimé par une loi, ou en vertu d'un mandat spécial de perquisition décerné par l'autorité compétente ;

2º Pendant la nuit elle ne peut y pénétrer que dans les cas d'incendie, d'inondation ou de réclamation venant de l'intérieur de la maison. Dans tous les autres cas, elle doit prendre seulement, jusqu'à ce que le jour ait paru, les mesures indiquées à l'art. 185.

Le temps de nuit est ainsi réglé :

Du 1er octobre au 31 mars, depuis six heures du soir jusqu'à six heures du matin ;

Du 1er avril au 30 septembre, depuis neuf heures du soir jusqu'à quatre heures du matin.

Art. 185. Lorsqu'il y a lieu de soupçonner qu'un individu déjà frappé d'un mandat d'arrestation, ou prévenu d'un crime ou délit pour lequel il n'y aurait pas encore de mandat décerné, s'est réfugié dans la maison d'un particulier, la gendarmerie peut seulement garder à vue cette maison ou l'investir, en attendant l'expédition des ordres nécessaires pour y pénétrer et y faire l'arrestation de l'individu réfugié.

MANDATS DE JUSTICE. Ces actes sont toujours d'une grande importance, puisque leur effet immédiat est de priver l'homme de sa liberté; et ce qui est plus grave encore, de jeter sur lui les préventions les plus capables de compromettre son honneur et sa réputation. Ils sont de quatre espèces, d'après le Code d'Instruction criminelle, savoir : Mandats de comparution, d'amener, de dépôt et d'arrêt. Au juge d'instruction seul appartient le droit de les décerner, aux termes des articles 91 et suivants de ce Code. Ils sont exécutoires dans toute l'étendue du territoire. (Art. 98.) Lorsque le prévenu est saisi hors de l'arrondissement de l'officier qui a délivré le mandat, on le conduit devant le juge de paix ou son suppléant, et à leur défaut devant le maire ou l'adjoint, qui vise le mandat sans pouvoir en empêcher l'exécution. (Art. 98.) Si le prévenu ne peut être trouvé, le mandat sera exhibé au maire ou à son adjoint, ou au commissaire de police de la commune de la résidence du prévenu, lequel mettra son visa sur l'original de l'acte de notification. (Art. 105.) Si le prévenu ne peut être saisi, le mandat d'arrêt sera notifié à sa dernière habitation, et il sera dressé procès-verbal de perquisition en présence de deux des plus proches voisins du prévenu, qui le signeront. Le porteur du mandat fera ensuite viser son procès-verbal par le juge de paix ou son suppléant, et à son défaut, par le maire, l'adjoint ou le commissaire de police du lieu, et lui en laissera copie. (*Art.* 109.)

Les maires, adjoints, commissaires de police, ont en certains cas, et notamment dans celui de flagrant délit, le droit de faire arrêter l'individu soupçonné d'un crime; mais ils n'ont jamais celui de décerner des mandats. Ils donnent un ordre de conduire le prévenu devant l'autorité judiciaire, et cet ordre, qui ne doit pas être un mandat, n'est astreint à aucune forme.

MARAUDAGE. La loi du 6 octobre 1791, titre II, article 34, punit le maraudage de la détention de police municipale. L'art. 36 prévoit le maraudage dans les bois à dos d'homme, et le punit d'une amende double du dédommagement dû aux propriétaires, et d'une détention qui peut être de trois mois, suivant la gravité des circonstances.

Ces articles sont-ils abrogés par le Code pénal? La Cour de cassation a décidé que non, par arrêt du 19 février 1813, et que les maraudages et autres délits de ce genre ne rentrent pas dans l'application de l'article 401.

Elle a décidé aussi, par plusieurs arrêts, que le vol d'épis de blé coupés sur pieds, est un maraudage puni de peines correctionnelles. C'est un des plus graves désordres recommandé à la vigilance des gardes champêtres.

Le vol de fruits cueillis à l'arbre n'est pas un simple maraudage, c'est un vol ordinaire qui doit être déféré à la police correctionnelle, à peine d'un emprisonnement de un an à cinq ans. Nécessité donc de verbaliser contre les auteurs de semblables délits.

MARTELAGE. Application de marteaux à empreinte sur les arbres, afin d'indiquer ceux qui doivent être conservés ou abattus; cette expression s'applique plus spécialement à l'empreinte des marteaux de l'Etat : l'application de l'empreinte des autres marteaux se nomme *marque*.

MENUS MARCHÉS, MENUS PRODUITS. C'est le prix que l'Etat retire de la vente du chablis, bois de délits, de recépage, d'élagage, d'essartements, des adjudications de pâturage, panage, glandée et autres revenus de cette nature.

MINIÈRES. Elles comprennent les minerais de fer dites d'alluvion, les terres pyriteuses, propres à être converties en sulfate de fer, les terres alumineuses et les tourbes. (*Loi du* 21 *avril* 1810, *art.* 1er.)

L'exploitation de ces substances ne peut avoir lieu dans les forêts sans une permission du propriétaire ou de l'administration forestière pour les forêts de l'Etat.

Cette permission doit déterminer les limites et les règles de l'exploitation, et les gardes doivent dresser procès-verbal de toute contravention aux règles tracées dans l'acte de concession.

Toute extraction faite sans autorisation donne lieu à une amende, par chaque charretée ou tombereau, de 10 à 30 fr. pour chaque bête attelée; de 5 à 15 fr. pour chaque bête de somme; de 2 à 6 fr. pour chaque charge d'homme. (*Code forestier*, art. 144, Ordonn. règl. 169.) (*Arrêt du 24 avril 1828.*)

Si le délit avait été commis dans une lande contiguë à une forêt nationale et appartenant à l'Etat, il y aurait lieu à poursuite comme si c'était dans la forêt même. (*Arrêt du 15 mai 1830.*)

MOUTONS. § 1er. D'après l'article 1er de la loi du 6 octobre 1791, section 4, tout propriétaire est libre d'avoir chez lui telle quantité et telle espèce de troupeaux qu'il croit utile à la culture de ses terres. Les articles suivants règlent ce qui doit se pratiquer pour la vaine pâture, le droit de clôture des héritages; et l'article 19 ordonne à tout propriétaire d'un troupeau malade d'en faire la déclaration à la municipalité, qui prend aussitôt toutes les mesures sanitaires qu'indiquent les lieux et les circonstances.

En cas de maladie contagieuse, les gardes champêtres doivent surveiller de près la marche des troupeaux et suivre ponctuellement les ordres du maire pour éviter la rencontre ou le passage des moutons bien portants dans des lieux qu'auraient fréquentés des moutons malades. Ils doivent signaler au maire les infractions à ces arrêtés et dresser des procès-verbaux contre les contrevenants.

Les gardes forestiers et les gardes-chasse doivent de leur côté ne jamais souffrir le passage des moutons dans les prés, les champs ensemencés et surtout dans les jeunes bois, car leur dent est meurtrière.

§ 2. D'après les articles 78, 110 et 119, il est défendu de mener les moutons dans les bois de l'Etat ou des établissements publics, à moins qu'il n'y ait autorisation par ordonnance nationale.

N

NASSES. Ce sont des espèces de paniers d'osier ou autres bois flexibles, dont les baguettes sont assez serrées pour retenir le poisson, mais de manière à laisser passer l'eau sans résistance. On tient ces baguettes plus ou moins serrées, suivant le poisson que l'on se propose de prendre.

Les nasses dont les verges sont séparées de moins de 30 millimètres sont prohibées dans les rivières navigables ou flottables et dans les canaux où l'on pêche de gros poissons. (*Art.* 1er *de l'ordonnance du 19 novembre* 1830.) Mais cette ordonnance diminue de moitié la largeur des baguettes pour la pêche du petit poisson. (Voyez *Pêche fluviale* et *Conservation et Police de la Pêche*.)

NOMINATION et DESTITUTION. § 1er. Lorsqu'une commune a le moyen de solder un garde champêtre, le conseil municipal prend une délibération par laquelle il vote les fonds nécessaires et charge le maire de désigner une personne qui ait les qualités requises; le maire, après avoir fait son choix, qui ne peut porter que sur une personne jouissant de tous ses droits civils et digne par sa probité de la confiance des habitants, le soumet au préfet qui nomme et délivre les commissions.

Le garde champêtre nommé se présente devant le juge de paix pour y prêter serment, et sur la représentation au maire de cet acte, il peut immédiatement entrer en fonctions.

Les arrêtés qui prescrivaient de choisir les candidats parmi les anciens militaires sont tombés en désuétude; il n'y a plus nécessité, mais en cas de concours, la préférence est assurément due au militaire connu par sa probité, sa fidélité à ses devoirs et son obéissance aux lois.

§ 2. Le garde champêtre qui remplit mal ses fonctions, qui commet des fautes graves ou des contraventions, peut être suspendu par le maire et destitué par le préfet.

Le garde champêtre destitué doit immédiatement cesser ses fonctions et remettre au maire les insignes et l'arme qui lui avaient été confiés à son entrée en fonctions.

La destitution ne peut pas seulement être prononcée pour faits résultant de ses fonctions communales, elle peut aussi être prononcée pour défaut de concours dans le cas où la loi le réclame. Ainsi, le garde champêtre qui fermerait les yeux sur les délits ou contraventions commis par des douaniers, des gardes forestiers, des gendarmes, qui s'entendrait avec eux pour chasser, pêcher en temps défendu, ou sans port d'armes ou sans permission des propriétaires des lieux de chasse ou de pêche, serait suspendu par le préfet et déféré au conseil municipal, qui ne manquerait pas de proposer sa révocation. (*Voyez* ADMISSION, TRAITEMENT.)

NOYÉS. § 1er. Le défaut de respiration, une certaine quantité d'eau introduite dans les poumons, et le sang retenu à la tête, font périr les noyés, bien plus que l'eau qu'ils ont dans l'estomac. Rien n'est donc plus contraire à la raison que de leur mettre les pieds en haut et la tête en bas. Cette attitude porte forcément à l'apoplexie. Comment ce qui pourrait tuer un homme en santé peut-il être favorable à l'homme en danger de perdre la vie, faute de circulation du sang?

Les premiers secours à donner aux noyés, consistent à transporter les corps dans un endroit chaud, à les dépouiller de leurs vêtements, à les tenir sur un des côtés, la tête élevée; lorsqu'ils sont dans cette situation, il faut les frotter avec des étoffes de laine, les envelopper dans des couvertures chaudes, et leur placer sous le nez des liqueurs ou des sels d'une odeur forte. Il faut ensuite leur irriter les narines et la gorge avec une plume ou tout autre objet qui puisse produire le même effet, afin de procurer une secousse favorable par l'éternuement ou le vomissement.

Il faut encore leur souffler de l'air par la bouche en leur tenant les narines serrées; et aussitôt que le malade peut respirer, lui faire prendre quelques cuillerées de liqueurs spiritueuses.

§ 2. C'est une erreur très-grave et très-funeste que de penser que la personne qui trouve un noyé ne doit y toucher qu'après avoir prévenu l'autorité locale; cela ne serait vrai tout au plus que lorsqu'il s'agit d'un cadavre en putréfaction ou mort depuis quelque temps; mais si celui qui aperçoit un noyé a la moindre espérance de le sauver en lui portant immédiatement les secours que nous venons d'indiquer, il doit, sans attendre le concours de l'autorité, s'empresser de donner ces secours.

Si le noyé porte des traces de mort violente, il y a nécessité de dresser un procès-verbal détaillé.

O

OFFICIERS DE POLICE JUDICIAIRE. § 1er. En donnant aux maires, adjoints, commissaires de police, gardes champêtres et forestiers, la recherche des crimes ou délits et des contraventions, on n'a pas manqué de leur faire connaître qu'ils devaient s'attacher, dans leurs procès-verbaux, à ne laisser échapper rien de ce qui peut constater la nature du fait, les circonstances, le temps, le lieu, les preuves, les indices à la charge du prévenu, et ceux qui peuvent le justifier; car les officiers de police judiciaire sont les organes de la société, et ne doivent chercher que la vérité. (*Voyez* art. 8, 11 et 16 du Code d'Instruction criminelle.) Ce Code contient tout ce qui se réfère à leurs droits et à leurs devoirs; il porte, art. 25 : Tous les officiers de police judiciaire ont, dans l'exercice de leurs fonctions, le droit de requérir directement la force publique; ils sont soumis à la surveillance du procureur de la République, *sans préjudice de leur subordination à l'égard de leurs supérieurs* dans l'administration. (Art. 17, Code d'Instruction criminelle.)

Ces mots soulignés s'appliquent surtout aux gardes champêtres et forestiers. Voyez à cet égard l'art. 18, qui porte que les gardes forestiers doivent remettre leurs procès-verbaux au conservateur ou inspecteur ou sous-inspecteur, dans les trois jours au plus tard, y compris celui où ils ont reconnu le fait sur lequel ils ont procédé; et l'art. 20, qui porte une disposition semblable relativement aux gardes champêtres et particuliers, et qui la renouvelle relativement aux gardes forestiers en ce qui touche les simples contraventions.

§ 2. Les gardes-pêche étant assimilés aux gardes forestiers, il s'ensuit qu'ils sont astreints aux mêmes formalités et au même délai.

Les dispositions de l'art. 16 du même Code qui prescrit aux gardes d'arrêter et conduire devant le juge de paix ou devant le maire tout individu qu'ils auront surpris en flagrant délit ou qui sera dénoncé par la clameur publique, lorsque ce délit emportera la peine d'un emprisonnement ou une peine plus grave, ne doit s'entendre que d'une arrestation provisoire subordonnée à ce qu'ordonneront le juge de paix ou l'officier municipal.

Il y a exception pour les personnes prises en délit de chasse; les gardes ne devant pas les désarmer, doivent encore moins les arrêter si elles sont connues. Si elles n'étaient pas connues et qu'elles consentissent à se rendre chez le maire ou le juge de paix, le garde devrait néanmoins les y conduire.

OIES. Il faut avoir grand soin d'en proscrire l'introduction dans les prés, parce qu'elles y commettent beaucoup de dégâts. Le parcours dans les champs est même assez nuisible aux troupeaux de moutons, pour qu'il soit nécessaire de déterminer les cantons où les troupes d'oies peuvent paître. On a pris cette précaution dans beaucoup de communes qui environnent Paris, et notamment dans la Beauce; et l'on a chaque jour des motifs de s'en applaudir.

Cela dépend des maires. Il en est qui, ne trouvant ni dans le Code rural de 1791, ni dans le Code pénal, aucune disposition prohibitive, n'osent prendre sur eux de faire des règlements contre les troupes d'oies; il en est d'autres qui s'y croient autorisés par les lois des 24 août 1790 et 22 juillet 1791. La difficulté s'étant présentée devant la Cour de cassation, le 11 octobre 1821, elle a jugé que par cela que les officiers municipaux étaient chargés de régler le parcours, ils avaient le droit de prévenir les abus, d'empêcher les entreprises tendantes à détériorer les pâturages, et conséquemment de défendre aux propriétaires d'oies de les envoyer paître dans les champs sujets au parcours des bestiaux. Il s'ensuit que l'infraction à un arrêté sur cet objet donne lieu à l'application des peines de simple police.

Quant aux oies sauvages, elles sont considérées comme gibier, et chacun peut les tuer sur son terrain.

OUIE DE LA COGNÉE. Distance à laquelle peut être entendu, à partir de la limite d'une coupe, le bruit de la cognée abattant un arbre.

OUTRAGE. C'est une injure qui est punie plus ou moins sévèrement suivant les circonstances et la qualité des personnes.

L'outrage par paroles, gestes ou menaces, à tout officier ministériel ou agent dépositaire de la force publique, dans l'exercice ou à l'occasion de ses fonctions, est puni d'une amende de 16 à 200 fr. (Art. 224; *voyez* aussi les art. 225 et 226 du *Code pénal*.)

Tout individu qui, même sans armes, et sans qu'il en soit résulté de blessures, aura usé de violence contre un officier ministériel, un agent de la force publique, ou un citoyen chargé d'un ministère de service public, si elles ont eu lieu pendant qu'ils exerçaient leur ministère ou à cette occasion, est puni d'un emprisonnement d'un mois à six mois; et s'il y a effusion de sang, blessures ou maladie, la peine est la réclusion. Si la mort s'en est suivie dans les 40 jours, la peine est celle des travaux forcés à perpétuité.

Les outrages reçus par un commissaire de police au moment où il exerce les fonctions ordinaires d'officier de police judiciaire, donnent lieu à l'application des peines portées aux art. 222 et 223 du Code pénal. (*Arrêts des* 30 *juillet* 1812 *et* 5 *août* 1831.)

OUVERTURE DE LA CHASSE. *Voir* 1re part., p. 79 et suiv.

P

PANAGE. Les communes qui ont le droit de panage, c'est-à-dire de mener leurs porcs dans les forêts, doivent se conformer à ce que prescrit le Code forestier, à peine d'amende, et c'est particulièrement aux gardes forestiers de surveiller les pâtres en ce qui concerne la marque au fer chaud et le temps du panage. (*Voyez* PATURAGE.)

PARCOURS. C'est une servitude en vertu de laquelle les habitants de deux communes voisines peuvent envoyer réciproquement leurs bestiaux en vaine pâture d'un territoire sur l'autre.

§ 1er. Ce droit est régi par la section 4, titre Ier de la loi du 6 octobre 1791, dont l'art. 2 est ainsi conçu : « La servitude réciproque de paroisse à paroisse, connue sous le nom de *parcours*, et qui entraîne avec elle le droit de vaine pâture, continuera d'avoir lieu avec les restrictions déterminées, *lorsque cette servitude sera fondée sur un titre ou sur une possession autorisée par la loi et la coutume*; à tout autre égard elle est abolie. »

Le droit de clore et de déclore ses héritages résulte

essentiellement de celui de propriété, et ne peut être contesté à aucun propriétaire. Toute loi ou coutume contraire est abrogée. (*Art.* 41.) *Voyez* aussi sur le droit de clôture, les articles 5, 6, 7 et 11.

§ 2. Dans aucun cas et dans aucun temps le droit de parcours ne pourra s'exercer sur les prairies artificielles, et ne pourra avoir lieu sur aucune terre ensemencée qu'après la récolte. (*Art.* 9)

§ 3. D'après la même loi, art. 13, la quantité de bétail à conduire au parcours est fixée dans chaque commune d'après les réglements et usages locaux, et à défaut des réglements, il y est pourvu par le conseil municipal; les contrevenants sont passibles de peines de police. C'est ce que la Cour de cassation a décidé par arrêts des 26 mars 1819, 5 juillet 1821, et 14 juin 1822.

§ 4. C'est le conseil municipal aussi qui fixe le nombre de bêtes que chaque particulier peut envoyer au parcours; sa délibération est un véritable réglement obligatoire, non-seulement pour les habitants de la commune, mais encore pour ceux d'une autre commune avec laquelle la servitude de parcours est réciproque; lorsque cette délibération a été homologuée par le préfet, elle est obligatoire, encore bien que la commune dont le droit de compascuité a pu être altéré par cette même délibération, n'ait pas été appelée à la critiquer. (*Arrêts du 5 juillet 1821 et du 10 septembre* 1831.)

§ 5. Lorsque dans la vente d'un bien communal, il n'a été fait aucune réserve, la commune peut-elle prétendre un droit de parcours après la première récolte, sur le fondement que ce droit était établi par l'usage? Non. (*Arrêt du Conseil d'Etat, du 26 janvier* 1819.)

S'il y avait des réserves, la question qui pourrait s'élever sur l'interprétation de l'acte de vente ne pourrait être décidée que par les tribunaux. (*Ordonnance du 20 mars* 1822.)

Voir *Gardes particuliers. Idem,* 1re part., p. 37 et suivantes.

Gardes Champêtres.

PATURAGE. Les animaux qui sont conduits dans les forêts pour y paître quand elles sont déclarées *défensables* (*voyez* ce mot), doivent être marqués d'un fer chaud et enregistrés de manière que les gardes puissent toujours les reconnaître et poursuivre les délits qu'ils pourraient commettre. (Voyez *Mouton*, § 2.) Les vaches, les ânes, les chevaux, les bœufs, les porcs, à l'exception des chèvres et des brebis, peuvent seuls être conduits au pâturage dans les forêts.

Voir aussi les art. 55 et 57 du Code forestier, et l'article 100 de l'ordonnance du 1er août 1827. Ils sont ainsi conçus :

Art. 53. Les formalités prescrites par la section III du présent titre, pour les adjudications des coupes de bois, seront observées pour les adjudications de glandée, panage et paisson.

Toutefois, dans les cas prévus par les articles 18 et 19, l'amende infligée aux fonctionnaires et agents sera de 100 fr. au moins, et de 1,000 fr. au plus, et celle qui aura été encourue par l'acquéreur sera égale au montant du prix de la vente.

54. Les adjudicataires ne pourront introduire dans les forêts un plus grand nombre de porcs que celui qui sera déterminé par l'acte d'adjudication, sous peine d'une amende double de celle qui est prononcée par l'art. 199.

55. Les adjudicataires seront tenus de faire marquer les porcs d'un fer chaud, sous peine d'une amende de 3 fr. par chaque porc qui ne serait point marqué.

Ils devront déposer l'empreinte de cette marque au greffe du tribunal, et le fer servant à la marque au bureau de l'agent forestier local, sous peine de 50 fr. d'amende.

56. Si les porcs sont trouvés hors des cantons désignés par l'acte d'adjudication, ou des chemins indiqués pour s'y rendre, il y aura lieu contre l'adjudicataire, aux peines prononcées par l'article 199. En cas de récidive, outre l'amende encourue par l'adjudicataire, le

pâtre sera condamné à un emprisonnement de cinq à quinze jours.

57. Il est défendu aux adjudicataires d'abattre, de ramasser ou d'emporter des glands, faines ou autres fruits, semences ou productions des forêts, sous peine d'une amende double de celle qui est prononcée par l'art. 144.

Art. 100 de l'ordonnance d'exécution :

Le conservateur fera reconnaître, chaque année, par les agents forestiers locaux, les cantons des bois et forêts où des adjudications de glandée, panage et paisson pourront avoir lieu sans nuire au repeuplement et à la conservation des forêts. Il autorisera en conséquence ces adjudications.

PÊCHE FLUVIALE. Tout ce qui est relatif à cette pêche se trouve soigneusement rapporté dans notre 1re partie, chapitre V.

PÊCHE A LA LIGNE. § 1er. La ligne se compose ordinairement d'une réunion de crins, de fils ou de fils de soie plus ou moins nombreux selon le genre de pêche auquel on veut se livrer.

Il en est qui portent un, deux trois et jusqu'à dix hameçons attachés avec du crin, du boyau de soie ou du laiton.

La ligne flottante doit être tenue *à la main.*

§ 2. Lorsqu'un garde-pêche fait un procès-verbal contre un délinquant, il doit avoir soin de détailler la nature de la ligne avec laquelle le délinquant pêchait, sa longueur, le nombre des hameçons, la grosseur ou le poids des plombs employés. Ce sont là autant d'indices qui peuvent conduire à l'appréciation du fait. Il doit aussi mentionner la couleur ou la forme de la *flotte* pour constater l'identité de la ligne.

§ 3. Indépendamment de la pêche à la ligne flottante, tenue à la main, on pêche à la ligne de fond, à la traînée et au grelot, à l'effet de prendre de gros poissons ; cela n'est permis qu'aux adjudicataires, et l'on ne peut se livrer à cette pêche en aucun lieu sans le consentement du propriétaire de l'eau, sous peine d'amende prononcée par l'article 5 de la loi du 15 avril 1829. (*Voyez* cette loi, au mot *pêche fluviale*, pages 140 et suivantes.)

§ 4. Une question intéressante pour les pêcheurs s'est présentée devant la Cour de Bourges, le 12 octobre 1839 : celle de savoir si la personne qui pose sur le bord d'un canal une ligne flottante et se tient aux environs, doit être punie de la peine portée par la loi fluviale. Le tribunal de Sancerre avait constaté qu'il s'agissait de ligne flottante, et que la circonstance qu'elle n'était pas tenue à la main ne pouvait donner à la ligne la qualification de ligne dormante, etc., etc. Mais, sur cet appel, la Cour, considérant que la loi veut que la ligne flottante soit *tenue à la main*, que les prévenus ayant déposé leur ligne sur le bord du canal, ne peuvent jouir de l'exception que contient l'article 5, a déclaré qu'il y avait contravention, et a condamné les prévenus à l'amende.

Cela paraît rigoureux au premier abord; mais en réfléchissant aux inconvénients qu'il y aurait de laisser pêcher sans tenir la ligne à la main, on reconnaît bientôt que l'arrêt est parfaitement conforme à l'esprit de la loi. C'est en effet en raison du peu de préjudice que cause le pêcheur à la ligne volante, que la loi permet cette pêche; mais si au lieu d'une ligne tenue à la main, un pêcheur pouvait poser sur le bord dix, vingt, trente lignes flottantes, il détruirait une quantité considérable de poissons destinés à devenir gros ou à servir de nourriture aux gros. Ce serait aussi un moyen d'échapper à la surveillance des gardes et de les tromper, ou de rendre cette surveillance plus difficile. Sous tous les rapports donc l'arrêt a sagement arrêté une tentative abusive, et les gardes ne doivent pas hésiter à dresser des procès-verbaux contre des contraventions de cette nature.

§ 5. Il a été aussi jugé, le 20 janvier 1840, par la Cour de Nancy, que lorsqu'un procès-verbal constate que plusieurs individus ont pêché ensemble, la nuit, au moyen du feu et avec des filets prohibés, le fait constitue un délit distinct à l'égard de chacun des prévenus, et par suite, il y a lieu d'annuler le jugement qui les aurait condamnés collectivement.

Cet arrêt impose aux gardes l'obligation de bien désigner les individus contre lesquels ils verbalisent, et de vérifier la part que chacun prenait à la contravention, car les amendes devant être distinctes, elle peuvent être plus ou moins fortes, selon la position des contrevenants et selon la part qu'ils ont prise à la contravention.

PERMIS DE CHASSE. *Voir* 1re part., p. 71 et suiv.

Tous les individus qui auront obtenu des permissions de chasse sont invités à employer ces permissions à la destruction des animaux nusibles, comme loups, renards, blaireaux, etc. Ils feront connaître au conservateur des forêts le nombre de ces animaux qu'ils auront détruits, en lui envoyant la patte droite. Par là ils acquerront des droits à de nouvelles permissions, l'intention de l'administration étant de faire contribuer le plaisir de la chasse à la prospérité de l'agriculture et à l'avantage général.

Les conservateurs et inspecteurs forestiers veilleront à ce que les lois et règlements sur la police des chasses, et notamment les lettres-patentes du 30 avril 1790, soient ponctuellement exécutés. Ceux qui chasseront sans permission seront poursuivis conformément aux dispositions de ces lettres-patentes.

Les permissions de chasse à tir commenceront, pour les forêts de l'Etat, le 15 septembre, et seront fermées le 1er mars.

Ces permissions ne pourront s'étendre à d'autre gibier qu'à celui dont elles contiendront la désignation.

L'individu qui aura obtenu une permission de chasse ne doit se servir que de chiens couchants et de fusil.

Les battues ou traques, les chiens courants, les lévriers, les furets, les lacets, les panneaux, les pièges de toute espèce, et enfin tout ce qui tendrait à détruire le gibier par d'autres moyens que celui du fusil, est défendu.

Les permissions de chasse à courre seront données de préférence aux individus que leur goût et leur fortune peuvent mettre à même d'avoir des équipages, et de contribuer à la destruction des loups, des renards et des blaireaux, en remplissant l'objet de leurs plaisirs.

Les chasses à courre, dans les forêts et dans les bois de l'Etat, seront ouvertes le 15 septembre, et seront fermées le 15 mars.

Les individus auxquels il aura été accordé des permissions pour la chasse à courre, obtiendront des droits au renouvellement de ces permissions, en prouvant qu'ils ont travaillé à la destruction des renards, loups, blaireaux et autres animaux nuisibles, ce qu'ils feront constater par les conservateurs forestiers (1).

PERQUISITIONS. § 1er. Les gardes champêtres, forestiers et gardes-pêche sont autorisés par la loi à faire des perquisitions pour découvrir les preuves d'un délit, mais elle ne laisse rien à l'arbitraire.

Ainsi, un garde forestier est tenu de suivre les bois enlevés où ils sont transportés, et de les mettre en séquestre; cependant, il ne peut s'introduire dans les maisons, ateliers, bâtiments, cours, enclos, sans l'assistance du juge de paix, du maire ou du commissaire de police.

L'officier public ne peut se refuser à accompagner le garde, sous peine de responsabilité du dommage souffert. En l'absence de l'un de ceux indiqués ci-dessus, le garde pourrait valablement se faire assister d'un membre du conseil municipal. (*Arrêts des 22 janvier et 12 juin* 1829.)

La perquisition serait même à l'abri de tout reproche si l'introduction dans la maison avait été permise sans difficulté. (*Arrêts des* 1er *février* 1822, 12 *juin* 1829 et 4 *mars* 1834.)

§ 2. Les gardes-pêche sont aussi autorisés à suivre les filets et engins prohibés ; mais ils ne peuvent sous aucun

---

(1) Voyez le *Manuel du Chasseur*, faisant partie de l'*Encyclopédie-Roret*.

prétexte pénétrer dans les maisons, cours ou bâtiments. Ils ne le pourraient que pour constater une contravention telle que celle de barrage ou d'empoisonnement ou autre de même nature.

§ 3. Quant aux perquisitions ayant pour objet la découverte des malfaiteurs, tous les gardes peuvent y procéder en cas de flagrant délit : ils le peuvent également avec l'assistance de l'autorité judiciaire ou de l'autorité municipale.

Ils le peuvent aussi quand ils assistent la force publique agissant pour l'exécution d'un mandat ou d'un jugement, et alors ils n'ont pas besoin d'être accompagnés par le juge de paix ou le maire. (*Arrêt du 12 juin 1834.*)

Voici à cet égard les dispositions de l'ordonnance du 29 octobre 1820 sur le service de la gendarmerie, qui s'applique à toute force publique :

Art. 184. La maison de chaque citoyen est un asile où la gendarmerie ne peut pénétrer sans se rendre coupable d'abus de pouvoir, sauf les cas déterminés ci-après :

1° Pendant le jour, elle peut y entrer pour un objet formellement exprimé par une loi, en vertu d'un mandat spécial de perquisition décerné par l'autorité compétente ;

2° Pendant la nuit, elle ne peut y pénétrer que dans les cas d'incendie, d'inondation ou de réclamation venant de l'intérieur de la maison. Dans tous les autres cas, elle doit prendre seulement, jusqu'à ce que le jour ait paru, les mesures indiquées à l'art. 185.

Le temps de nuit est ainsi réglé :

Du 1ᵉʳ octobre au 31 mars, depuis six heures du soir jusqu'à six heures du matin.

Du 1ᵉʳ avril au 30 septembre, depuis neuf heures du soir jusqu'à quatre heures du matin.

Art. 185. Lorsqu'il y a lieu de soupçonner qu'un individu, déjà frappé d'un mandat d'arrestation ou prévenu d'un crime ou délit pour lequel il n'y aurait pas encore de mandat décerné, s'est réfugié dans la maison d'un particulier, la gendarmerie peut seulement garder à vue cette maison ou l'investir, en attendant l'expédition des ordres nécessaires pour y pénétrer et y faire l'arrestation de l'individu réfugié. (*Voyez* MAISON.)

PIÉGES. § 1er. Pour assurer la destruction des animaux nuisibles, porte l'ordonnance du 24 juillet 1832, la chasse en est permise en tout temps, au moyen de piéges tendus avec les précautions convenables pour la sûreté des personnes.

Les lapins, sans être classés parmi les animaux nuisibles, sont cependant proscrits des bois bien gardés, et une circulaire du 31 juillet 1832 prescrit de les détruire, par quelque moyen que ce soit.

§ 2. Les fermiers des chasses dans les bois soumis au régime forestier, sont autorisés à se servir de toute sorte de piéges pour détruire les animaux nuisibles. Les instructions de l'administration forestière les rendent responsables des dommages que pourraient causer aux propriétés riveraines des forêts affermées, les animaux sédentaires tels que sangliers, cerfs, biches, chevreuils ou lapins.

PIGEONS. Le Code civil les déclare immeubles par destination quand ils occupent un colombier. (*Art.* 524.)

§ 1er. Tant que ces oiseaux restent dans le lieu qui leur est affecté, ils appartiennent au propriétaire du lieu, mais s'ils le quittent et vont s'établir dans un autre colombier, la loi suppose que l'ancien propriétaire a renoncé à la jouissance de ces oiseaux, et ils deviennent, par droit d'accession, la propriété du nouveau possesseur. (*Art.* 564.)

§ 2. La Cour de cassation a décidé que les pigeons n'étaient assimilés au gibier que pendant le temps où ils doivent être renfermés, et que celui qui les tue, quand ils peuvent être en liberté, attente à la propriété d'autrui, et commet, en s'en emparant, une soustraction frauduleuse, passible des peines de l'art. 401 du Code pénal.

§ 3. Pour déterminer le temps où les pigeons doivent être libres et respectés des chasseurs, et celui où ils doivent être renfermés ou considérés comme gibier, voici ce qui se pratique, en exécution de l'art. 2 de la loi du 4 août 1789. Le conseil municipal, dans sa séance annuelle, détermine les époques où les pigeons doivent être enfermés. Les maires font connaître cette délibération à leurs administrés, et à partir de l'époque fixée, chacun a le droit de tuer sur son terrain les pigeons qui s'y abattent.

S'il arrivait que les pigeons eussent commis des dégâts appréciables, et que le propriétaire en fût connu, il pourrait, sans doute, être actionné civilement en vertu des art. 1382 et 1383 du Code civil; mais quelle que soit la délibération du conseil municipal, les infractions qui y seraient faites ne pourraient être punies de peines de police, parce que la loi n'en prononce aucune, et que les arrêtés des administrations ne peuvent créer des peines.

La répression qui sort de la loi du 11 août 1789, c'est la mort des pigeons si l'on peut les tuer en flagrant délit, et la réparation civile s'il y a lieu ; mais toute citation devant le tribunal de police devrait être annulée. (*Arrêts des* 13 *août* 1813, 27 *juillet* 1820, 27 *septembre et* 5 *octobre* 1821.)

PIQUEURS. *Voir* 1re part., p. 113, nos 179 et 182.

POIDS ET MESURES. Les gardes champêtres, les fonctionnaires publics et les marchands ne peuvent, depuis le 1er janvier 1840, faire usage, ou énoncer dans les actes que les poids et mesures reconnus par la loi. Mais il leur est loisible de les énoncer comme ils l'entendent, c'est-à-dire qu'ils peuvent prendre, pour calculer les distances, le mètre aussi bien que les autres dénominations. On dirait aussi bien : dix mille mètres, mille mètres, 100 mètres, dix mètres, qu'un myriamètre, un kilomètre, un hectomètre, un décamètre. Voyez la loi du 8 juillet 1837, qui remet en vigueur celle du 18 germinal an III; elle porte entre autres dispositions :

Art. 4. Les personnes qui auront des poids et mesures autres que ceux légalement reconnus, dans leurs magasins, boutiques, ateliers ou maisons de commerce, ou dans les halles, foires ou marchés, seront punis, comme ceux qui les emploieront, conformément à l'art. 479 du Code pénal.

Art. 5. A compter de la même époque, toutes dénominations de poids et mesures autres que celles portées dans le tableau annexé à la présente loi, et établies par la loi du 18 germinal an III, sont interdites dans les actes publics ainsi que dans les affiches et annonces.

Elles sont également interdites dans les actes sous seing privé, les registres du commerce et autres écritures privées produits en justice.

Les officiers publics contrevenants sont passibles d'une amende de 20 fr., qui est recouvrée sur contrainte, comme en matière d'enregistrement.

L'amende est de 10 fr. pour les autres contrevenants; elle est perçue *pour chaque acte ou écriture sous signature privée;* quant aux registres de commerce, ils ne donnent lieu qu'à une seule amende pour *chaque contestation* dans laquelle ils sont produits.

Art. 6. Il est défendu aux juges et arbitres de rendre aucun jugement ou décision en faveur des particuliers, sur des *actes, registres* ou *écrits* dans lesquels les dénominations interdites par l'article précédent auraient été insérées, avant que les amendes encourues aux termes dudit article auraient été payées.

Art. 7. Les vérificateurs des poids et mesures constatent les contraventions prévues par les lois et règlements concernant le système métrique des poids et mesures.

Art. 8. La manière dont s'effectue la vérification de poids et mesures est réglée par une ordonnance ou un décret.

Tableau des mesures légales. (Loi du 18 germinal an III.)

NOMS SYSTÉMATIQUES.	VALEUR.	OBSERVATIONS.
Mesures de longueur.		
Myriamètre.	Dix mille mètres.	
Kilomètre.	Mille mètres.	
Hectomètre.	Cent mètres.	
Décamètre.	Dix mètres.	
MÈTRE.	*Unité fondamentale des poids et mesures* (dix millionième partie du quart du méridien terrestre)(1).	(1) L'étalon prototype en platine, déposé aux archives le 4 messidor an VII, donne la longueur légale du mètre quand il est à la température de zéro.
Décimètre.	Dixième du mètre.	
Centimètre.	Centième du mètre.	
Millimètre.	Millième du mètre.	
Mesures agraires.		
Hectare.	Cent ares ou dix mille mètres carrés.	
ARE.	Cent mètres carrés, carré de dix mètres de côté.	
Centiare.	Centième de l'are ou mètre carré.	
Mesures de capacité pour les liquides et les matières sèches.		
Kilolitre.	Mille litres.	
Hectolitre.	Cent litres.	
Décalitre.	Dix litres.	
LITRE.	Décimètre cube.	
Décilitre.	Dixième du litre.	

NOMS SYSTÉMATIQUES.	VALEUR.	OBSERVATIONS
Mesures de solidité.		
Décastère....	Dix stères.	
STÈRE......	Mètre cube.	(1) Pour les chemins de fer et les canaux, les tarifs officiels ont adopté l'expression de *tonne* pour 1000 kilogrammes.
Décistère....	Dixième du stère.	
Poids.		
....	Mille kilogrammes, poids du mètre cube d'eau et du tonneau de mer (1).	
....	Cent kilogrammes, quintal métrique.	
KILOGRAMME..	Mille grammes, poids dans le vide d'un décimètre cube d'eau distillée à la température de quatre degrés centigrades (2).	(2) L'étalon prototype en platine, déposé aux archives le 4 messidor an VII, donne dans le vide le poids légal du kilogramme.
Hectogramme.	Cent grammes.	
Décagramme.	Dix grammes.	
GRAMME.....	Poids d'un centimètre cube d'eau à quatre degrés centigrades.	
Décigramme..	Dixième du gramme.	
Centigramme.	Centième du gramme.	
Milligramme..	Millième du gramme.	(3) 9/10 d'argent pour les pièces de 5 fr., et 0.835 pour la monnaie divisionnaire.
Monnaie.		
FRANC.	Cinq grammes d'argent au titre de neuf dixièmes de fin (3).	
Décime.....	Dixième du franc.	
Centime. ...	Centième du franc.	

Conformément à la disposition de la loi du 18 germinal an III, concernant les poids et mesures de capacité, chacune des mesures décimales de ces deux genres a son *double* et sa *moitié*.

On proposait à la Chambre des députés d'adopter d'autres fractions, et d'autoriser notamment le quart et le huitième : mais ce retour indirect aux inconvénients du décret de 1812 a été rejeté ; il résulte seulement de la discussion qu'on peut employer la dénomination de *quart,* parce qu'elle est décimale ; ainsi, l'on peut vendre et livrer un quart d'hectolitre, ce qui fait 25 litres ; un quart de mètre, ce qui fait 25 centimètres, et ainsi des autres mesures.

Les gardes champêtres qui, dans leurs tournées de police, découvrent chez les cabaretiers des mesures illégales, doivent en informer l'autorité publique.

POLICE RURALE. Tout délit rural, ci-après mentionné, sera punissable d'une amende ou d'une détention, soit municipale, soit correctionnelle, ou de détention et d'amende réunies, suivant les circonstances et la gravité du délit, sans préjudice de l'indemnité qui pourra être due à celui qui aura souffert le dommage. Dans tous les cas, cette indemnité sera payable par préférence à l'amende. L'indemnité et l'amende sont dues solidairement par les délinquants. (*Art.* 3.)

Les moindres amendes seront de la valeur d'une journée de travail au taux du pays, déterminée par le conseil général du département. Toutes les amendes ordinaires qui n'excéderont pas la somme de trois journées de travail, seront doubles en cas de récidive dans l'espace d'une année, ou si le délit a été commis avant le lever ou après le coucher du soleil ; elles seront triples quand les deux circonstances précédentes se trouveront réunies ; elles seront versées dans la caisse de la municipalité du lieu du délit. (*Art.* 4.)

Le défaut de paiement des amendes et des dédommagements ou indemnités n'entraînera la contrainte par corps que vingt-quatre heures après le commandement. La détention remplacera l'amende à l'égard des insolvables, mais sa durée en commutation de peine ne pourra excéder un mois. Dans les délits pour lesquels cette peine n'est point prononcée, et dans les cas graves où la détention est jointe à l'amende, elle pourra être prolongée du quart du temps prescrit par la loi. (*Art.* 5.)

Les maris, pères, mères, tuteurs, maîtres, entrepreneurs de toute espèce, seront civilement responsables des délits commis par leurs femmes et enfants, pupilles, mineurs, n'ayant pas plus de vingt ans et non mariés, domestiques, ouvriers, voituriers et autres subordonnés. L'estimation du dommage sera toujours faite par le juge de paix ou ses assesseurs, ou par des experts par eux nommés. (*Art.* 7.)

Les domestiques, ouvriers, voituriers ou autres subordonnés seront, à leur tour, responsables des délits envers ceux qui les emploient. (*Art.* 8.)

Toute personne qui aura allumé du feu dans les champs plus près que 100 mètres des maisons, bois, bruyères, vergers, haies, meules de grains, de paille ou de foin, sera condamnée à une amende égale à la valeur de douze journées de travail, et paiera en outre le dommage que le feu aura occasionné. Le délinquant pourra de plus, suivant les circonstances, être condamné à la détention de police municipale. (*Art.* 10.)

Celui qui entrera à cheval dans les champs ensemencés, si ce n'est le propriétaire ou ses agents, paiera le dommage et une amende de la valeur d'une journée de travail : l'amende sera double si le délinquant y est entré en voiture. Si les blés sont en tuyaux, et que quelqu'un y entre même à pied, ainsi que dans toute autre récolte pendante, l'amende sera au moins de la valeur de trois journées de travail, et pourra être d'une somme égale à celle due pour dédommagement au propriétaire. (*Art.* 27.)

Si quelqu'un, avant la maturité, coupe ou détruit de petites parties de blé vert, ou d'autres productions de la terre, sans intention manifeste de les voler, il paiera en dédommagement au propriétaire une somme égale à la valeur que l'objet aurait eue dans sa maturité; il sera condamné à une amende égale à la somme du dédommagement, et il pourra l'être à la détention de police municipale. (*Art.* 28.)

Quiconque sera convaincu d'avoir dévasté les récoltes sur pied, ou abattu des plants venus naturellement, ou faits de main d'homme, sera puni d'une amende double du dédommagement dû au propriétaire, et d'une détention qui ne pourra excéder deux années. (*Art.* 29.)

Toute personne convaincue d'avoir, de dessein prémédité, méchamment, sur le terrain d'autrui, blessé ou tué des bestiaux ou chiens de garde, sera condamné à une amende qui ne pourra excéder le quart des dommages-intérêts, ni être au-dessous de 16 francs; elle pourra en outre être condamnée à un emprisonnement de dix jours au moins et de six mois au plus. (*Art.* 31.)

Quiconque maraudera, dérobera des productions de la terre qui peuvent servir à la nourriture des hommes, ou d'autres productions utiles, sera condamné à une amende égale au dédommagement dû au propriétaire ou fermier; il pourra aussi, suivant les circonstances du délit, être condamné à la détention de police municipale. (*Art.* 34.)

Pour tout vol de récolte fait avec des paniers ou des sacs, ou à l'aide des animaux de charge, l'amende sera du double du dédommagement, et la détention, qui aura toujours lieu, pourra être de trois mois, suivant la gravité des circonstances. (*Art.* 35.)

Conformément au décret sur les fonctions de la gendarmerie, tout dévastateur des bois, des récoltes, ou chasseur masqué, pris sur le fait, pourra être saisi par tout gendarme, sans aucune réquisition d'officier civil. (*Art.* 39.)

Les cultivateurs ou tous autres qui auront dégradé ou détérioré, de quelque manière que ce soit, des chemins publics, ou usurpé sur leur largeur, seront condamnés à la réparation ou à la restitution, et à une amende qui ne pourra être moindre de 3 francs, ni en excéder 24. (*Art.* 40.)

Tout voyageur qui déclora un champ pour se faire un passage dans sa route, paiera le dommage fait au propriétaire, et de plus une amende de la valeur de trois journées de travail, à moins que le juge de paix du canton ne décide que le chemin public était impraticable; et alors les dommages et les frais de clôture seront à la charge de la communauté. (*Art.* 41.)

Le voyageur qui, par la rapidité de sa voiture ou de sa monture, tuera ou blessera des bestiaux sur les chemins, sera condamné à une amende égale à la somme du dédommagement dû au propriétaire des bestiaux. (*Art.* 42.)

Quiconque aura coupé ou détérioré des arbres plantés sur les routes, sera condamné à une amende du triple de la valeur des arbres, et à une détention qui ne pourra excéder six mois. (*Art.* 43.)

POSSESSION ANNALE est celle du propriétaire apparent, qui, depuis une année entière, jouit publiquement, paisiblement et à titre non précaire et pour lui, d'un immeuble ou portion d'immeuble; elle peut être constatée par témoins, par procès-verbaux, par travaux, culture, etc.

POUDRE DE CHASSE. *Voyez* Chasse.

POURSUITES. § 1er. Les délits de chasse, commis dans les bois de particuliers, doivent être dénoncés par les propriétaires au procureur de la République de l'arrondissement, ou au juge de paix du canton; ces propriétaires peuvent aussi traduire eux-mêmes les délinquants devant les tribunaux correctionnels, sauf au procureur de la République à prendre ses conclusions pour la vindicte publique; ils ont le délai d'un mois pour porter plainte ou pour faire assigner.

§ 2. La prescription est d'un mois, mais elle n'est acquise qu'autant qu'aucun acte de poursuite ou d'instruction n'a été fait pendant ce délai. L'assignation donnée au prévenu suffit pour l'interrompre. (*Arrêt du* 26 *novembre* 1829.) Il suffit même qu'il y ait eu procès-verbal. (*Arrêt du* 28 *décembre* 1809.)

Si les délits ont été commis dans les forêts de l'Etat, l'action ne se prescrit que par trois mois. (*Arrêts des* 2 *juin* 1814 *et* 30 *mai* 1822.) (*Voyez* PROCÈS-VERBAUX. *Voyez aussi* FORÊTS. — *Idem*, 1re part., p. 30 à 49.)

PRAIRIES. Les prairies sont de deux espèces, toutes deux interdites à moins de permission expresse : les prés naturels et les artificiels. Tout le monde connaît les premières, il n'en est pas encore de même des autres; il y a bien des pays encore où l'on ne voit ni champs de trèfle, de sainfoin, de luzerne, de raygrass, de trèfle-incarnat; ni champs de pois, de carottes, de navets, qui ne sont pas positivement des prairies artificielles, mais qui en tiennent lieu pour la nourriture des bestiaux et pour l'amélioration du sol. Toutes ces récoltes sont confiées à la vigilance des gardes champêtres et des gardes particuliers.

Les prairies étant de leur nature en état de production permanente, doivent en tout temps être considérés comme chargées de récoltes; en conséquence, celui qui passe avec une voiture attelée d'animaux de trait sur un pré, même après qu'il a été fauché, se rend coupable d'un délit qui peut être suivi par voie d'action publique.

PRÉFET. *Voir* Arrêtés préfectoraux.

PRESCRIPTION. *Voir* POURSUITES. Voir également 1re part., p. 124 et suiv., *idem*, p. 180.

PROCÉDÉS (DE CHASSE). *Voir* 1re part., p. 88 et suiv. — 1re part., p. 2, nos 3, 4.

PROCÈS-VERBAUX. Indépendamment de ce que nous avons dit 1re part., section 1re, des procès-verbaux en général, nous devons ici dire quelques mots sur l'effet et la force de ces actes.

En principe, ceux des gardes forestiers et gardes-pêche font foi de ce qu'ils contiennent en fait, jusqu'à inscription de faux.

Ceux des gardes champêtres et gardes-chasse font foi jusqu'à preuve contraire.

Il s'ensuit que les premiers, quand ils sont réguliers en la forme, entraînent toujours une condamnation en cas de délit ou de contravention. Au criminel c'est différent; ils peuvent être combattus par la preuve testimoniale ou par d'autres preuves.

Les procès-verbaux des gardes champêtres et des gardes-chasse ou gardes particuliers ne peuvent point être l'objet d'une inscription de faux; s'il apparaissait qu'ils fussent faux, ce serait au ministère public à en poursuivre les auteurs. On pourrait seulement les combattre par la preuve contraire.

Les gardes forestiers sont tenus de remettre leurs procès-verbaux à leurs supérieurs dans les trois jours au plus tard, y compris celui où ils ont reconnu le fait sur lequel ils ont procédé. (*Arrêt du 4 mai* 1811.)

Les gardes champêtres des communes et les gardes particuliers ont un délai semblable pour les remettre au procureur de la République, au commissaire de police ou au juge de paix.

Voici ce que contient à cet égard le Code d'Instruction criminelle, art. 20 et 21.

Art. 20. Les procès-verbaux des gardes champêtres des communes, et ceux des gardes champêtres et forestiers des particuliers, seront, lorsqu'il s'agira de simples contraventions, remis par eux, dans le délai fixé par l'art. 15, au commissaire de police de la commune chef-lieu de la justice de paix, ou au maire, dans les communes où il n'y a point de commissaire de police; et lorsqu'il s'agira d'un délit de nature à mériter une peine correctionnelle, la remise sera faite au procureur de la République.

Art. 21. Si le procès-verbal a pour objet une contravention de police, il sera procédé par le commissaire de police de la commune chef-lieu de la justice de paix, par le maire ou à son défaut par l'adjoint au maire dans les communes où il n'y a point de commissaire de police, ainsi qu'il sera réglé au chapitre 1er, titre 1er du livre II du présent Code.

Mais les gardes des bois particuliers ont le délai d'un mois à dater de l'affirmation de leurs procès-verbaux pour les remettre au procureur de la République ou au juge de paix, suivant leur compétence respective. Le Code forestier, article 191, déroge ici aux dispositions du Code d'Instruction qu'il a confirmées dans le précédent article; la raison est facile à saisir. Partout où il s'agit de l'intérêt public on maintient les dispositions du Code; quand il s'agit des intérêts particuliers on laisse plus de temps. Cela n'empêcherait pas un propriétaire de remettre de suite un procès-verbal de son garde et de poursuivre immédiatement. Le délai a été fixé en sa faveur; il peut y renoncer, et le délinquant ne serait pas reçu à se plaindre de la diligence de la partie plaignante.

Les procès-verbaux sont rédigés sur papier visé pour valoir timbre quand ils émanent de gardes champêtres ou forestiers, ou autres, ayant agi dans l'intérêt public; mais ceux des gardes particuliers doivent être sur papier timbré de 60 centimes. (Voyez *Enregistrement*.)

Rien ne s'oppose à ce que la même feuille en contienne plusieurs, pourvu que l'affirmation soit faite dans les vingt-quatre heures. (*Arrêt du 10 février* 1838.)

Les gardes forestiers qui ne peuvent écrire en entier leurs procès-verbaux, peuvent les faire écrire par une personne qui a leur confiance; c'est alors l'affirmation qui leur donne l'authenticité. (*Arrêt du 8 juin* 1829.)

Les gardes champêtres ou forestiers doivent s'abstenir d'arrêter les délinquants. (Voyez *Chasse*, § 1er.)

Le formulaire suivant peut être utile à tous les gardes champêtres qui ne sont pas encore au courant de leurs fonctions.

Procès-verbal avec mise en fourrière.

(*Si une vache, quoique connue du garde, est laissée à l'abandon, ou si elle est inconnue au garde, et qu'elle soit aussi abandonnée, le garde procède et rédige son procès-verbal ainsi :*)

L'an, etc...., passant au lieu dit...., j'ai trouvé...., dans une pièce de terre, etc., une vache sous poil noir, qui passait dans ladite pièce de terre, que j'ai reconnue pour appartenir au sieur M...., cultivateur en cette commune, mais qui n'était sous la garde de personne.

(*Ou bien*) j'ai trouvé, etc., une vache sous poil noir, qui paissait sans aucun gardien dans ladite pièce de terre, et dont le propriétaire m'est inconnu.

J'ai évalué le dégât causé par cette vache à la somme de....; j'ai saisi cette vache, et l'ai conduite et mise en séquestre dans la maison du sieur...., aubergiste en cette commune, désigné par arrêté de M. le maire, pour recevoir les animaux et objets mis en fourrière.

Ledit sieur a consenti à s'en charger comme dépositaire judiciaire, et s'est engagé à la représenter quand et ainsi qu'il en serait ordonné par justice.

De ce que dessus j'ai dressé le présent procès-verbal, qui a été signé par moi et par le sieur...., séquestre, auquel j'en ai préalablement donné lecture en ce qui le concerne.

(Le garde procède de même dans tous les cas où la loi prescrit le séquestre ; dans ceux où le délinquant ne veut pas faire cesser le dégât causé par ses bestiaux ; ou enfin dans ceux où le garde doute de la sincérité des réponses faites par le délinquant sur ses nom et demeure, ou sur la désignation du maître des bestiaux en délit.)

Procès-verbal avec perquisition.

L'an, etc...., en passant au lieu dit...., j'ai reconnu qu'on avait arraché et enlevé dans une pièce de terre plantée en pommes de terre, et appartenant au sieur L...., cultivateur en cette commune, environ deux hectolitres de pommes de terre, que j'ai évalués à la somme de....; la quantité des pommes de terre enlevées m'a fait présumer que, pour les emporter, on avait dû se servir de panier, sac ou bête de somme; j'ai également présumé que le vol s'était fait pendant la nuit dernière, parce que j'ai été instruit qu'hier soir, lorsque le sieur L.... avait quitté sa pièce de terre, le vol n'avait pas encore été commis, et que le sieur L.... avait découvert le vol ce matin, dès la pointe du jour.

Averti que, vers deux heures du matin, on avait aperçu un individu chargé d'un sac fort lourd, et qu'on l'avait vu entrer dans la maison habitée par Pierre N...., cultivateur en cette commune, j'ai de suite requis M...., juge de paix du canton de.... (*ou*) maire, (*ou*) adjoint au maire, (*ou*) commissaire de police de la commune de...., de m'assister dans ladite maison. M.... ayant obtempéré à ma réquisition, je me suis transporté au domicile de Pierre N...., dont la porte ne nous a été ouverte par Pierre N.... lui-même qu'après que j'ai eu frappé à plusieurs reprises (1).

J'ai déclaré à Pierre N.... quel était l'objet de mon transport, et que j'allais, en présence de M. le juge de paix, (*ou*) maire, (*ou*) adjoint, (*ou*) commissaire de police, faire une perquisition dans sa maison, ce à quoi il a consenti.

Par l'effet de cette perquisition, j'ai trouvé dans une salle au rez-de-chaussée, et caché derrière un buffet, un grand sac de toile, dont l'intérieur était encore empreint de terre humide.

(1) S'il n'y avait personne, ou que le prévenu refusât l'ouverture de sa maison, le garde champêtre ferait ouvrir les portes par un serrurier, qu'il requerrait à cet effet, et le procès-verbal ferait mention du tout. S'il y avait résistance de la part du prévenu, le maire ou le garde requerrait l'assistance de la force publique, et la résisance serait constatée.

J'ai aussi trouvé, dans un petit cellier derrière des planches, des pommes de terre fraîchement arrachées, qui étaient encore couvertes de terre humide, et qui m'ont paru être de même qualité que les pommes de terre enlevées de la pièce du sieur L....

Interpellé par moi, de déclarer d'où lui proviennent ces pommes de terre, Pierre N.... m'a répondu qu'à la vérité il n'avait pas, cette année, récolté de pommes de terre, mais qu'il avait acheté celles-ci au dernier marché de..., qu'il ne connaissait pas l'individu qui les lui avait vendues, et que personne n'était présent lors de l'achat qu'il en avait fait.

J'ai pris plusieurs de ces pommes de terre ; je me suis rendu sur la pièce de terre du sieur L...., et là, en présence de M. le juge de paix, (*ou*) maire, (*ou*) adjoint, (*ou*) commissaire de police qui a continué de m'assister, et de Pierre N...., prévenu, qui m'avait volontairement suivi sur la sommation que je lui en avais faite, j'ai comparé ces pommes de terre avec des pommes de terre que j'ai extraites moi-même de ladite pièce de terre, et j'ai reconnu que les unes et les autres étaient de même nature, espèce et qualité.

(*Si le garde n'a pas les connaissances suffisantes pour faire lui-même la vérification, il appellera un expert, auquel il fera préalablement prêter serment, formalité qu'il exprimera.*)

Revenu à la maison de Pierre N... pour mettre la justice à portée de renouveler cette vérification, j'ai conservé pour échantillon les pommes de terre par moi-même extraites de la pièce de terre du sieur L..., et les ai renfermées dans un petit sac de toile grise, que j'ai clos et étiqueté, et que M. le juge de paix, (*ou*) maire, (*ou*) adjoint, (*ou*) commissaire de police a scellé du sceau de la justice de paix (*ou*) de la mairie.

Quant aux pommes de terre trouvées chez Pierre N..., je les ai renfermées dans un grand sac de toile grise que j'ai également clos et étiqueté, et M. le juge de paix, (*ou*) maire, (*ou*) adjoint, (*ou*) commissaire de police a apposé le sceau de la justice de paix, (*ou*) de la mairie, tant sur ce second sac que sur le sac trouvé derrière le buffet, pour le tout servir de pièce de conviction, et être déposé entre les mains du sieur L..., aubergiste en cette commune, désigné par M. le maire pour recevoir les animaux et objets mis en fourrière ou séquestrés.

Comme j'allais me retirer, le nommé Pierre N... m'a avoué, en présence de M. le juge de paix, (*ou*) maire, (*ou*) adjoint, (*ou*) commissaire de police, qu'il avait en effet eu le malheur de prendre, pendant la nuit dernière, dans la pièce de terre du sieur L..., les pommes de terre trouvées chez lui, et que pour cet enlèvement il s'était servi du sac trouvé derrière son buffet. De ce que dessus, j'ai dressé le présent procès-verbal, qui a été clos à .., heures de..., dont j'ai donné lecture audit Pierre N..., et qui a été signé à chaque feuillet par M. le juge de paix, (*ou*) maire, (*ou*) adjoint, (*ou*) commissaire de police, et par moi. Quant au sieur Pierre N..., il a déclaré ne savoir signer, de ce interpellé suivant la loi.

Nota. Le garde champêtre n'oubliera pas de mettre les noms, prénoms, professions et demeures des parties qui sont connues, et fera timbrer et *enregistrer en débet* (1) son procès-verbal. Il se fera remettre, par le séquestre, un reçu détaillé des pièces de conviction déposées, et le joindra au procès-verbal.

Procès-verbal pour un délit commis dans une pièce de terre ensemencée, par une personne inconnue.

Aujourd'hui..., mai, an..., dix heures du matin, je soussigné..., garde champêtre de la commune de..., reçu

(1) *Enregistrer en débet*, c'est la règle générale : elle souffre cependant des exceptions. Voyez *Enregistrement*, § 3, une ordonnance de 1838, qui dispense de l'enregistrement les procès-verbaux sur la police du roulage.

et assermenté, certifie que, faisant ma ronde ordinaire, j'ai remarqué qu'il y avait été commis, la nuit dernière, un délit assez considérable dans une pièce de blé appartenant au sieur..., cultivateur en cette commune, située lieu d..., lequel délit m'a paru avoir été fait par un troupeau de moutons, et consiste dans environ... ares de blé qui sont mangés, et qui peuvent être de la valeur de..., et n'ayant pu découvrir les auteurs de cette contravention, j'en ai dressé le présent procès-verbal, pour servir et valoir ce que de raison.

Fait de retour en ma demeure, lesdits jour et an.

(*Signature*.)

Modèle de rapport pour délits de bestiaux dans une pièce ensemencée.

L'an..., le..., jour de..., vers les...., heures du..., je soussigné R..., garde champêtre de la commune de..., résidant à..., faisant ma tournée ordinaire pour la conservation des grains du territoire confié à ma garde, et étant dans le chemin conduisant de... à..., certifie avoir trouvé un troupeau de vaches qui pâturait en liberté dans une pièce de terre semée en..., et appartenant à.... Ayant aperçu au même instant la nommée..., servante chez le sieur N..., fermier à..., je lui a demandé à qui appartenaient les vaches ; à quoi elle a répondu qu'elles étaient au sieur N... son maître ; qu'elles entraient à l'instant dans la pièce, qu'elle se préparait à les en chasser, etc.

L'ayant aussitôt sommée de faire retirer ses vaches, ce qu'elle a fait, j'ai reconnu, après les avoir comptées, qu'elles étaient au nombre de..., et que le dommage par elles causé à la pièce de luzerne s'étendait sur environ... mètres, etc.

(*Ou bien*) certifie avoir trouvé..., fille de..., journalier, demeurant à..., qui conduisait deux vaches attachées à une corde, qu'elle faisait paître dans un pré non fauché, appartenant au sieur..., situé lieu d..., lesquelles vaches pouvaient avoir fait dommage au pré pour la somme d'environ..., etc.

De quoi j'ai dressé le présent rapport pour servir et valoir ce que de raison, etc.

Procès-verbal de saisie de chevaux trouvés en délit.

L'an..., le..., certifie avoir vu et trouvé trois chevaux, dont l'un poil blanc et les deux autres poil noir, plus deux mulets de poil également noir, lâchés et paissant en liberté dans la pièce dite..., ensemencée en...; m'étant approché d'eux et n'ayant trouvé personne employé à leur garde, je les ai conduits au village de..., où je les ai mis en séquestre chez N..., qui a consenti de s'en charger à titre de dépôt judiciaire pour les représenter quand il serait ordonné par justice, et N... a signé avec moi, pour sa reconnaissance, le présent procès-verbal.

Pour violation de clôture.

L'an..., le..., certifie avoir vu et trouvé un particulier passant à pied (ou à cheval) à travers la pièce dite..., ensemencée en blé et défendue de tous côtés par une haie vive (ou) sèche. Ayant couru au-devant de ce particulier et l'ayant attendu à l'endroit où il devait sortir de la pièce, je l'ai reconnu pour être le sieur L..., demeurant à... Sur la demande à lui faite pourquoi il s'était ainsi permis de passer à travers une pièce ensemencée et d'en violer la clôture, le sieur L... m'a répondu, etc. Je lui ai, en conséquence, déclaré que j'allais en faire mon rapport, que j'ai en effet rédigé les jour et an susdits.

Pour vol de fruits.

L'an, etc., certifie avoir aperçu un particulier vêtu de..., lequel étant entré dans la vigne qui borde le chemin et appartenant à..., se mit à y prendre des raisins, etc. M'étant aussitôt avancé vers lui, le particulier a pris la fuite ; mais étant parvenu à l'atteindre, je l'ai sommé de déclarer ses nom, profession et demeure, ce qu'il a refusé.

(*Ou bien*) ce particulier m'a dit se nommer..., demeurant à...

L'ayant pareillement sommé de me suivre à l'instant chez le juge de paix du canton, il m'a prié de l'en dispenser, offrant de consigner en mes mains la somme de... pour cautionnement des indemnités et amendes qu'il pouvait avoir encourues. A quoi obtempérant, je l'ai laissé aller en liberté, après qu'il m'a eu consigné la somme de... que j'ai de fait reçue, pour la rapporter aussitôt au greffe du tribunal.

(*Ou bien*) je l'ai sommé de me déclarer à l'instant ses nom, qualité et domicile, ce qu'il a refusé ; l'ayant pareillement sommé de me suivre à l'instant chez le juge de paix du canton, et ce particulier ayant pareillement refusé, et même tenté de s'évader de force, je me suis saisi de son chapeau (*ou de tel autre de ses vêtements*), pour le déposer au greffe du tribunal de police, par forme de nantissement de l'amende par lui encourue.

Et j'ai dressé de ce que dessus le présent procès-verbal, pour servir et valoir ce que de raison.

(*Signature.*)

Pour usurpation sur un chemin.

Passant par...., je me suis aperçu que le charretier du sieur....., fermier, demeurant à...., en labourant une pièce de terre nommée....., avait anticipé sur le chemin qui conduit de..... à....., vulgairement appelé le chemin de...., de la valeur d'environ... mètres de largeur sur..... de longueur. Ayant demandé à ce charretier pourquoi il avait usurpé sur le chemin public, il m'a répondu que ce terrain lui appartenait, (*ou*) qu'il ne faisait de tort à personne (*écrire la réponse*). Et attendu que cette usurpation est une infraction aux lois, j'en ai dressé le présent procès-verbal, etc.

Pour vol de fumier dans un champ.

Passant à travers une pièce de terre actuellement en jachère, nommée...., appartenant au sieur B..., j'ai aperçu le sieur A..., demeurant à...., qui prenait du fumier déposé dans cette pièce de terre et en chargeait sa hotte, ou un âne, ou un cheval. M'étant approché de lui, il a pris aussitôt la fuite, (*ou bien*) et lui ayant demandé pourquoi il enlevait ainsi du fumier qui ne lui appartenait pas, il m'a répondu, etc. (*Ecrire la réponse.*)

Pour glanage dans les javelles de grains.

Sachant que le sieur N..., cultivateur à...., devait faire lier et ramasser le blé coupé dans la pièce de...., je m'y suis transporté sur les neuf heures du matin, à l'effet d'y maintenir l'ordre parmi les glaneurs, et de les empêcher d'enfreindre les règlements; voyant que quelques femmes, malgré ma présence, glanaient dans les gerbes non ramassées, et même dans les javelles, je les ai, à différentes reprises, rappelées à l'ordre et averties que si elles continuaient, j'en dresserais rapport contre elles : alors elles ont cessé et se sont conformées à mon avertissement; mais un moment après j'ai vu..., fille (*ou*) femme...., demeurant à...., qui, malgré mes instances réitérées de cesser, continua de glaner et de râteler dans les gerbes non ramassées et même dans les javelles en disant que (*écrire ce qu'elle a dit*); et par ses propos et son exemple, ne cherchait qu'à pousser les autres glaneuses à en faire autant : j'ai en outre reconnu qu'elle avait ainsi, en contravention à la loi, glané ou râtelé la valeur d'environ... gerbes, je me suis approché d'elle pour les lui faire restituer, mais elle s'y est refusée, en s'enfuyant et en me disant des injures; de quoi j'ai dressé, etc.

Pour pâturage d'un troupeau malade sur le terrain du parcours.

Passant par...., j'ai rencontré le berger du sieur S....., cultivateur demeurant à..... qui gardait ses moutons, atteints de la maladie du claveau, sur une pièce de terre en jachère nommée.... et appartenant au sieur B.... (*ou bien*) le long du chemin qui conduit de..... à...., lequel (*ou*) laquelle fait partie des terres du parcours commun, et se trouve hors du cantonnement qui lui a été fixé par le maire, etc.

Pour blessures faites à des chiens de garde ou bestiaux.

Passant par...., j'ai aperçu...., berger du sieur V..., qui se disputait avec un individu que j'ai reconnu pour être..., et m'étant approché d'eux, le berger m'a déclaré que..., par méchanceté ou autrement, venait de blesser un de ses moutons (*ou*) son chien de garde, en lui cassant une patte de devant avec un bâton qu'il lui avait jeté. Pour quoi il m'en rendait plainte, me requérant même d'en dresser procès-verbal; et ayant interpellé V.... de me dire pourquoi il avait ainsi blessé le chien ou le mouton de K..., berger, il m'a répondu..... (*écrire la réponse*).

Pour un fossé comblé.

Passant par ...., je me suis aperçu que le fossé qu'avait fait creuser le sieur D... pour supprimer le chemin indûment établi à travers sa pièce de terre nommée ...., était fraîchement rabattu et comblé; après avoir fait les recherches nécessaires pour découvrir les auteurs de cette voie de fait, il m'a été dit que N... en était l'auteur, et qu'il venait de prendre le chemin qui conduit à ....., j'ai aussitôt couru après lui et l'ayant rejoint, je lui ai demandé pourquoi il venait de combler le fossé en question, à quoi il m'a répondu .... (*ou bien*) passant par ....

j'ai trouvé ..., demeurant à ...., occupé à combler le fossé que le sieur D... avait fait creuser le long d'une pièce de terre ensemencée en blé, pour la défendre du passage des voitures et gens de pied, et lui ayant demandé pourquoi, etc.

Pour un chemin indûment pratiqué à travers une pièce de terre.

Sur les plaintes qui m'avaient été faites à diverses reprises par ...., laboureur, demeurant à ...., commune de ...., que les habitants de .... pour abréger le chemin ordinaire qui conduit de ..... à ....., se sont ingérés de pratiquer un sentier à travers sa pièce ensemencée en blé, située près de ...., et que, malgré les épines et les petits fossés avec lesquels il a fait barrer le sentier, on continuait toujours d'y passer et de porter ainsi préjudice à sa récolte, je me suis plusieurs fois transporté sur cette pièce, et j'ai averti plusieurs des habitants de ne plus passer par le sentier, sans quoi je serais forcé de les dénoncer à la justice : néanmoins cejourd'hui, vers ... heures du matin, j'ai trouvé ....., demeurant à ....., qui suivait le sentier, conduisant un âne devant elle ; je me suis alors approché de cette femme, et après lui avoir fait des reproches sur l'infraction qu'elle commettait à la défense de passer à travers la pièce de terre, je lui ai déclaré que j'en dresserais contre elle mon procès-verbal : elle a répondu ..... de tout quoi j'ai fait et dressé le présent procès-verbal, etc.

Pour des raies de terre prises sur son voisin.

L'an ....., le ...., vers .... heures du matin, faisant mon service ordinaire, et passant par ..... j'ai aperçu qu'il avait été récemment tiré deux (*ou*) trois raies de terre dans une pièce de terre sise ...., et actuellement ensemencée en avoine ; que ces deux (*ou*) trois raies de terre avaient été rejetées sur la pièce voisine, actuellement

ensemencée en ...., et exploitée par ...., demeurant à ...,
ce qui doit faire présumer que c'est ce dernier qui a
ainsi renversé les raies; que cela est d'autant plus facile
à reconnaître, que les deux pièces sont labourées depuis
plus de ..... jours; que la terre en est battue et affaisée,
tandis que celle des raies nouvellement retournées est
toute fraîche.

Et attendu que cette voie de fait est prohibée par la
loi, j'en ai dressé le présent procès-verbal pour servir
et valoir ce qu'il appartiendra.

Pour feu allumé dans les champs, près d'un bois ou d'une meule de grains.

L'an ...., le .., vers ..... heures du ....., faisant mon
service ordinaire et passant par la ferme de ... , (*ou*) passant par le chemin qui conduit de .... à ...., j'ai aperçu
des petits garçons (*ou*) des petites filles qui gardaient
leurs vaches, et avaient allumé du feu auprès duquel ils
étaient occupés à se chauffer et à jouer, lequel feu était
entretenu avec du bois coupé dans le bois voisin (*ou*)
enlevé à une haie voisine, appartenant à .....; et attendu
que le feu était allumé plus près que de ..... mètres du
bois voisin (*ou*) d'une meule de grains, (*ou*) de foin, (*ou*)
de paille, sise sur le bord du chemin, et appartenant à
....., demeurant à ....., j'ai à l'instant sommé les enfants,
comme étant ceux de ...., demeurant à ...., d'éteindre le
feu, sans quoi, ils feraient condamner leur père à l'a-
mende; ces enfants ont fait semblant d'obéir; mais deux
heures après étant retourné sur le même lieu, je les ai
trouvés continuant à faire le même feu; de quoi j'ai
dressé, etc.

Pour inondation causée aux chemins ou aux héritages, par la trop grande élévation du déversoir ou écluse des moulins.

L'an ...., le .., du mois de ....., sur les plaintes à moi

faites par différents particuliers que le déversoir qu'a fait construire le sieur N..., meunier du moulin de ....., inondait par son élévation le chemin qui conduit de .... à ....., et le rendait par conséquent impraticable et même dangereux, etc. (*Ou bien*), sur les plaintes faites par ..., demeurant à ....., que l'élévation des eaux du moulin de ...., inondait une pièce de terre du réclamant sise ..., et lui causait un préjudice considérable, je me suis en conséquence transporté au lieu du dommage, où étant arrivé, j'ai effectivement reconnu que, dans plusieurs endroits, le chemin est inondé et impraticable, (*ou bien*) que la pièce de terre est inondée sur une étendue d'environ ....., et que ce préjudice n'est véritablement occasionné que par la trop grande élévation du déversoir du moulin.

Pour raison de quoi j'ai dressé le présent, etc.

Pour bestiaux morts d'une maladie contagieuse, qui ne sont pas enfouis.

L'an...., le...., heures du...., passant sur le chemin de...., (*ou*) sur *telle* pièce de terre en jachère, exploitée par le sieur N...., demeurant à...., j'ai trouvé dans cette pièce le cadavre d'un cheval mort, que j'ai jugé être un de ceux appartenant au sieur N.,...; et attendu qu'il est constant que la maladie contagieuse de la morve règne dans ses écuries, et que sans doute le cheval gisant dans la pièce est mort victime de cette maladie; attendu également qu'aux termes de la loi il aurait dû le faire enfouir, et non pas le laisser ainsi exposé en plein air dans un champ d'où la contagion peut se répandre sur les bestiaux des environs, j'ai fait et dressé le présent procès-verbal pour être remis à l'adjoint au maire de la commune, et être ensuite ordonné ce qu'il appartiendra.

Rapport fait par déclaration devant le Juge de paix ou l'un de ses Suppléants.

Ce...., devant nous P...., juge de paix (*ou*) suppléant du juge de paix du canton de...., est comparu le sieur R...., garde champêtre de la commune de...., y demeurant, lequel nous a rapporté que cejourd'hui, vers.... heures du matin, faisant sa tournée ordinaire pour la garde des propriétés confiées à son inspection, et étant ...., il a vu et trouvé, etc. (*Enoncer le genre de contravention comme dans les formules précédentes.*)

De quoi il a cru devoir venir aussitôt nous faire le présent rapport, qu'il nous a assuré, par serment, être en tout conforme à la vérité; et il a signé avec nous.

Même rapport fait au Greffe du tribunal.

Cejourd'hui...., deux heures de relevée, au greffe du tribunal de paix et de police du canton de...., est comparu le sieur N...., (*le garde champêtre*), lequel a fait rapport que faisant, vers les.... heures du matin sa ronde ordinaire pour la garde des propriétés confiées à son inspection, etc. (*Comme ci-dessus.*) De quoi ledit sieur N.... nous a requis de dresser le présent acte, qu'il a signé avec nous en cet endroit.

Et de suite ledit sieur N.... s'est transporté avec nous devant...., juge de paix (*ou*) suppléant, devant lequel il a affirmé par serment la vérité des faits par lui ci-dessus déclarés, et le juge de paix, (*ou*) suppléant a signé avec nous, greffier. (*Signatures.*)

Pour Délits de Chasse.

Aujourd'hui...., an...., heures du soir, moi soussigné, F. D...., garde champêtre de...., ayant entendu tirer un coup de fusil au canton de...., m'y suis à l'instant transporté, et étant arrivé, j'ai aperçu dans une pièce de.... appartenant à...., cultivateur, deux particuliers armés chacun d'un fusil, lesquels paraissaient chercher une pièce de gibier qu'ils avaient blessée; m'étant avancé près d'eux, je leur ai représenté qu'il n'était pas permis de chasser ainsi dans les propriétés d'autrui, et de suite je les ai sommés de se retirer et de me dire leurs noms; ce qu'ils ont refusé de faire en me faisant même des menaces, (*ou bien*) lesquels m'ont fait réponse, etc.

Sur quoi je me suis retiré, après avoir reconnu cependant que l'un de ces deux chasseurs, vêtu d'une veste brune, couvert d'un chapeau rond, était un habitant du hameau de...., commune de...., nommé...., et l'autre vêtu d'une veste rouge et ayant un bonnet blanc, m'est resté inconnu, etc.

Pour les délits forestiers, *voyez* le deuxième paragraphe, des procès-verbaux des gardes forestiers.

Voyez aussi la section relative aux délits de chasse.

Pour Contravention à la Police du Roulage. Notamment pour défaut de Plaque (1).

Aujourd'hui...., an...., heures...., je soussigné, F. D...., garde champêtre, faisant ma tournée sur la route de...., je me suis aperçu que ladite voiture était sans plaque, j'en ai fait l'observation au voiturier, qui m'a répondu ...., sur quoi je lui ai déclaré qu'il est en contravention au décret du 23 juin 1806, et que j'allais en dresser procès-verbal.

Formules et Modèles de Procès-Verbaux et de Rapports des Gardes forestiers.

1º *Procès-verbal simple.*

L'an mil huit cent...., le...., heure de...., je soussigné N...., garde forestier de la couronne, la forêt (*ou*) les

(1) D'après la nouvelle législation, il n'y a plus lieu de s'occuper des contraventions pour jantes ni pour excès de chargement. Voyez *Roulage*.

bois de...., résidant à...., assermenté en justice, certifie qu'étant décoré du signe caractéristique de mes fonctions, et faisant ma tournée ordinaire dans la forêt, (*ou*) dans les bois confiés à ma garde, étant parvenu au triage de ...., dans une vente de.... ans de recrue, j'y ai trouvé le nommé Pierre N...., journalier, demeurant à...., étant occupé à couper, à l'aide d'une serpe, deux corps d'arbres sur pied et verts, l'un essence de chêne, et portant .... centimètres de tour. J'ai rapproché des souches les deux corps d'arbres coupés, et j'ai reconnu qu'ils s'y adaptaient parfaitement.

J'ai saisi le bois coupé en délit par ledit Pierre N...., ainsi que la serpe dont il s'était servi pour commettre le délit. J'ai déclaré à Pierre N.... que j'allais dresser procès-verbal contre lui.

De ce que dessus j'ai dressé le présent procès-verbal que j'ai signé à chaque feuillet.

Nota. Le garde fait viser pour timbre, et enregistrer en *débet* son procès-verbal, et dépose au séquestre les objets, instruments et animaux saisis comme il est expliqué dans la circulaire. Du reste, les gardes forestiers procèdent dans la même forme que les gardes champêtres, et font les perquisitions avec les mêmes formalités.

Les gardes champêtres et forestiers des particuliers procèdent aussi de même. Ils nomment dans leurs procès-verbaux les personnes dont ils sont gardes, la situation des propriétés de ces personnes, et le lieu précis de ces propriétés où s'est commise l'infraction. Ils se servent de papier timbré, et font enregistrer tous leurs actes.

Autre procès-verbal simple.

Le.... du mois de...., an...., avant (*ou*) après-midi.... je soussigné...., garde forestier du triage de...., forêt de...., arrondissement communal de...., inspection de...., département de...., assermenté au tribunal de première instance de...., demeurant à...., étant, dans le cours de ma visite, revêtu de ma bandoulière, en passant dans le triage de...., quartier de...., de ladite forêt, déclare avoir entendu plusieurs coups de hache, au bruit desquels je suis accouru, et étant parvenu dans la partie septentrionale dudit quartier, j'ai aperçu le nommé P...., ouvrier, demeurant à...., qui, dès qu'il m'a vu, s'est éloigné, laissant sur le lieu du délit plusieurs branches de chêne de l'âge du taillis, qu'il avait commencé à lier pour en faire un fagot.

Ayant fait connaître audit.... ma qualité, je lui ai déclaré que j'allais dresser procès-verbal contre lui, l'invitant à venir avec moi pour être présent à sa rédaction et le signer ; à quoi il s'est refusé.

De tout quoi j'ai rédigé ce procès-verbal en mon domicile, les jour, mois et an ci-dessus.

Procès-verbal avec ressouchement.

Le...., j'ai rencontré dans le chemin qui traverse ladite forêt du midi au nord, deux hommes à moi inconnus, portant un chêne de l'âge d'environ.... ans, et que j'ai reconnu pour être fraîchement coupé ; leur ayant déclaré ma qualité, je les ai sommés de me dire quels étaient leurs noms, prénoms, qualités et demeures ; à quoi ils ont répondu s'appeler, l'un...., fermier au village de...., l'autre...., fils, terrassier, demeurant à.... ; leur ai ensuite fait commandement de me déclarer où ils avaient coupé ledit arbre, et de retourner avec moi sur le lieu du délit, pour être présents au ressouchement que je me proposais de faire ; à quoi lesdits...., ayant obéi, nous nous sommes rendus ensemble sur la coupe usée de l'ordinaire de l'an...., où j'ai reconnu, en présence des délinquants, la souche dont a été séparé ledit chêne, en comparant son diamètre avec celui de ladite souche, lequel chêne s'est trouvé avoir.... décimètres de tour ; après cette vérification, ai fait remarquer auxdits.... que le chêne par eux coupé portait l'empreinte du marteau de

l'administration, et que c'était un baliveau de l'âge de....,
(*ou*) qu'il portait.... empreinte des marteaux...., et que
c'était un pied cornier, parois ou lisière séparatif de la
coupe usée avec le taillis restant ; à quoi ils ont répondu...., ai ensuite déclaré aux délinquants la saisie
dudit chêne, que j'ai laissé près de sa souche, après l'avoir marqué de mon marteau ; enfin je leur ai dit que
j'allais dresser contre eux mon procès-verbal, etc.

Procès-verbal avec saisie de ferrement.

Le...., dans le cours de ma visite, passant au triage
de...., ai vu le nommé...., valet de labour de...., fermier
de la ferme de...., demeurant à....

qui { coupait, *ou* / ébranchait, *ou* / écharpait, *ou* / déshonorait. } avec { une cognée / une hache / ou / une scie. } un arbre

essence de...., de l'âge d'environ...., et de décimètres de
tour, mesuré à 163 millimètres de terre, m'étant approché de lui, l'ai sommé de me remettre sa hache, cognée
(ou scie) ; et comme il prenait la fuite, lui ai déclaré que
je saisissais cet outil entre ses mains, et l'en rendais dépositaire de justice, ou (à quoi ayant obéi, je me suis
emparé de ladite hache, pour en faire un tel usage que
de droit) ; enfin, ai déclaré audit... que j'allais dresser
contre lui mon procès-verbal, etc.

Procès-verbal avec saisie d'attelage.

Le.... déclare que, me retirant dans mon domicile à
l'entrée de la nuit, j'ai aperçu une charrette attelée d'un
cheval (*ou*) de deux chevaux, qui m'ont paru être (désigner la couleur), et conduite par deux hommes, allant
vers la forêt de...., par le chemin qui part de la commune de....; ayant suivi sa marche de loin, je me suis
aperçu qu'elle s'était arrêtée au triage de....; après m'y
être rendu, j'ai reconnu que Mathieu N...., charbonnier,

demeurant à...., et Louis N...., fermier, chargeaient un chêne sur ladite charrette ; m'étant approché, je leur ai déclaré que je saisissais, tant ledit chêne coupé en délit, que la charrette et le cheval (*ou*) les chevaux destinés à en faire le transport. Les délinquants m'ayant défendu d'approcher, en me menaçant de me frapper des haches dont ils étaient armés l'un et l'autre, j'ai séquestré entre leurs mains lesdits chevaux, charrettes et haches, ainsi que le chêne qu'ils voituraient, et les ai établis dépositaires de tout, avec défense de s'en dessaisir jusqu'à ce que, par justice, il en ait été autrement ordonné. J'ai ensuite mesuré la souche sur laquelle avait été coupé ledit chêne, et j'ai trouvé qu'elle avait.... mètres.... décimètres de tour, pris à 163 millimètres de terre. J'ai de plus observé que la charrette dont il s'agit avait traversé sur une longueur de.... un taillis de l'âge de...., et que les roues en avaient écrasé un grand nombre de brins, que j'ai comptés jusqu'au nombre de...., ayant l'un dans l'autre environ.... centimètres de tour.

(*Ou*) ceux-ci m'ayant dit qu'ils reconnaissaient leur faute, et qu'ils étaient prêts à se soumettre aux dispositions des lois, je leur ai ordonné de conduire la charrette chargée du chêne dont il s'agit chez le sieur...., laboureur, demeurant à...., ce qu'ils ont fait à l'instant, et étant arrivé au domicile dudit...., je lui ai déclaré qu'au nom de la loi je le constituais gardien dudit attelage et du chêne dont était chargée ladite charrette, et que je lui faisais défense de ne s'en dessaisir qu'en vertu de mandement de justice. J'ai ensuite constaté en présence tant desdits Mathieu et Louis.... que du sieur...., dépositaire, que le chêne dont il s'agit avait.... mètres de long...., mètres de tour au gros bout ; qu'il était de la plus belle venue, bien élancé, droit et sans branches, sur une longueur de...., et l'ai estimé à la somme de...., après quoi j'ai de tout dressé le présent procès-verbal, dont j'ai donné copie à chacune des parties ci-dessus dénommées, et dont j'ai signé tant le présent original que

Gardes Champêtres.

les copies, avec ledit...., dépositaire, non lesdits Mathieu et Louis N...., qui ont refusé de le signer, de ce interpellés.

Fait double, etc.

Procès-verbal de perquisition.

Le...., m'étant transporté dans la forêt de l'Etat, à...., pour y faire ma visite ordinaire, j'ai reconnu dans le triage de...., que l'on avait coupé avec une scie et enlevé dix baliveaux modernes, essence de hêtre, dont j'ai mesuré les souches à la coupe, et que j'ai trouvé avoir.... décimètres de tour chacun ; ayant suivi les traces des chevaux et charrettes qui ont servi au transport desdits arbres, elles m'ont mené au hameau de...., commune de...., et ont cessé de paraître près de la maison du sieur N...., garde-vente du sieur...., adjudicataire de la coupe de l'an...., de ladite forêt; et attendu que l'arrêté du gouvernement, du 4 nivôse an v, ne permet aux gardes de s'introduire dans les maisons qu'avec l'assistance d'un officier municipal, j'ai résolu de me transporter de suite chez le sieur...., maire de ladite commune, pour le requérir, au nom de la loi, de m'assister dans les perquisitions que j'entendais faire dudit bois volé : de quoi j'ai dressé le présent procès-verbal que j'ai signé dans la commune de...., les an et jour ci-dessus.

Le...., en exécution du contenu de mon procès-verbal de...., je me suis rendu au domicile du sieur...., maire de la commune de...., lequel j'ai requis, au nom de la loi, de m'assister dans la recherche que j'entendais faire au domicile du sieur...., du bois volé dans la forêt de...., dont est fait mention en mon procès-verbal du...., duquel j'ai donné lecture audit maire ; celui-ci m'ayant déclaré qu'il était prêt à me donner son assistance (1), je me suis

(1) En cas de refus ou retard affecté du maire, adjoint ou commissaire de police d'assister un garde dans la recherche des bois volés, le garde doit en dresser procès-verbal.

transporté avec ledit maire dans la maison dudit N...., je lui ai annoncé quel était le sujet de mes démarches, et l'ai sommé de m'ouvrir les portes de ses granges, cours et remises; à quoi ayant satisfait, j'ai trouvé dans une cour, au levant de ladite maison, dix arbres essence de hêtre, ayant à la coupe, comme ceux enlevés dans la forêt, chacun.... décimètres de tour. Ayant demandé audit.... où il s'était procuré lesdits arbres, il m'a répondu.... Malgré cette réponse, je n'ai pas douté que ces arbres ne fussent ceux dont je faisais la recherche, surtout après avoir remarqué l'empreinte du marteau de l'Administration des forêts, que ledit.... n'a pu s'empêcher de reconnaître; en conséquence, j'ai saisi lesdits arbres, après les avoir marqués de mon marteau, et en ai établi gardien ledit N...., à qui j'ai fait défense d'en disposer autrement que par mandement de justice, et ai estimé lesdits arbres à la somme de.... chacun; de tout quoi j'ai dressé le présent procès-verbal, dont j'ai donné lecture audit.... et audit...., maire, et qu'ils ont signé l'un et l'autre, (*ou*) qui ont refusé de le signer, de ce interpellés, (*ou*) qui ont déclaré ne savoir signer, et en ai donné copie audit N...., dépositaire, laquelle a été revêtue des mêmes signatures que l'original.

Fait double à

Procès-verbal dressé contre un homme inconnu au garde.

Le...., je certifie que parcourant notre triage, j'ai reconnu dans les taillis de.... ans, qu'il venait d'être coupé un baliveau, essence de chêne, que j'ai frappé de mon marteau, tant à la souche qu'à la tige; présumant que le délinquant, à mon approche, était sorti de la forêt par le chemin qui conduit à...., que j'ai parcouru, et étant arrivé à la rive de ladite forêt, j'ai aperçu à environ.... un homme armé d'une hache, qui dirigeait sa marche vers....; m'étant informé de son nom auprès du sieur

N...., que j'ai rencontré, il m'a répondu qu'il l'ignorait, mais qu'il avait reconnu cet individu pour un habitant du hameau de....; m'y étant transporté, le sieur B...., que j'ai trouvé à l'entrée dudit hameau, et à qui j'ai fait différentes questions, m'a déclaré qu'il venait de rencontrer, venant du côté de la forêt et armé d'une hache, le nommé...., de quoi j'ai dressé le présent procès-verbal.

Procès-verbal pour Délit de Pâturage.

Le...., je.... certifie qu'exerçant mes fonctions dans la forêt de...., et étant arrivé au triage de...., j'ai trouvé dans un taillis de.... ans, une vache sous poil noir, de l'âge d'environ.... et deux jeunes bœufs, l'un sous poil rouge, de l'âge d'environ.... ans, l'autre sous poil brun, de l'âge d'environ.... ans, qui avaient déjà endommagé un grand nombre de cépées du taillis sur une étendue d'environ.... ares, et continuaient à la brouter, sous la garde d'un homme que j'ai reconnu être le nommé...., manœuvre, demeurant à....; après avoir déclaré audit N.... ma qualité, je l'ai sommé de conduire les bestiaux trouvés en délit, chez le sieur...., ce à quoi il a obéi, et étant arrivé au domicile dudit...., je l'ai constitué gardien desdits bestiaux, avec défense de s'en dessaisir qu'il n'en ait été ordonné par justice ; de quoi j'ai dressé le présent procès-verbal, dont j'ai laissé copie audit...., dépositaire, après avoir signé tant l'original que ladite copie avec ledit N...., et non ledit...., dépositaire, qui a déclaré ne savoir.... (*ou*) à quoi s'étant refusé, et m'ayant été impossible de rassembler lesdits bestiaux, j'ai déclaré audit N.... que je les saisissais et l'en rendais dépositaire, pour et par lui être gardés jusqu'à ce qu'il en eût été autrement ordonné : de tout quoi j'ai dressé le présent procès-verbal, dont j'ai laissé copie signée de moi audit N...., qui a déclaré ne vouloir signer, de ce interpellé.

Fait double, les jour, mois et an ci-dessus.

Procès-verbal pour Délit de Chasse.

Le...., je certifie qu'étant en cours de visite dans la forêt de...., j'ai entendu un coup de fusil; que m'étant porté vers le lieu d'où le coup était parti...., j'y ai trouvé le sieur...., propriétaire, habitant de...., qui rechargeait le fusil dont il était armé, et avait près de lui un chien couchant de couleur....; après l'avoir invité à me représenter la permission dont il devait être muni pour pouvoir chasser dans une forêt de l'Etat, il m'a répondu....; sur quoi j'ai saisi son fusil entre ses mains, et lui ai fait défense d'en disposer autrement que par mandement de justice, je lui ai ensuite déclaré que j'allais dresser contre lui un procès-verbal, le sommant de m'accompagner pour être présent à sa rédaction et le signer; ce à quoi il s'est refusé.

Fait double.

Procès-verbal d'un garde général contre un garde,
pour délit non constaté.

Le...., je soussigné, garde général du cantonnement de...., certifie que, faisant ma visite dans la forêt de l'Etat de...., et étant parvenu au triage de...., j'ai aperçu qu'il y avait été coupé quatre chênes ayant chacun.... décimètres de tour, mesurés à 163 millimètres de terre, et qui avaient été enlevés sur des charrettes dont on apercevait les traces; je me suis de suite transporté dans la baraque, bâtie dans ladite forêt, et occupée par N...., garde ordinaire dudit triage; je me suis fait représenter son registre; ayant aperçu qu'il n'y était fait aucune mention du délit ci-dessus, quoiqu'il eût été commis depuis plusieurs jours, j'ai arrêté ledit registre, et déclaré audit garde qu'il ne devait pas ignorer qu'il était responsable des délits qu'il négligeait de constater, et qu'il était d'autant plus répréhensible, que les chênes dont il s'agit avaient été coupés à une très-petite distance de son babitation, et que la charrette qui avait servi à leur transport avait passé devant sa porte ; à quoi ledit garde nous a répondu....; de tout quoi j'ai dressé le présent procès-verbal, qu'il a signé avec moi.

Fait double, etc.

Procès-verbal de flagrant délit.

Le...., je soussigné, garde général du cantonnement de...., certifie que, instruit qu'il se commettait des délits nocturnes dans la forêt de l'Etat, à...., par des personnes attroupées et armées, et que la vigilance des gardes ordinaires de ladite forêt ne pouvait réprimer ce brigandage, ai, en vertu de l'art. 24 du Code d'instruction criminelle, requis le sieur...., officier de la gendarmerie à...., de faire trouver.... gendarmes le.... du mois de.... à.... heures du soir, à l'entrée de la forêt du côté du midi. Cet officier ayant promis de satisfaire à ma réquisition, j'ai aussi ordonné au sieur...., chef de la brigade forestière de...., de se trouver avec sa brigade à l'extrémité septentrionale, ledit jour et à ladite heure ; de quoi j'ai dressé le présent procès-verbal...., les an et jours ci-dessus ; et aujourd'hui.... du mois de.... à.... heures du soir, les deux troupes mentionnées en mon procès-verbal du...., s'étant trouvées aux postes à elles indiqués par ledit procès-verbal, j'ai requis leurs commandants respectifs de distribuer leurs forces chacun sur deux colonnes, et de les diriger vers le centre de ladite forêt, où étaient rassemblés les délinquants ; ce qui ayant été exécuté, les délinquants, au nombre de dix, armés de haches et de fusils, se sont trouvés cernés ; je me suis approché d'eux, étant revêtu de ma bandoulière ; après leur avoir déclaré madite qualité, je leur ai fait commandement de me remettre leurs armes et ferrements ; quatre d'entre eux, que l'obscurité m'a empêché de reconnaître, se sont évadés ; à l'instant les six autres se sont mis en rébellion, en me menaçant de leurs haches et de leurs fusils ; mais sur l'ordre donné à la gendarmerie de les mettre en joue, d'après la réquisition par moi faite au commandant, s'ils ne posaient à l'instant leurs fusils et ferrements, ils ont déclaré être prêts à obéir, et ont déposé leurs armes et ferrements, consistant en...., que j'ai saisis et dont je me suis emparé, pour en être fait tel usage que de droit ; je leur ai fait commandement de me dire leurs noms, surnoms, professions et demeures ; ce qu'ils ont fait de la manière suivante : le premier a dit s'appeler...., le second...., etc...., etc., après quoi j'ai, en leur présence, constaté les délits qu'ils venaient de commettre, et reconnu.... ; après cette opération, j'ai fait conduire lesdits...., dans une maison voisine de ladite forêt, appartenant à...., où j'ai passé le reste de la nuit, et j'ai dressé le présent procès-verbal que j'ai signé avec...., commandant de la troupe de la gendarmerie, et...., chef de la brigade forestière : en ayant donné lecture aux délinquants, et leur ayant proposé de le signer, ils ont déclaré ne savoir signer.

Fait double, etc.

Et cejourd'hui...., du mois de.... à la pointe du jour, moi garde principal susdit, ai, attendu le cas de flagrant délit, en exécution de l'article 161 du Code d'instruction criminelle, fait conduire sous bonne et sûre garde les nommés...., arrêtés pendant la nuit précédente ; écrivant mon procès-verbal ci-dessus devant M. le juge de paix du canton de...., demeurant à...., pour être par lui procédé contre lesdits...., conformément à la loi.

Fait double, etc.

Procès-verbal dressé par un garde forestier dans un bois de particulier.

Le...., je soussigné, ayant été requis par...., propriétaire, habitant...., de me rendre dans le bois dit...., situé dans la commune de...., à l'effet de surprendre plusieurs individus qui s'y introduisent ordinairement à l'entrée de la nuit, pour y arracher des plants de chêne; faisant droit à cette réquisition, conformément à la loi du 9 floréal an XI...., je me suis transporté cejourd'hui...., après le coucher du soleil, dans la partie orientale dudit bois; et à peine y étais-je arrivé, étant revêtu de ma bandoulière, que j'ai aperçu, près du ruisseau qui traverse ledit bois, deux hommes armés de pioches, qui rassemblaient environ cent brins de chêne de l'âge de...., ayant.... centimètres de tour, et qui venaient d'être arrachés; m'étant approché de ces deux individus, j'ai reconnu que l'un était...., et l'autre...., qui m'ont dit...., et après leur avoir reproché leur conduite, j'ai saisi, etc.

Autre procès-verbal dans un bois de particulier.

Le...., je soussigné, instruit par la voix publique que le bois de...., situé dans la commune de...., appartenant à...., était journellement ravagé par des troupeaux de bêtes à laine, et que ce bois de la contenance d'environ...., n'était pas du nombre de ceux que la loi permet de défricher, je me suis transporté d'office dans ledit bois, où, étant arrivé dans le taillis de l'âge de...., j'ai trouvé N..., berger de B...., qui y gardait, à bâton planté, un troupeau de moutons de...., etc.

Formule de l'affirmation des procès-verbaux.

Les règlements ne fixent point les termes dans lesquels doit être rédigé l'acte d'affirmation des procès-verbaux; ils ne prescrivent aucune forme qui doive être rigoureusement observée, mais l'on peut adopter la formule suivante, comme la plus propre à remplir le vœu de la loi :

Cejourd'hui...., à.... heures du matin (*ou*) après midi, par-devant nous juge de paix du canton de...., (*ou*) maire, (*ou*) adjoint au maire de la commune de...., en l'absence de...., s'est présenté...., garde forestier de l'Etat (*ou*) communal du triage de...., qui nous a exhibé le présent procès-verbal par lui dressé; et après la lecture que nous lui en avons faite, il a affirmé qu'il contenait la vérité et a signé avec nous.

Voir pour les délits de chasse, 1re part. p. 113 et 115.

PROPRIÉTAIRE. Consentement en matière de chasse, *Voir* 1re part., p. 87, 88.

PUITS. Tout propriétaire de maison où il y a des puits doit les maintenir en bon état, les faire nettoyer, curer et même creuser, et les garnir de bonnes cordes et poulies ou cylindres, afin que l'on puisse s'en servir sans inconvénient, et qu'ils viennent au secours des pompes en cas d'incendie.

R

RAPATRONAGE. Le rapatronage se fait quand le garde constate l'identité des bois pris en délit avec ceux gisant dans la maison du prévenu, soit en confrontant les bois saisis avec les souches de ceux coupés en délit, soit en établissant que l'essence et la grosseur des uns et des autres sont absolument pareilles. (*Arrêts de la Cour de cassation des* 12 *octobre* 1809, 15 *octobre* 1811, 19 *mars* 1813.) Les procès-verbaux de rapatronage doivent être rédigés en double minute sur papier visé pour timbre lorsqu'ils sont dressés pour le gouvernement ou les établissements publics et les communes, et sur papier timbré quand ils sont faits par des gardes particuliers.

RAPPORT. C'est l'acte par lequel un garde champêtre rend compte de la découverte d'un délit ou d'une contravention, soit au juge de paix, soit au maire de sa commune. Il est rédigé par le fonctionnaire qui le reçoit et affirmé par celui qui le fait. (*Arrêt du* 19 *mars* 1830.)

RÉARPENTAGE. *Voir* 1re part., p. 51.

RÉCIDIVE. En général, il y a récidive quand un individu déjà condamné commet un nouveau crime ou délit. Mais en matière de chasse, il faut que le deuxième délit ait été commis dans l'année, aux termes de l'art. 3 de la loi de 1790. La Cour de cassation a jugé, le 23 mai 1839, qu'il suffit que depuis une condamnation jusqu'au jour du nouveau délit, il ne se soit pas écoulé douze mois, pour qu'il y ait récidive, quoiqu'il se soit écoulé plus d'un an depuis le premier délit.

RECOLEMENTS, *Voir* 1re part., p. 51.

RÉCOLTES, *Voir* 1re part., p. 115 à 117.

REPEUPLEMENT. Parmi les travaux d'amélioration des forêts, le repeuplement occupe le premier rang; nous ne voulons parler ici que de ce qui intéresse les gardes. Ils ont droit à des récompenses de l'administration quand, étudiant le sol de leur triage, ils plantent ou sèment dans les clairières les espèces d'arbres auxquelles il convient le mieux. Une circulaire du 26 juin 1826 recommande expressément aux agents forestiers d'apprécier et de constater avec la plus grande exactitude les travaux de chaque garde, afin que la distribution des gratifications se fasse avec la plus rigoureuse justice.

RESPONSABILITÉ. Il y en a de deux espèces : celle morale, résultant de la capacité, de la faiblesse, de l'indifférence, de la probité ou de la violence de l'administrateur; et celle résultant de la légalité ou de l'illégalité de ses actes. La première est du ressort de l'administration supérieure; et, à son défaut, c'est l'opinion publique qui fait justice. La seconde donne lieu à des plaintes, à des actions même, et c'est devant les tribunaux que se décident les questions qui en dérivent.

Les pères et mères sont civilement responsables des délits de chasse et braconnage commis par leurs enfants mineurs demeurant avec eux. (*Arrêt du 5 novembre 1829.*)

Le propriétaire est civilement responsable des délits de son garde-chasse, commis dans l'exercice de ses fonctions.

Le meurtre volontaire accompagné ou suivi du délit de chasse en temps prohibé et sans permis de port d'armes, est puni de la peine capitale suivant l'article 305 du Code pénal. (*Arrêt du* 22 *mars* 1822.) *Voyez* PIÈGES, § 2.

RESPONSABILITÉ des gardes forestiers, *Voir* 1re part., p. 16 et suiv.

RÉVOCATION. Voir *Destitution.*

ROULAGE. La police du roulage est très-spécialement confiée aux gardes champêtres, seuls fonctionnaires qui sont souvent à même de reconnaître et constater les contraventions. Nous mettons sous leurs yeux le texte de la loi sur la police du roulage, du 8 juin 1851, qui comprend un très-grand nombre de dispositions, toutes essentielles.

§ 1er. ROULAGE.

Une loi sur la police du roulage, rendue le 8 juin 1851, a changé toutes les règles établies par d'autres lois et règlements dans des temps où les conditions d'une bonne viabilité n'étaient pas ce qu'elles sont aujourd'hui, que les canaux et les chemins de fer absorbent presque tous les gros objets du roulage et anéantissent à peu près ces lourdes messageries qui sillonnaient toutes les routes de France.

Il résulte de cette loi, que toutes voitures suspendues ou non, peuvent circuler sur les routes nationales, départementales et autres, sans aucune condition de poids ou de largeur de jantes.

Le titre II relatif à la pénalité contient les dispositions suivantes : amende de 6 à 15 fr. contre le propriétaire d'une voiture sans plaque, et de 1 à 5 fr. contre le conducteur. (*Art.* 7.)

Amende de 16 à 100 fr. contre le conducteur qui, sommé de s'arrêter, refuserait d'obtempérer. (*Art.* 10.)

Le propriétaire est responsable des amendes et dommages-intérêts. (*Art.* 13.)

Le titre III de cette loi règle la procédure. Il porte, art. 15, que les maires et adjoints, les commissaires et agents assermentés de police, peuvent constater les contraventions.

L'art. 18 veut que les procès-verbaux rédigés par les agents ordinaires soient affirmés dans les trois jours.

L'art. 20 autorise le maire de la commune où la contravention a été commise, à arbitrer provisoirement le dommage et l'amende quand le contrevenant n'est pas domicilié en France.

D'après la nouvelle loi, le conseil de préfecture jugera toutes les contraventions relatives : 1º à la forme, à la longueur et à la saillie des moyeux; 2º à la forme des bandes des roues et des cloues des bandes ; 3º au nombre de chevaux de l'attelage ; 4º à la police de la circulation pendant les temps de dégel, et sur les ponts suspendus; 5º à la largeur du chargement; 6º à la saillie des colliers des chevaux ; 7º au mode d'enrayage.

Tous les autres délits et contraventions prévus par ladite loi sont de la compétence des tribunaux ordinaires.

Le décret du 10 août 1852 a déterminé le règlement d'administration publique prévu par la loi du 30 mai 1851, sur la police du roulage et des messageries publiques.

Art. 1er. Les essieux des voitures ne pourront avoir plus de 2 mètres 50 centimètres de longueur, ni dépasser, à leurs extrémités, le moyeu de plus de 6 centimètres.

La saillie des moyeux, y compris celle de l'essieu, n'excédera pas plus de 12 centimètres le plan passant par le bord extérieur des bandes. Il est accordé une tolérance de 2 centimètres sur cette saillie, pour les roues qui ont déjà fait un certain service.

Art. 2. Il est expressément défendu d'employer des clous à tête de diamant. Tout clou de bande sera rivé à plat, et ne pourra, lorsqu'il sera posé à neuf, former une saillie de plus de 5 millimètres.

Art. 3. Il ne peut être attelé :

1º Aux voitures servant au transport des marchandises,

plus de cinq chevaux, si elles sont à deux roues; plus de huit si elles sont à quatre roues, sans qu'il puisse y avoir plus de cinq chevaux de file;

2° Aux voitures servant au transport des personnes, plus de trois chevaux, si elles sont à deux roues, plus de six, si elles sont à quatre roues.

Art. 4. Lorsqu'il y aura lieu de transporter des blocs de pierre, des locomotives, ou d'autres objets d'un poids considérable, l'emploi d'un attelage exceptionnel pourra être autorisé, sur l'avis des ingénieurs ou des agents-voyers, par les préfets des départements traversés.

Art. 5. Les prescriptions de l'art. 3 ne sont pas applicables sur les parties de routes ou de chemins vicinaux de grande communication affectées de rampes d'une déclivité ou d'une longueur exceptionnelle.

Art. 7. Le ministre des travaux publics détermine les départements dans lesquels il pourra être établi, sur les routes nationales et départementales, des barrières pour restreindre la circulation pendant les temps de dégel.

Les préfets, dans chaque département, déterminent les chemins de grande communication sur lesquels ces barrières pourront être établies.

Ces barrières seront fermées et ouvertes en vertu d'arrêtés du sous-préfet, pris sur l'avis de l'ingénieur d'arrondissement ou de l'agent-voyer. Ces arrêtés seront affichés.

Dès que la fermeture des barrières aura été ordonnée, aucune voiture ne pourra sortir de la ville, du bourg ou du village dans lequel elle se trouvera. Toutefois, les voitures qui seront déjà en marche pourront continuer leur route jusqu'au gîte le plus voisin, où elles seront tenues de rester jusqu'à l'ouverture des barrières.

Pour n'être point inquiétés dans leur trajet, les propriétaires ou conducteurs de ces voitures prendront un laissez-passer du maire.

Le jour de l'ouverture des barrières, et le lendemain, les voitures ne pourront partir du lieu où elles auront été retenues que deux à la fois, et à un quart-d'heure d'intervalle. Le maire ou son délégué présidera au départ, qui aura lieu dans l'ordre suivant lequel les voitures se seront fait inscrire à leur arrivée dans la commune.

Art. 8. Pendant la traversée des ponts suspendus, les chevaux seront mis au pas; les voituriers ou rouliers tiendront les guides ou le cordeau, les conducteurs ou postillons resteront sur leur siége.

Dans les circonstances urgentes, les préfets et les maires pourront prendre telles mesures que leur paraîtra commander la sûreté publique, sauf à en rendre compte à l'autorité supérieure.

Les mesures prescrites pour la protection des ponts suspendus, seront, dans tous les cas, placardées à l'entrée et à la sortie de ces ponts.

Art. 9. Tout roulier ou conducteur de voiture doit se ranger à sa droite à l'approche de toute autre voiture, de manière à lui laisser libre au moins la moitié de la chaussée.

Art. 10. Il est interdit de laisser stationner sans nécessité sur la voie publique aucune voiture attelée ou non attelée.

§ 2. CHARRIOTS ET CHARRETTES.

Art. 11. La largeur du chargement des voitures qui ne servent pas au transport des personnes ne peut excéder 2 mètres 50 centimètres. Toutefois, les préfets des départements traversés peuvent délivrer des permis de circulation pour les objets d'un grand volume qui ne seraient pas susceptibles d'être chargés dans ces conditions.

Sont affranchies, conformément à la loi du 30 mai 1851, de toute réglementation de largeur de chargement, les voitures d'agriculture, lorsqu'elles sont employées au transport des récoltes de la ferme aux champs, et des champs à la ferme et au marché.

Art. 12. La largeur des colliers des chevaux ou autres bêtes de trait ne peut dépasser 90 centimètres, mesurés entre les points les plus saillants des pattes des attelles.

Art. 13. Lorsque plusieurs voitures marchent à la suite les unes des autres, elles doivent être distribuées en convoi de quatre voitures au plus, si elles sont à quatre roues et attelées d'un seul cheval; et de trois voitures au plus, si elles sont à deux roues et attelées d'un seul cheval; et de deux voitures au plus, si l'une d'elles est attelée de plus d'un cheval.

L'intervalle d'un convoi à l'autre ne peut être moindre de 50 mètres.

Art. 14. Tout voiturier ou conducteur doit se tenir constamment à portée de ses chevaux ou bêtes de trait, et en position de les guider.

Il est interdit de faire conduire par un seul conducteur plus de quatre voitures à un cheval si elles sont à quatre roues, et de plus de trois voitures à un cheval si elles sont à deux roues.

Chaque voiture attelée de plus d'un cheval doit avoir un conducteur. Toutefois, une voiture dont le cheval est attaché derrière une autre, attelée de quatre chevaux au plus, n'a pas besoin d'un conducteur particulier.

Les réglements de police municipale détermineront, en ce qui concerne la traversée des villes, bourgs et villages, les restrictions qui peuvent être apportées aux dispositions du présent article et de celui qui précède.

Art. 15. Aucune voiture marchant isolément ou en tête d'un convoi ne pourra circuler pendant la nuit, sans être pourvue d'un fallot ou d'une lanterne allumée. Cette disposition pourra être appliquée aux voitures d'agriculture par des arrêtés des préfets ou des maires.

Art. 16. Tout propriétaire de voiture ne servant pas au transport des personnes est tenu de faire placer, en avant des roues et au côté gauche de sa voiture, une plaque métallique portant en caractères apparents et lisibles, ayant au moins 5 millimètres de hauteur, ses noms prénoms et profession, le nom de la commune, du canton et du département de son domicile.

Sont exceptées de cette disposition, conformément à la loi du 30 mai 1851 :

Les voitures particulières destinées au transport des personnes, mais étrangères à un service public de messageries;

Les voitures employées à la culture des terres, au transport des récoltes, à l'exploitation des fermes, qui se rendent de la ferme aux champs ou des champs à la ferme, ou qui servent au transport des objets récoltés du lieu où ils ont été recueillis, jusqu'à celui où, pour les conserver et les manipuler, le cultivateur les dépose ou les rassemble.

§ 3. VOITURES DES MESSAGERIES.

Art. 17. Les entrepreneurs des voitures publiques allant à destination fixe déclareront le siége principal de leur établissement, le nombre de leurs voitures, celui des places qu'elles contiennent, le lieu de destination, les jours et heures de départ et d'arrivée. Cette déclaration sera faite, dans le département de la Seine, au préfet de police, et dans les autres départements, au préfet ou au sous-préfet.

Ces formalités ne seront obligatoires pour les entrepreneurs actuels qu'au renouvellement de leurs voitures, ou lorsqu'ils en modifieront la forme ou la contenance.

Art. 20. La largeur de la voie pour les voitures publiques, est fixée, au minimum, à 1 mètre 65 centimètres entre le milieu des jantes de la partie des roues reposant sur le sol.

Toutefois, si les voitures sont à quatre roues, la voie de devant pourra être réduite à 1 mètre 55 centimètres. En pays de montagnes, les entrepreneurs peuvent être autorisés par les préfets, sur l'avis des ingénieurs ou des agents-voyers, à employer des largeurs de voies moindres que celles réglées par les paragraphes précédents, mais à la condition que les voies seront au moins égales à la voie la plus large des voitures en usage dans la contrée.

Art. 21. La distance entre les axes des deux essieux, dans les voitures publiques à quatre roues, sera égale au moins à la moitié de la longueur des caisses mesurées à la hauteur de leur ceinture, sans pouvoir néanmoins descendre au-dessous de 1 mètre 55 centimètres.

Art. 22. Le maximum de la hauteur des voitures publiques, depuis le sol jusqu'à la partie la plus élevée du chargement, est fixé à 2 mètres pour les voitures à quatre roues, et à 2 mètres 60 centimètres pour les voitures à deux roues.

Il est accordé, pour les voitures à quatre roues, une augmentation de 10 centimètres, si elles sont pourvues à l'avant-train, de sassoires et contre-sassoires, formant chacune au moins un demi-cercle de 1 mètre 15 centimètres de diamètre, ayant la cheville ouvrière pour centre. Lorsque, par application du troisième paragraphe de l'article 20, on autorisera une réduction dans la largeur de la voie, le rapport de la hauteur de la voiture avec la largeur de la voie sera, au maximum, de 1 mètre 75 centimètres.

Dans tous les cas, la hauteur est réglée par une traverse en fer placée au milieu de la longueur affectée au chargement, et dont les montants, au moment de la visite prescrite par l'article 17, sont marqués d'une estampille constatant qu'ils ne dépassent pas la hauteur voulue; ils doivent, ainsi que la traverse, être constamment apparents.

La bâche qui recouvre le chargement ne peut déborder ces montants ni la hauteur de la traverse. Il est défendu d'attacher aucun objet en dehors de la bâche.

Art. 23. Les compartiments des voitures publiques seront disposés de manière à satisfaire aux conditions suivantes :

Largeur moyenne des places, 48 centimètres.

Largeur des banquettes, 45 centimètres.

Distance entre deux banquettes, 45 centimètres.

Distance entre la banquette du coupé et le devant de la voiture, 35 centimètres.

Hauteur du pavillon au-dessus du fond de la voiture, 1 mètre 40 centimètres.

Hauteur des banquettes, y compris le coussin, 40 centimètres.

Pour les voitures parcourant moins de 20 kilomètres et pour les banquettes à plus de trois places, la largeur moyenne des places pourra être réduite à 40 centimètres.

Art. 24. Il peut être placé sur l'impériale une banquette destinée au conducteur et à deux voyageurs, ou à trois voyageurs lorsque le conducteur se placera sur le même siége que le cocher.

Cette banquette dont la hauteur, y compris le coussin, ne dépassera pas 40 centimètres, ne peut être recouverte que d'une capote flexible.

Aucun paquet ne peut être chargé sur cette banquette.

Art. 25. Le coupé et l'intérieur auront une portière de chaque côté.

La caisse de derrière ou la rotonde ne peut avoir qu'une portière ouverte à l'arrière.

Chaque portière sera garnie d'un marche-pied.

Art. 26. Les essieux seront en fer corroyé de bonne qualité, et arrêtés à chaque extrémité, soit par un écrou assujetti au moyen d'une clavette, soit par une boîte à l'huile, fixée par quatre boulons traversant la longueur du moyeu, soit par tout autre système qui serait approuvé par le ministre des travaux publics.

Art. 27. Toute voiture publique doit être munie d'une machine à enrayer agissant sur les roues de derrière et disposée de manière à pouvoir être manœuvrée de la place assignée au conducteur.

Les voitures doivent être, en outre, pourvues d'un

sabot et d'une chaîne d'enrayage, que le conducteur placera à chaque descente rapide.

Les préfets peuvent dispenser de l'emploi de ces appareils les voitures qui parcourent uniquement des pays de plaine.

Art. 28. Pendant la nuit, les voitures publiques seront éclairées par une lanterne à réflecteur placée à droite et à l'avant de la voiture.

Art. 29. Chaque voiture porte à l'extérieur, dans un endroit apparent, indépendamment de l'estampille délivrée par l'administration des contributions indirectes, les noms et domicile de l'entrepreneur, et l'indication du nombre des places de chaque compartiment.

Art. 30. Elle porte à l'intérieur des compartiments :

1º Le numéro de chaque place ;

2º Le prix de la place depuis le lieu du départ jusqu'à celui de l'arrivée.

L'entrepreneur ne peut admettre dans les compartiments de ses voitures un plus grand nombre de voyageurs que celui indiqué sur les panneaux, conformément à l'art. 29.

Art. 31. Chaque entrepreneur inscrit sur un registre coté et paraphé par le maire, le nom des voyageurs qu'il transporte ; il y inscrit également les ballots et paquets dont le transport lui est confié.

Il remet au conducteur, pour lui servir de feuille de route, une copie de cet enregistrement, et à chaque voyageur un extrait en ce qui le concerne, avec le numéro de sa place.

Art. 32. Les conducteurs ne peuvent prendre en route aucun voyageur, ni recevoir aucun paquet sans en faire mention sur les feuilles de route qui lui ont été remises au point de départ.

Art. 33. Toute voiture publique dont l'attelage ne présentera de front que deux rangs de chevaux, pourra être conduite par un seul postillon ou un seul cocher ; elle devra être conduite par deux postillons ou par un postillon et un cocher lorsque l'attelage comportera plus de deux rangs de chevaux.

Art. 34. Les postillons ou cochers ne pourront, sous aucun prétexte, descendre de leurs chevaux ou de leurs siéges. Il leur est enjoint d'observer, dans les traversées des villes et des villages, les réglements de police concernant la circulation des rues.

Dans les haltes, le conducteur et le postillon ne peuvent quitter en même temps la voiture, tant que celle-ci reste attelée.

Avant de remonter sur son siége, le conducteur doit s'assurer que les portières sont exactement fermées.

Art. 35. Lorsque, contrairement à l'article 9 du présent décret, un roulier ou conducteur de voiture n'aura pas cédé la moitié de la chaussée à une voiture publique, le conducteur ou postillon qui aurait à se plaindre de cette contravention, devra en faire la déclaration à l'officier de police du lieu le plus rapproché, en faisant connaître le nom du voiturier d'après la plaque de sa voiture.

Les procès-verbaux de contravention seront sur le champ transmis au procureur de la République, qui fera poursuivre les délinquants.

S

SAISIE DE RÉCOLTES. Lorsqu'un créancier fait procéder à la saisie des récoltes de son débiteur, le garde champêtre doit, aux termes de l'article 628 du Code de procédure civile, être établi gardien, à moins qu'il ne soit parent ou allié jusqu'à degré de cousin issu de germain du saisissant. S'il est présent, il accepte incontinent ; s'il ne l'est pas, la saisie lui doit être signifiée.

Comme gardien, le garde champêtre doit veiller à la conservation de la chose saisie. L'article 600 du Code de procédure porte que ceux qui empêcheraient l'établissement d'un gardien ou qui enlèveraient ou détourneraient des effets saisis, seront punis conformément au Code criminel.

Il est interdit au gardien de se servir des objets saisis.

D'après l'article 605, il peut demander sa décharge si la vente n'a pas été faite au jour indiqué par le procès-verbal, sans qu'elle ait été empêchée par quelque obstacle ; et en cas d'empêchement, la décharge peut être demandée deux mois après la saisie, sauf au saisissant à faire nommer un autre gardien.

Tous gardiens peuvent être contraints par corps à représenter les objets saisis ; cette responsabilité suffit pour éveiller leur surveillance. Il leur est alloué, par l'article 34 du tarif, 1 franc 50 centimes par jour pendant les douze premiers jours, et ensuite 60 centimes seulement.

SENTIER. La loi sur les chemins vicinaux ne parle pas des sentiers, parce qu'ils sont presque toujours établis par tolérance comme moyen d'abréger les distances. Les gardes champêtres n'ont rien à faire quand le propriétaire d'un terrain, d'un pré ou d'un bois, tolère l'établissement des sentiers ; mais s'il s'y opposait, soit en ouvrant un fossé, soit en plaçant des barrières, il y aurait lieu de dresser procès-verbal, s'il résultait de l'établissement des sentiers un préjudice quelconque pour le propriétaire du terrain.

SERMENT (DES GARDES CHAMPÊTRES). *Voir* 1re part., p. 7, n° 4.

SERVICE D'ORDRE PUBLIC. Indépendamment des fonctions que nous avons énumérées, les gardes champêtres peuvent être chargés d'un service d'ordre public, sous la direction des sous-préfets, des officiers de gendarmerie et des commissaires cantonaux, qui ont le droit de les convoquer sur un point du canton, aux termes des art. 624, 625, 626 et 627 du décret du 1er mars 1854.

SOUCHE. Partie de l'arbre qui tient au tronc et aux racines. C'est le point de ralliement de tous les vaisseaux qui conduisent la sève dans le corps de l'arbre. On l'appelle *cépée* quand après l'abattis de l'arbre elle se garnit de plusieurs tiges. Elle doit en cet état être respectée comme moyen de reproduction.

Elle sert aussi à constater les délits. Les gardes ne doivent jamais manquer de rapprocher de la souche les bois coupés en délit, le Code leur en fait un devoir, et ils encourraient la réprimande de l'administration ou de leurs maîtres s'ils négligeaient ce moyen de conviction. Le procès-verbal qui constate un délit, lors même que le bois coupé ne serait pas retrouvé, doit toujours contenir la description de la souche, c'est-à-dire l'indication de sa grosseur, de son essence, de son âge et celle du moyen employé pour en séparer le corps de l'arbre.

SOUCHETAGE. Constatation des souches de bois qui ont pu être coupées dans une vente avant l'exploitation de l'adjudicataire.

T

TABAC. Les gardes champêtres et forestiers sont chargés par la loi du 28 avril 1816 de constater les contraventions sur la fabrication, la vente et la circulation en fraude des tabacs français ou étrangers, et de saisir les chevaux, voitures ou autres moyens de transport.

L'ordonnance du 17 janvier 1816 leur accorde une prime de 15 fr. par colporteur ou vendeur de tabac en fraude qu'ils arrêtent, ou dont ils signalent les dépôts ou lieux de fabrication.

TAILLIS. On nomme ainsi une étendue de bois depuis sa première pousse jusqu'à 25 ans; on appelle *gaulis* le même bois depuis 25 ans jusqu'à 50 à 60. Plus tard, il prend le nom de *futaie*. (*Voyez* BALIVEAU.)

TEMPS PROHIBÉ. C'est, pour la chasse, celui qui s'écoule entre l'époque où l'arrêté du préfet l'a close et celle de l'arrêté qui la déclare ouverte. Le temps prohibé pour la pêche est également déterminé par un arrêté du préfet. La chasse ou la pêche en temps prohibé est un délit. (*Voir* COLPORTAGE).

La Cour de Cassation a décidé, le 17 juillet 1823, que lorsque plusieurs personnes chassent en temps prohibé, il y a autant de délits particuliers que de délinquants, et que l'amende et l'indemnité doivent être prononcées contre chaque individu personnellement. La jurisprudence des Cours d'appel est la même en matière de pêche. (*Voyez* RESPONSABILITÉ.)

TERRAINS CLOS. Permis d'y chasser. *Voir* 1re part., p. 110 et suiv.

TIMBRE et **VISA POUR TIMBRE.** Tous les actes des gardes champêtres, forestiers et autres qui sont destinés à paraître en justice, doivent être rédigés sur papier timbré ou sur papier visé pour timbre par le receveur de l'enregistrement du canton. L'usage de ce dernier papier est nécessaire dans toutes les affaires criminelles ou correctionnelles poursuivies par le ministère public; on l'a étendu à tous les procès-verbaux des gardes champêtres, forestiers et autres, agissant pour la répression des délits ruraux, forestiers, de chasse ou de pêche. (*Ordonnance du 22 mai* 1816.)

Cela doit être observé à peine de nullité des procès-verbaux ou rapports.

Le garde champêtre n'a point à s'inquiéter du paiement des droits de timbre une fois que son acte est enregistré et déposé; c'est à l'administration de l'enregistrement à faire recouvrer les frais de timbre. (*Voyez* ENREGISTREMENT.)

TOURNÉES (DES GARDES-CHASSE). *Voir* 1re part., p. 59, n° 3.

TRAITEMENT DES **GARDES CHAMPÊTRES**. Le traitement est réglé par le conseil municipal, et c'est probablement cette nécessité de recourir aux fonds communaux qui détermine tant de communes à se passer de gardes champêtres. Aucune loi ne fixe le traitement. Il est ordinairement de 200 fr.; il s'élève plus haut dans les communes plus populeuses et plus riches, et il se paie sur les revenus communaux ou sur les centimes additionnels. (*Voir* 1re part., p. 7, n° 2.)

Dans les communes pauvres, les propriétaires qui ont d'autant plus besoin de surveiller les propriétés, et qui ne veulent pas s'exposer à des collisions fâcheuses avec les habitants indigènes, se cotisent entre eux pour solder un garde champêtre de leur choix.

Le maire dresse un rôle des plus imposés. Il est rendu exécutoire comme celui de l'instituteur et les fonds touchés par le percepteur sont remis au garde champêtre.

Ce traitement est indépendant des indemnités et des gratifications qu'il peut mériter dans l'exercice de ses fonctions. (*Voyez* INDEMNITÉ.)

Les traitements des autres gardes sont payés par l'Etat ou par les établissements publics; ceux des gardes particuliers sont le résultat d'une convention qui dépend entièrement des personnes.

TRANSPORT. *Voir* Colportage.

TRAQUE. La traque est un acte de chasse. *Voir* 1re part., p. 91, nos 77, 78.

TRIAGE. Etendue de bois confiée seule ou avec d'autres parties à la surveillance des gardes.

TROUPEAUX. Les ordonnances des maires relativement aux troupeaux, ayant presque toujours pour objet de prévenir des maladies ou des dégâts, les gardes champêtres sont chargés de veiller à leur exécution et de faire connaître les contraventions.

U

UNIFORMES. *Voir* 1re part., p. 133, nos 268 et 270.

USAGE (DROIT D'). C'est la faculté qu'ont certaines communes, et même des particuliers, de se faire délivrer dans les bois et forêts, soit du bois à brûler, soit du bois à bâtir, soit du bois de travail, ou bien la faculté d'y faire paître leurs bestiaux.

§ 1er. Il y a des droits de deux espèces : les grands et petits usages ; mais ils sont soumis aux mêmes règles.

Les grands usages sont l'*affouage*, c'est-à-dire le droit au bois de chauffage. (*Voyez* art. 122 *de l'Ordonnance de 1827.*)

Le *maronage*, c'est-à-dire le droit au bois de construction ou de travail. (*Voyez* art. 123 *de la même ordonnance.*)

Le *panage*, qui est la faculté d'y mener des porcs pour en consommer le gland. (*Voyez* art. 66, 67, 68, 69 et 70; ainsi que les art. 73 à 79.)

Le *pâturage* ou *pacage*, qui consiste à conduire les bestiaux pour paître. (*Voyez* art. 118.)

§ 2. Les petits usages consistent à enlever les branches sèches et les bois morts ou mort-bois, c'est-à-dire les branches qui meurent sur pied et qui tombent d'elles-mêmes, ou sont cassées sans avoir besoin d'instruments pour les faire tomber.

Le mort-bois peut être pris avec outils tranchants ; on appelle ainsi les saules, marsaults, épines, aulnes, genêts, genévriers, ronces et églantiers.

§ 3. Dans tous les cas, l'usager est astreint à demander délivrance au propriétaire, et il ne peut exercer le droit de pâture qu'après que les bois qui y sont soumis ont été reconnus et déclarés défensables. (*Voyez* art. 67, 79 et 81 du *Code forestier.*) Voyez DÉFENSABLES.

Un autre principe en cette matière, c'est que l'exercice des droits d'usage doit être modifié selon la possibilité des forêts, et selon les besoins des usagers. (*Ordonn. de 1820 ; art.* 65 *et suiv. du Code forestier.*)

§ 4. Le Code forestier contient, sur l'étendue et sur la manière de jouir des droits d'usage, de nombreuses dispositions qu'il est nécessaire de rapporter ici.

Des droits d'usage dans les bois de l'État.

Art. 61. Ne seront admis à exercer un droit d'usage quelconque dans les bois de l'Etat que ceux dont les droits auront été, au jour de la promulgation de la présente loi, reconnus fondés, soit par des actes du gouvernement, soit par des jugements ou arrêts définitifs, ou seront reconnus tels par suite d'instances administratives ou judiciaires actuellement engagées, ou qui seraient intentées devant les tribunaux, dans le délai de deux ans, à dater du jour de la promulgation de la présente loi, par des usagers actuellement en jouissance.

Art. 62. Il ne sera plus fait, à l'avenir, dans les forêts de l'Etat, aucune concession de droits d'usage, de quelque nature et sous quelque prétexte que ce puisse être.

Art. 66. La durée de la glandée et du panage ne pourra excéder trois mois.

L'époque de l'ouverture en sera fixée chaque année par l'administration forestière.

Art. 67. Quels que soient l'âge ou l'essence des bois, les usagers ne pourront exercer leurs droits de pâturage et de panage que dans les cantons qui auront été déclarés défensables par l'administration forestière, sauf le recours au Conseil de préfecture, et ce, nonobstant toutes possessions contraires.

Art. 68. L'administration forestière fixera, d'après les droits des usagers, le nombre des porcs qui pourront être mis en panage, et des bestiaux qui pourront être admis au pâturage.

Art. 69. Chaque année, avant le 1er mars, pour le pâturage, et un mois avant l'époque fixée par l'administration forestière pour l'ouverture de la glandée et du panage, les agents forestiers feront connaître aux communes et aux particuliers jouissant des droits d'usage, les cantons déclarés défensables, et le nombre des bestiaux qui seront admis au pâturage et au panage.

Les maires seront tenus d'en faire la publication dans les communes usagères.

Art. 70. Les usagers ne pourront jouir de leurs droits de pâturage et de panage que pour les bestiaux à leur propre usage, et non pour ceux dont ils font commerce, à peine d'une amende double de celle qui est prononcée par l'art. 199.

Art. 71. Les chemins par lesquels les bestiaux devront passer pour aller au pâturage ou au panage et en revenir, seront désignés par les agents forestiers.

Si ces chemins traversent des taillis ou des recrues de futaies non défensables, il pourra être fait à frais communs, entre les usagers et l'administration, et d'après l'indication des agents forestiers, des fossés suffisamment larges et profonds, ou toute autre clôture, pour empêcher les bestiaux de s'introduire dans les bois.

Art. 72. Le troupeau de chaque commune ou section de commune devra être conduit par un ou plusieurs pâtres communs, choisis par l'autorité municipale; en conséquence, les habitants des communes usagères ne pourront ni conduire eux-mêmes ni faire conduire leurs bestiaux à garde séparée, sous peine de 2 fr. d'amende par tête de bétail.

Les porcs ou bestiaux de chaque commune ou section de commune usagère formeront un troupeau particulier et sans mélange des bestiaux d'une autre commune ou section, sous peine d'une amende de 5 à 10 fr. contre le pâtre, et d'un emprisonnement de cinq à dix jours en cas de récidive.

Les communes et sections de commune seront responsables des condamnations pécuniaires qui pourront être prononcées contre lesdits pâtres ou gardiens, tant pour les délits et contraventions prévus par le présent titre, que pour tous autres délits forestiers commis par eux pendant le temps de leur service et dans les limites du parcours.

Art. 73. Les porcs et bestiaux seront marqués d'une marque spéciale.

Cette marque devra être différente pour chaque commune ou section de commune usagère.

Il y aura lieu, par chaque tête de porc ou de bétail non marqué, à une amende de 3 francs.

Art. 74. L'usager sera tenu de déposer l'empreinte de la marque au greffe du tribunal de première instance, et le fer servant à la marque au bureau de l'agent forestier local ; le tout sous peine de 50 fr. d'amende.

Art. 75. Les usagers mettront des clochettes au cou de tous les animaux admis au pâturage, sous peine de 2 fr. d'amende pour chaque bête qui serait trouvée sans clochette dans les forêts.

Art. 76. Lorsque les porcs et bestiaux des usagers seront trouvés hors des cantons déclarés défensables ou désignés pour le panage, ou hors des chemins indiqués pour s'y rendre, il y aura lieu contre le pâtre à une amende de 3 à 30 fr. En cas de récidive, le pâtre pourra être condamné en outre à un emprisonnement de cinq à quinze jours.

Art. 77. Si les usagers introduisent au pâturage un plus grand nombre de bestiaux, ou au panage un plus grand nombre de porcs que celui qui aura été fixé par l'administration, conformément à l'art. 68, il y aura lieu, pour l'excédant, à l'application des peines prononcées par l'art. 199.

Art. 78. Il est défendu à tous usagers, nonobstant tout titre et possession contraire, de conduire ou faire conduire des chèvres, brebis ou moutons dans les forêts ou sur les terrains qui en dépendent, etc., etc.

Art. 79. Les usagers qui ont droit à des livraisons de bois, de quelque nature que ce soit, ne pourront prendre ces bois qu'après que la délivrance en aura été faite par les agents forestiers, sous les peines portées par le titre XII pour les bois coupés en délit.

Art. 80. Ceux qui n'ont d'autre droit que celui de

prendre le bois mort, sec et gisant, ne pourront, pour l'exercice de ce droit, se servir de crochets ou ferrements d'aucune espèce, sous peine de 3 fr. d'amende.

Art. 81. Si les bois de chauffage se délivrent par coupe, l'exploitation en sera faite, aux frais des usagers, par un entrepreneur spécial nommé par eux et agréé par l'administration forestière.

Aucun bois ne sera partagé sur pied ni abattu par les usagers individuellement, et les lots ne pourront être faits qu'après l'entière exploitation de la coupe, à peine de confiscation de la portion de bois abattu, afférente à chacun des contrevenants.

Les fonctionnaires ou agents qui auraient permis ou toléré la contravention, seront passibles d'une amende de 50 fr., et demeureront en outre personnellement responsables, et sans aucun recours, de la mauvaise exploitation et de tous les délits qui pourraient avoir été commis.

Art. 84. L'emploi des bois de construction devra être fait dans un délai de deux ans, lequel néanmoins pourra être prorogé par l'administration forestière. Ce délai expiré, elle pourra disposer des arbres non employés.

Art. 85. Les défenses prononcées par l'article 57, sont applicables à tous usagers quelconques, et sous les mêmes peines.

(*Voyez* AFFOUAGE.)

USINES. On comprend sous ce nom les forges, les verreries, les moulins, qui ne peuvent s'établir qu'avec l'autorisation du gouvernement, et sous les conditions qu'il lui plaît d'imposer dans l'intérêt général. Ces autorisations ne se donnent qu'après avoir consulté les autorités locales, qui procèdent à toutes les informations qui peuvent faire connaître les avantages et les inconvénients que présentent pour le pays ces sortes d'établissements. Les gardes champêtres et particuliers doivent surveiller les gérants de ces établissements, meuniers ou autres, et constater les dégâts qu'ils peuvent occasionner par des retenues d'eau opérées en élevant les vannes et déversoirs.

V

VENTE du gibier en temps prohibé, *Voir* 1re part., p. 120 et suiv.

VISITES DOMICILIAIRES. Elles ne peuvent être faites pendant la nuit, à moins de circonstances graves, telles que l'incendie, l'inondation, ou la réclamation partant de l'intérieur de la maison.

Tout administrateur ou tout officier de police ou de justice qui s'introduirait dans le domicile d'un citoyen, hors les cas prévus par la loi et sans les formalités qu'elle a prescrites, serait puni d'une amende de 16 fr. au moins et de 200 fr. au plus. (*Art.* 184 *du Code pénal.*)

VIVIER. Grand bassin fermé pour retenir ou conserver du poisson. Le vol de ce poisson est un délit plus grave que l'enlèvement dans les rivières. L'art. 388 du Code pénal punit ce vol d'un emprisonnement d'un an au moins et de cinq au plus, et d'une amende de 10 fr. à 500 fr. Le garde qui dresse procès-verbal d'un tel délit doit donc le transmettre au procureur de la République de son arrondissement.

VOIRIE. Elle se divise en grande et petite, selon qu'elle comprend l'administration et la police des rues ou des routes.

§ 1er. *La grande voirie*, celle relative aux routes et canaux, fleuves, etc...., est à la charge de l'Etat ; les devoirs des maires, à cet égard, se bornent à constater les contraventions qui viennent à leur connaissance.

Voici quelles sont les principales règles tracées par la loi du 27 floréal an x.

Art. 1er. Les contraventions en matière de grande voirie, telles qu'anticipation, dépôts de fumiers ou d'autres objets, et toutes espèces de détériorations commises sur les grandes routes, sur les arbres qui les bordent; sur les fossés, ouvrages d'art et matériaux destinés à leur entretien, sur les canaux, fleuves et rivières navigables, leurs chemins de halage, francs-bords, fossés et ouvrages d'art, seront constatées, réprimées et poursuivies par voie administrative.

Art. 2. Les contraventions seront constatées concurremment par les maires et adjoints, les ingénieurs des ponts et chaussées, leurs conducteurs, les agents de la navigation, les commissaires de police et par la gendarmerie. A cet effet, ceux des fonctionnaires publics ci-dessus désignés qui n'ont pas prêté serment en justice, le prêteront devant le préfet.

Art. 3. Les procès-verbaux sur les contraventions seront adressés au sous-préfet, qui ordonnera par provision et sauf le recours au préfet, ce que de droit pour faire cesser les dommages.

§ 2. Dans le cas où les contraventions de voirie constituent un délit soumis à la peine d'emprisonnement, comme dans ceux qui sont prévus par les art. 43 et 44 de la loi du 6 octobre 1791, sur les biens ruraux, ces circonstances ne peuvent empêcher l'autorité administrative de connaître de la contravention; elle doit prononcer les dispositions de la compétence, c'est-à-dire en ce qui concerne la peine pécuniaire, sauf à renvoyer les contrevenants ou délinquants devant le tribunal correctionnel pour l'application de la peine corporelle.

Cette distinction trace à chacun les limites de ses pouvoirs, et l'on ne peut les dépasser sans s'exposer à un recours, soit en conseil d'Etat, pour les arrêtés des conseils de préfecture, soit en cour de cassation, pour les jugements qui empiéteraient sur l'autorité administrative.

§ 3. Les procès-verbaux rapportés par les fonctionnaires ou agents désignés en l'article 2 de la loi du 29 floréal an X, doivent, comme tous les procès-verbaux, sans distinction ni exception, être visés pour timbre et enregistrés en *debet*, sauf le recours sur les parties condamnées, pour le paiement du droit.

Les contraventions doivent être distinguées des délits qui sont commis sur les grandes routes. Les premières sont réprimées par les conseils de préfecture; les seconds sont, comme on vient de le voir, jugés par les tribunaux correctionnels.

§ 4. *La petite voirie* appartient à l'autorité municipale; c'est elle qui détermine les alignements, réprime les empiétements sur les rues, places ou chemins vicinaux et qui veille à leur sûreté.

Les procès-verbaux en matière de petite voirie sont dispensés de l'affirmation, soit qu'ils émanent d'un garde champêtre ou d'un agent voyer. (*Arrêt du 3 janvier 1838.*)

Dans les villes, les maires et adjoints sont tenus de se conformer, pour la délivrance des permissions de bâtir, ou des alignements, aux plans arrêtés par l'administration supérieure.

Ils permettent ou défendent l'ouverture des boutiques et des étaux, ainsi que l'exposition des enseignes, pour qu'elles ne gênent en rien la voie publique.

Ils ordonnent la démolition des murs ou édifices menaçant ruine, font des visites pour s'assurer que les cheminées ou fours sont construits de manière à ne point occasionner d'incendies.

§ 5. Ils sont également chargés de la conservation des monuments publics, des statues et autres ornements des places, de faire effectuer le balayage devant les maisons, et de le faire faire aux frais de la commune dans les places et autour des jardins ou édifices publics; ils ordonnent l'enlèvement des décombres, défendent qu'on n'expose rien sur les toits ou fenêtres qui puisse blesser les passants; qu'on laisse vaguer des fous furieux, des animaux dangereux; ils doivent également veiller à l'éclairage et à l'arrosage des villes, quand le Conseil municipal a voté des fonds à cet effet; et faire enlever les boues, les neiges, les glaces, soit dans les rues et les places, soit dans les égouts et sur les bords des rivières qui traversent ou bordent les villes et villages.

VOITURE. § 1er. Les conducteurs de voitures de toute espèce sont responsables des accidents qu'ils occasionnent ou des dommages qu'ils causent; ainsi ceux qui ont tué ou blessé des bestiaux sur des chemins, sont punis des amendes et dommages-intérêts prononcés par les articles 27 et 52 du titre II de la loi du 6 octobre 1791, et par les articles 475, n° 3, et 479, n° 2, du Code pénal, sans préjudice des peines plus graves dans le cas de blessures ou de meurtre de personnes par suite de négligence, imprudence ou inobservation des règlements. (*Voyez* article 319 et 320 *du Code pénal, et l'ordonnance de* 1828, article 8.)

§ 2. Tout voyageur ou conducteur de voiture qui transporte plus de cinq kilogrammes de poudre sans pouvoir justifier leur destination par un passe-port de l'autorité compétente, revêtu du visa de la municipalité du lieu du départ, doit être arrêté et condamné à une amende de 20 fr. 44 c. par kilogramme de poudre saisie, avec confiscation de la poudre, des chevaux et voitures, à moins qu'il n'ait pas connaissance des chargements, auquel cas il aurait son recours contre le chargeur qui l'aurait trompé, et qui serait tenu de l'indemniser. (*Loi du 7 fructidor an* V, *art.* 30.)

§ 3. D'après un arrêté du 26 ventôse an VII, qui prescrit l'exécution des règlements des 18 juin et 29 novembre 1681, les entrepreneurs des voitures publiques et les voituriers, bateliers, piétons, etc., ne peuvent se charger du transport des lettres, ni même d'aucun paquet au-dessous du poids d'un kilogramme.

Mais ces dispositions gênantes pour le public ne sont point exécutées, et les entrepreneurs de voitures publiques exigent seulement que les paquets ne soient pas sous enveloppe et cachet, mais sous toile et ficelle.

§ 4. D'après les règlements anciens, qui sont conservés par l'article 384 du Code pénal :

Il est défendu aux voituriers et charretiers de monter dans leurs voitures, ou de s'en éloigner; ils se tiendront à la tête de leurs chevaux, à peine de 30 francs d'amende. (*Ordonnance des 4 février* 1786 *et* 28 *vendémiaire an* X).

Il est également défendu aux rouliers, voituriers, charretiers et autres de retarder la marche des courriers de la malle et des voitures de poste. En conséquence, ils sont tenus *de leur céder le pavé*, à peine de 30 fr. d'amende. (*Ibid.*)

Les rouliers, voituriers et charretiers sont tenus de *céder la moitié du pavé* aux voitures des voyageurs, à peine de 60 francs d'amende. (*Ordonnance du 17 juillet* 1781; *et art.* 34 *de celle du* 16 *juillet* 1828.)

Aucune voiture attelée ou non attelée ne peut stationner sur la voie publique.

§ 5. Lorsque dans les communes rurales, les cours des aubergistes ne seront pas assez spacieuses pour contenir toutes les voitures des rouliers qui logeront chez eux, ils pourront les laisser stationner sur le bord des routes; mais il leur est enjoint de les faire ranger de manière que la circulation soit entièrement libre. (*Ordonnance de* 1781.)

Dans ce dernier cas, une lanterne sera placée de manière que les voitures restées sur la voie publique soient aperçues des voyageurs, à peine de 50 fr. d'amende, et de tous dommages et intérêts. (*Ibid.*)

Les propriétaires de charrettes, charriots, tombereaux, carrioles et de toutes autres voitures de charrois ou transports, sont tenus, conformément à la loi du 3 nivôse an VI, de faire peindre leurs noms et demeures, en caractères apparents, sur une plaque de métal, placée en avant de la roue, et au côté gauche de leurs voitures, à peine de 25 fr. d'amende.

Cette peine sera double si la plaque porte soit un nom, soit un domicile supposé.

§ 6. Les aubergistes, rouliers, voituriers, charretiers et autres, sont tenus d'avoir dans leurs écuries des lanternes, pour prévenir les accidents du feu.

Il leur est défendu de porter de la lumière dans lesdites écuries ou autres lieux renfermant des matières combustibles, à moins qu'elle ne soit dans une lanterne bien fermée.

Le tout à peine de 200 fr. d'amende. (*Ordonnance du 10 février* 1735.)

Les propriétaires de charrettes, voitures et chevaux, seront civilement garants et responsables des faits de leurs commis, préposés ou domestiques. (*Art. 9 de l'ordonnance du 21 décembre 1787.*) *Voyez* 2e partie, ROULAGE.

Le mot *voiture*, en matière forestière et suivant l'esprit de l'art. 147 du Code forestier, exprime tout ce qui, conduit par un homme ou des animaux, mû par une ou plusieurs roues, peut servir de moyen de transport. Ainsi l'introduction d'une BROUETTE *dans un bois*, hors des routes et chemins ordinaires, constitue le délit prévu par cet article. (*Arrêts des 19 décembre 1828 et 2 février 1840.*) Il suit bien de ces décisions que les gardes ont le droit de verbaliser contre ceux qui conduisent des brouettes dans les bois, mais malgré cela ils ne peuvent pas eux-mêmes qualifier de *voitures* ce qui ne serait que des *brouettes*; l'appréciation de l'assimilation est réservée aux tribunaux. *Voyez* ROULAGE.

VOLAILLES. Lorsqu'elles pénètrent dans les champs ensemencés, dans les jardins, les vignes, le propriétaire a le droit de les tuer sur place, mais non de s'en emparer. Ce commencement de justice qu'il se fait à lui-même n'est autorisé que pour empêcher le ravage des récoltes, et ne prive pas le propriétaire de son action civile, suivant le droit commun.

Cependant, il a été jugé par la Cour de cassation, que

la divagation des volailles sur le terrain d'autrui chargé de récoltes, constitue un délit rural dont il appartient au ministère public de poursuivre la répression, sans que cette action soit subordonnée au fait d'un dommage et à la plainte de la partie lésée. (*Arrêt du 17 octobre 1837.*) Il suit de là que le garde champêtre peut d'office dresser procès-verbal.

FIN.

TABLE DES MATIERES.

                                                           Pages.

PRÉFACE.............................. V

PREMIÈRE PARTIE.
MANUEL DES GARDES.

CHAPITRE Ier.
DES GARDES EN GÉNÉRAL.

Section 1re. Fonctions communes à tous les gardes. 1
Section 2. Devoirs réciproques des gardes entre eux. 3

CHAPITRE II.
DES GARDES CHAMPÊTRES.

Section 1re. Attributions des gardes champêtres. 7
Section 2. Dispositions communes aux gardes champêtres et à la gendarmerie. 13

CHAPITRE III.
DES GARDES FORESTIERS.

Section 1re. Attributions des gardes forestiers. . 13
Section 2. Responsabilité des gardes forestiers. . 16
Section 3. Des bois des communes et des établissements publics. 22
Section 4. Des bois des particuliers. 24
Section 5. Police et conservation des bois et forêts. 26
Section 6. Poursuites des délits et contraventions exercées par l'Administration forestière. . . . 30
Section 7. Poursuites dans l'intérêt des particuliers. 37

   Gardes Champêtres.   20

Section 8. Des peines. 38
Section 9. Des exploitations. 50
Section 10. Des réarpentages et récolements. . . 51
Section 11. Exécution des jugements rendus à la requête de l'Administration forestière ou du ministère public. 57

CHAPITRE IV.

DES GARDES-CHASSE.

Section 1re. Attributions des gardes-chasse. . . 58
Section 2. Législation sur la chasse. 62
    Art. 1er. Loi sur la police de la chasse du 3 mai 1844. 62
    Art. 2. Loi du 22 janvier 1874 qui modifie les articles 3 et 9 de la loi du 3 mai 1844. . . . 70
Section 3. Commentaire et jurisprudence. . . . 71
    § 1. Permis de chasse. 71
    § 2. Ouverture et fermeture de la chasse. . . 79
    § 3. Arrêtés préfectoraux. 80
    § 4. Exercice du droit de chasse. 81
    § 5. Des baux; fermiers et co-fermiers. . . . 82
    § 6. Consentement du propriétaire. 87
    § 7. Différents procédés de chasse. 88
    § 8. Modes exceptionnels de chasse. 93
    § 9. Décisions diverses de faits de chasse. . . 97
    § 10. Des terrains clos. 110
    § 11. Des piqueurs; délits de chasse. 113
    § 12. Des procès-verbaux. 113
    § 13. Des fruits et récoltes. Des lapins. 115
    § 14. Des forêts de l'Etat. 117
    § 15. Défense de transporter et de vendre du gibier en temps prohibé. 120
    § 16. Prescription. 124
    § 17. Attributions aux communes. 126
    § 18. Gratifications aux gardes et gendarmes. 126
    § 19. Louveterie. Animaux nuisibles. 128

CHAPITRE V.

DES GARDES-PÊCHE.

Section 1re. Attributions des gardes-pêche.	135
Exploitation de la pêche.	139
Section 2. Législation de la pêche.	140
§ 1. Loi du 15 avril 1829 sur la pêche fluviale.	140
§ 2. Ordonnance du 15 novembre 1830.	155
§ 3. Loi du 31 mai 1865.	156
§ 4. Décret du 12 janvier 1875 qui désigne les parties des fleuves, rivières et canaux navigables et flottables réservés pour la reproduction du poisson.	159
§ 5. Décret du 10 août 1875, qui fixe les époques pendant lesquelles la pêche est interdite.	160
Section 3. Commentaire et jurisprudence.	165
§ 1er. Observations générales.	165
§ 2. Droit de pêche.	170
§ 3. Modes de pêche.	175
§ 4. Conservation et police de la pêche.	177
§ 5. Poursuites. Transactions.	178
§ 6. Vente de poisson.	179
§ 7. Compétence.	179
§ 8. Prescription.	180

DEUXIÈME PARTIE.

DICTIONNAIRE DES GARDES.

BAR-SUR-SEINE. — IMP. SAILLARD.

www.ingramcontent.com/pod-product-compliance
Lightning Source LLC
Chambersburg PA
CBHW050253170426
43202CB00011B/1667